경제안보와 기술동맹의 중견국 전략

인도·태평양 시대의 글로벌 중추국가

경제안보와 기술동맹의 중견국 전략

인도·태평양 시대의 글로벌 중추국가

2024년 12월 23일 초판 1쇄 인쇄
2024년 12월 31일 초판 1쇄 발행

엮은이 김상배
지은이 김상배·이승주·이정환·이왕휘·박성빈·오승희·송태은·윤대엽·장기영·차태서·조한승

편집 김천희
디자인 김진운
마케팅 유명원

펴낸이 윤철호
펴낸곳 (주)사회평론아카데미
등록번호 2013-000247(2013년 8월 23일)
전화 02-326-1545
팩스 02-326-1626
주소 03993 서울특별시 마포구 월드컵북로6길 56
ISBN 979-11-6707-170-5 93340

* 이 저서는 2022년 한국국제정치학회와 서울대학교 국제문제연구소의 지원을 받아 수행된
 연구임.

경제안보와 기술동맹의 중견국 전략

인도·태평양 시대의 글로벌 중추국가

김상배 엮음

김상배·이승주·이정환·이왕휘·박성빈·오승희·

송태은·윤대엽·장기영·차태서·조한승 지음

사회평론아카데미

차례

제1장   경제안보와 기술동맹의 중견국 전략:
       인도·태평양 시대의 글로벌 중추국가

김상배(서울대학교)

I. 머리말

2022년 출범한 윤석열 정부의 외교 비전으로서 자유·평화·번영에 기여하는 글로벌 중추국가(Global Pivotal State, GPS) 외교가 제시되었다. 21세기 들어 한국은 크게 증대된 국가적 역량을 바탕으로 이른바 '중견국 외교(middle power diplomacy)'를 모색해 왔다. 중견국 외교의 개념과 전략은, 강대국 중심의 국제정치 현실을 무시한 이상적인 슬로건이라는 비판에서부터 한국이 실천할 외교 독트린의 적극적 제시라는 찬사에 이르기까지 다양한 평가를 받아왔다. 중견국 외교의 공간 구도와 활동 영역 및 전략적 지향성도, 책임 있는 중견국으로서 글로벌 차원의 외교적 역할을 강조하던 시절부터 미국과 중국, 그리고 남북한이 벌이는 동북아의 지정학적 경쟁 구도에서 중견국 역할을 기대하는 시대로 진화해 왔다. 이러한 연장선에서 보면, 윤석열 정부의 글로벌 중추국가 외교론도, 한국이 추구할 대전략(grand strategy)으로서 중견국 외교를 고민해 온 실천적·학술적 전통이라는 맥락에서 이해할 수 있다.

이러한 글로벌 중추국가 외교의 비전은 앞으로 중장기 국가의제를 구체적으로 도출할 과제를 안고 있다. 현재 제기된 글로벌 중추국가 외교론을 총평하면, 외교 역량의 강화를 바탕으로 한국이 동아시아와 인도·태평양(인태) 및 글로벌 외교를 추진하는 과정에서 '중추(pivot)' 또는 '허브(hub)'가 되겠다는 전략으로 이해된다. 사실 지구화 시대부터 한국이 주도하는 네트워크를 만들고, 이를 통해서 한국의 실력과 매력을 등댓불처럼 발산하자는 전략적 메시지를 던져왔는데, 윤석열 정부의 글로벌 중추국가 외교도 그 연장선에서 이해할 수 있다. 그러나 지구화 시대를 넘어서 지정학의 부활을 논하는 오늘날의 변화하는 정

세에 적응해서 살아남기 위해서는 기존의 전략추구 패턴을 넘어서 좀
더 입체적으로 네트워크를 구축하고 그 속에서 한국 외교의 적극적 역
할을 모색하는 새로운 발상이 필요하다.

글로벌 중추국가 외교가 지니는 의미와 여기서 도출되는 국가 의
제로서의 목표는 크게 세 가지이다. 첫째, 한국 외교가 추구할 전략공
간으로서, 기존의 동북아와 동남아, 동아시아, 아시아·태평양(아태) 등
을 넘어서는, 인태라고 하는 확장된 지역을 상정했다는 점이다. 둘째,
한국 외교의 이슈로서 전통안보 중심 마인드를 넘어서 과학기술, 사이
버 안보, 기후변화, 보건안보, 첨단 방위산업, 원전 기술 등을 포괄하는
신흥무대의 이슈들을 대상으로 출현하고 있다는 점이다. 끝으로, 좁은
의미의 국익 추구를 넘어서 보편적 가치의 실현과 국제규범의 준수라
고 하는 외교목표를 적극적으로 설정하고 있다는 점이다. 이러한 특징
들은 글로벌 중추국가 외교가 내건 구체적인 정책과제에도 반영되고
있는데, 미중 전략경쟁 사이의 중추국가 외교, 인도·태평양 지역전략
으로서 중추국가 외교, 전통·신흥 복합무대에서의 중추국가 외교, 보
편적 가치·규범 기반의 중추국가 외교 등으로 요약해 볼 수 있다.

II. 인도·태평양 시대의 글로벌 중추국가

1. 미중 전략경쟁 사이의 중견국 전략

외교 비전으로서 글로벌 중추국가 외교의 제일 큰 과제는 미·중·
일·러 주변 4개국 사이에서 한반도의 평화안정 및 공동번영을 도모하
는 외교의 추진이다. 특히 미중 전략경쟁 사이에서 한국의 외교적 역량

을 발휘하는 것이 가장 큰 관심사라고 할 수 있다.

과거 한국 정부들이 미중 사이에서 균형을 추구하는 외교적 스탠스를 취하는 경향을 보였다면, 최근 윤석열 정부의 출범 이후 한국 외교의 축은 미국으로 그 무게중심을 이동하고 있다. 이러한 무게중심 이동의 배경에 자국 주도의 플랫폼을 형성하여 세(勢)를 모으려는, 이른바 '플랫폼 간 정치(inter-platform politics)'를 펼치는 미국과 중국의 경쟁이 있음을 인식해야 한다. 이러한 와중에 한국이 스스로 자체적인 플랫폼을 내세우거나, 미중의 플랫폼 모두에 발을 걸칠 수 없다면, 어느 한쪽의 플랫폼에 올라탈 수밖에 없다는 사실도 알아야 한다. 과거에는 미국의 플랫폼 위에 올라가지 않고 미국을 설득하는 것이 과제였다면, 이제는 미국의 플랫폼 위에 올라가서 어떻게 할 것인가의 문제가 관건이 되었다. 그리고 상대적으로 멀어진 중국 플랫폼과의 관계를 어떻게 설정할 것인가의 문제가 중요한 쟁점으로 부상하고 있다.

이 과정에서 미국이 주도하는 지배 플랫폼과의 관계를 설정하는 것이 우선 과제이다. 한국이 더 많은 부담을 감당하기를 바라는 미국의 기대 속에서 한미동맹의 지평을 전통적인 안보협력을 넘어서 신흥 분야의 포괄적 전략동맹으로 발전시켜 나갈 과제를 안고 있다. 미국의 플랫폼으로 올라탄 상황에서 일종의 '응용 플랫폼'을 구축하는 전략적 창의성의 발휘가 절실한 상황이다. 다른 한편으로 중국의 플랫폼과의 관계설정도 중요한 문제이다. 미중 전략경쟁이 가속화되는 상황에서 과거의 '중국 호기(好機)'가 미래의 '중국 리스크'가 되지 않도록 해야 한다. 현재 한국 정부는 중국을 배제하거나 겨냥할 의도가 없다는 입장을 밝히고 있지만, 다소 추상적이고 막연한 접근이라는 비판으로부터 자유롭지 못하다. 현재 거론되는 한반도 평화·안정 및 북한 비핵화를 위한 협력의 확보뿐만 아니라 경제·공급망·보건·기후변화·환경·문화교류 등의 분야를 중심으로 한중 협력관계를 적절히 관리하는 것이 필요하다.

이 밖에도 일본이나 러시아와의 관계설정도 중요함은 물론이다. 현재 동아시아 세력망의 '구조적 공백'이라고 할 수 있는 한일관계의 개선은 향후 한국의 중추국가 외교가 풀어가야 할 큰 난제 중의 하나가 아닐 수 없다. 무엇보다도 강제징용 문제의 해법 마련, 일본 수출규제의 해제, GSOMIA 정상화 등과 같은 한일 간에 당면한 현안의 합리적 해결이 큰 과제로 남아 있다. 더 나아가 신뢰 회복 및 현안 해결 등을 토대로 공동의 이익과 가치에 부합하는 한일의 미래협력 관계를 구축해야 할 것이다. 최근 한일관계의 개선 조짐과 한미일 안보협력을 강화하는 변화를 맞아 새로운 도약의 전기를 마련할 필요가 있다. 한편 러시아와의 관계를 풀어가는 데도 글로벌 중추국가 외교의 지혜를 필요로 한다. 대러 제재 등 우크라이나 사태 해결을 위한 국제사회의 노력에 동참하는 가운데에서도 보편적인 국제규범에 기반한 한러관계의 안정적 관리의 노력이 지속될 필요가 있다. 궁극적으로 이러한 한반도 주변 4개국 관계의 조율을 바탕으로 북핵 및 북한 문제를 풀어나가는 국제적 공조와 외교 동력의 창출을 도모해야 할 것이다.

2. 인도·태평양 전략으로서 중견국 전략

글로벌 중추국가 외교의 활동 공간 확대라는 차원에서 최근 관심이 집중되고 있는 인도·태평양 전략에 대해 좀 더 깊게 고민할 필요가 있다. 역사적으로 한국의 지역전략이 투사된 공간은 동북아와 동남아 및 동아시아, 그리고 아태로 그 프레임이 변화해 왔으며, 이러한 연속선상에서 보는 인태 공간의 설정은 한국의 새로운 지역 구상을 반영한 것으로 이해할 수 있다. 그런데 최근 제기된 인태 전략은, 포괄적 지역 전략을 내세우고 있음에도, 다소 아쉬운 점을 담고 있다.

우선 지적할 것은, 인태 공간을 논하지만, 실질적 내용은 동남아 지역에 대한 전략을 주로 다루고 있다는 사실이다. 새로이 제기된 인태 전략이 기존의 '신남방 정책'과 내용 면에서 뭐가 다르냐는 지적이 제기되는 대목이다. 예를 들어, '한·아세안 연대구상(KASI)'은 한·아세안 상생연대 구축을 위해서 아세안과 호혜적·실용적 협력을 강화하고, 규범·원칙에 기반한 역내의 다자·소다자 협력 네트워크를 확대한다는 데 그 의미가 있다. 그러나 이러한 동남아 전략이 인태 전략과 등치가 되는 것은 아니다. 물론 아세안 국가들을 넘어서 호주, 뉴질랜드, 태평양 도서국 등 인태 지역 국가들과의 전략적·실질적 협력을 강화하려는 노력이 꾸준히 제기되고 있기는 하다. 그럼에도 단순히 확장된 공간의 설정을 넘어서 그 공간의 아키텍처를 어떻게 짜고 무엇을 채울 것인지에 대한 구체적 대책을 마련하는 것이 향후 과제로 남는다.

인태 지역 국가들과 구축한 양자관계의 '집합'을 인태 지역에 대한 '지역전략'으로 간주하는 경향도 다시 돌아볼 필요가 있다. 윤석열 정부의 인태 전략은 북태평양(미국, 일본, 중국, 캐나다, 몽골), 동남아·아세안, 남아시아, 오세아니아, 인도양 연안 아프리카, 유럽·중남미 등 6개 범주로 규정된 지역들과의 교류·협력 심화를 추구하고 있다. 그런데 이는 주로 양자관계 위주의 접근이다. 그 지역 중에서도 주로 태평양·남아시아·오세아니아 국가들과 관계에 초점을 두고 있다. 예를 들어, 수교 60주년을 맞은 캐나다, 수교 50주년을 맞은 인도, 정상회의를 염두에 둔 호주 및 뉴질랜드와의 협력 강화를 추구한다. 최근에는 소다자·3자 차원에서 한미일 3자 협력, 한미호 3자 협력, 한미일 안보협력, 4개국(미국, 일본, 호주, 인도)으로 구성된 쿼드(Quad)와의 협력, 아시아·태평양 파트너 4개국(AP4: 한국, 일본, 호주, 뉴질랜드)과 협력이 추진되고 있다.

그런데 이러한 협력 강화 시도의 기본적 성격은 '링크(link)'로서의 관계 확대 전략에 있다. 인태 지역전략이 그야말로 본격적인 '지역전략'이 되기 위해서는, 단순히 밑으로부터 링크만 확대하는 차원을 넘어서 위에서부터 인태 공간의 아키텍처 구조 전반을 디자인하는 작업을 병행해야 한다. 다시 말해, 단순 양자관계를 넘어서 인태 지역의 특화된 지역별 협력 네트워크와 국가별 양자·소다자 협력관계를 총괄하는 일종의 '메타개념'이 필요하다. 이러한 입체적 구도에 대한 구상을 바탕으로 역내 국가들과 하위지역들을 엮어내는 중추국가의 '피보팅(pivoting)' 역할을 설정할 수 있다. 이를 위해서는 인태의 공간 프레임은 고정된 것이면 안 되고 안팎으로 개방된 구상이어야 함은 물론이다. 한반도와 동북아, 동남아를 포함한 동아시아, 태평양을 포괄하는 아태, 그리고 인태 공간으로 이어지는 중층적이고 개방적인 구도를 설계해야 할 것이다.

III. 경제안보와 기술동맹의 글로벌 중추국가

1. 전통·신흥 복합무대의 중견국 전략

글로벌 중추국가 외교의 이슈 영역을 전통안보 무대를 넘어서 신흥이슈까지도 포괄하는 복합무대를 배경으로 새롭게 설정할 필요가 있다. 이는 외교적 협력의 활동무대 설정과 관련된 한국의 기존 발상을 넘어서는 것을 의미한다.

실제로 최근 한국의 중추국가로서의 역할 가능성이 거론되는 분야는 사이버, 우주, 미래전, 방산, 원전 수출, 보건, 에너지, 환경, 문화 콘텐츠, 한류 등과 같은 신흥무대이다. 이들 이슈는 비전통 안보 이슈처럼 보이지만, 그 내용적 동학은 전통안보와 신흥이슈를 모두 포괄하는, '신흥안보(emerging security)' 이슈의 대표적 사례들이다. 이들 신흥안보 무대에서 한국이 다층적 협력 네트워크를 통해 중추적 역할을 할 가능성이 거론되고 있다. 예를 들어, 앞서 언급한 한-아세안 연대구상(KASI)에 대한 논의에서도 이러한 경향이 발견된다. 한-아세안 연대구상이 지향하는 규칙 기반 질서의 증진을 위해서 역내 안보 사안을 둘러싼 공조와 외교·국방 분야의 전략대화 활성화 노력 이외에도 한-아세안 FTA 업그레이드나 해양안보·방위산업·사이버 안보 협력 확대 등을 적극적으로 도모하고 있다. 공급망이나 핵심 광물 등의 경제안보 협력, 디지털·전기차·배터리 분야의 협력, 기후변화·환경·보건 분야의 협력도 전통·신흥 복합무대에서 한국의 중추국가 역할을 기대케 하는 사례들이다.

글로벌 중추국가의 외교적 역할은 신흥무대 운용의 규칙과 규범을 제정하는 과정에도 투영될 필요가 있다. 실제로 최근 한국은 첨단기술 분야의 국제질서·규범 형성을 선도하는 '규칙 제정자'로서 역할을 담당하기 위한 적극적 행보를 보이고 있다. 미국·유럽 등 과학기술 외교의 양자 협력채널을 신설하고, 신흥·첨단기술 관련 가치·안보 정책의 공조 및 협력사업을 추진하고 있다. 또한 인공지능·바이오·양자기술 등과 같은 첨단기술의 국제표준·규범과 관련된 협상이나 회의에 주도적으로 참여하여 한국 기업의 기술우위 확보 및 경쟁력 강화에 기여하는 환경 조성에 나서고 있다. 이 밖에도 군축·비확산 및 수출통제체제 모범국으로서 주요 고위급회의를 주최하고, 원전 분야의 실질적인 협력 강화 및 국제원자력기구(IAEA) 내의 규범 강화를 도모하고 있으며, 사이버 안보 분야의 의제를 선도하기 위한 노력도 경주하고 있다.

이러한 신흥무대의 '규칙 제정자'로서의 역할을 좀 더 적극적으로 수행하기 위해서는 중추국가로서의 플랫폼 전략의 마인드가 필요하다. 이는 새로운 판을 만든다기보다는 운영체계(OS)에 해당하는 지배 플랫폼의 틈새를 메우고 유용한 응용 프로그램을 제시하여 기성질서의 원활한 유지와 운영에 봉사하는 마인드이다. 예를 들어, 한국이 지향할 인태질서에서의 역할은, 역내 네트워크 인프라의 연결성 확장을 지원하고, 기존 시스템의 유지 및 업그레이드를 지원하며, 신규 애플리케이션을 지원하는 것으로 설정할 수 있다. 구체적인 전략 방향으로는 미국의 지배 플랫폼 위에서 '응용 플랫폼'의 추구, 경합하는 미중 플랫폼 사이에서 비(非)호환의 프로그램을 이어주는 '중개 플랫폼'의 구축, 강대국 주도 지배 프로그램의 규범적 정당성을 보완하는 '대항 플랫폼'의 가능성 제시 등을 떠올려 볼 수 있다. 이러한 중추국가 플랫폼 전략을 성공적으로 추진하는 핵심은, 한국이 제공하는 플랫폼 위에 가능한 한 많은 '동지국가(like-minded countries)'를 불러 모으는 '연대외교'의 추진이라고 할 수 있다.

2. 경제안보의 중견국 전략

최근 경제안보라는 말이 널리 회자하고 있다. 지금 논란이 되는 '경제안보'는 주로 반도체, 디스플레이, 배터리, 희소광물 등과 같은 원자재와 중간재 및 완제품의 글로벌 공급망과 관련된 안보 이슈이다. 최근 차량용 반도체의 부족 현상이나 요소수 사태 등에서 나타난 바와 같이, 평소에는 주의를 기울이지 않던 품목들이라도 공급망의 교란이

발생하면 국가안보에 위협을 줄 정도로 중대한 이슈가 된다. 글로벌 분
업질서를 구축해 효율성과 저비용을 강조했던 지구화 시대의 생산전
략이 안정성과 지속가능성을 염두에 두고 새롭게 바뀌어야 하는 세상
이 되었다. 이렇듯 공급망 문제는 국가안보를 거론할 정도로 중요한 경
제문제가 된 것이다.

경제안보 위험과 지정학적 갈등의 시대에 직면하여 한국은 어떤
대응전략을 모색해야 할까? 사실 글로벌 공급망의 재편으로 대변되는
경제안보의 세계정치는 한국에게 위기이기도 하지만 기회가 될 수도
있다. 글로벌 공급망의 재편 과정에서 발생하는 경제안보 위기에 효과
적으로 대응할 뿐만 아니라 분야별로 차별화된 전략을 개발할 필요가
있다. 그리고 이러한 과정에서 발생하는 국내외 행위자들의 이해 갈등
을 조율하고 좀 더 우호적인 환경을 조성해야 할 과제도 안고 있다. 특
히 미국과 중국 사이에서, 좀 더 넓게는 서방과 비(非)서방 진영 사이
에서 중견국으로서 한국이 당면하게 되는 전략적 고민도 만만치 않다.
이 글은 한국의 전략을 체계적으로 살펴볼 방편의 하나로서, 행위자-
네트워크 이론(Actor-Network Theory, ANT)에서 말하는 네 단계의 네
트워크 전략, 즉 ① 프레임 짜기, ② 맺고 끊기, ③ 내 편 모으기, ④ 표
준 세우기의 분석틀을 제안한다.

첫째, '프레임 짜기'의 시각에서 볼 때, 중견국 경제안보 전략의 출
발점은 '구조적 상황'의 파악이다. 이는 해당 경제안보 이슈의 고유한
성격, 공급망의 구조와 동학, 관련국들의 역량과 세력 분포 및 이들의
관계적 구도를 파악하는 것이다. 전반적 상황에 대한 파악을 바탕으로
한국이 당면한 구체적 상황, 예를 들어 해당 경제안보 이슈에 대한 민
감성, 취약성, 대체 가능성 등의 현황을 파악해야 할 것이다. 해당 공급
망에 대한 한국의 참여 유형(즉 '전방 참여'냐 '후방 참여'냐)이나 이른

바 '구조적 공백'의 파악 등과 같은 작업도 병행되어야 한다. 국가별, 분야별, 시기별로 한국의 전략적 우선순위를 설정하는 '구조적 포지셔닝(structural positioning)'의 작업이 뒤따라야 함은 물론이다. 이러한 '객관적' 상황 파악을 바탕으로 한국의 국익을 투영한 '주관적' 프레임 짜기로 나아가야 할 것이다.

둘째, '맺고 끊기'의 시각에서 볼 때, 중견국 경제안보 전략의 핵심은 '비대칭 관계조율 전략'의 구사이다. 자유, 인권, 민주주의, 법치 등과 같은 보편적 가치를 지키고, 그것을 공유할 수 있는 국가와 연대한다는 의미에서 한국과 미국은 동맹국인 것이 사실이다. 다만 경제적 측면에서 한국의 최대 교역국은 중국이며 중국에 대한 경제적 의존은 오히려 높아지고 있는 현실도 무시할 수는 없다. 이러한 관점에서 볼 때, 향후 맺고 끊기 전략의 관건은 일단 전략의 무게중심을 미국으로 옮기더라도 한국의 위상을 미래지향적이면서도 동시에 전략적으로 포지셔닝을 하는 데 있다. 미국의 네트워크에 참여하더라도 어떤 종류의 네트워크에 들어가서 무엇을 할 것인지, 그리고 상대적으로 멀어질 가능성이 있는 중국과의 관계를 어떻게 조율할 것인지를 고민해야 할 것이다. 미국이 주도하는 네트워크에 들어가더라도 미래질서 형성의 버팀목이 되겠다는 구체적인 설득의 논리가 필요하다.

셋째, '내 편 모으기'의 시각에서 볼 때, 한국과 비슷한 처지에 있는 동지국가들과의 연대는 매우 중요하다. 최근 국제기구에서 신흥안보 분야의 국제규범 논의 과정에서 이익을 같이하는 국가들과의 공동보조를 취할 필요가 있다. 인도·태평양 지역의 새로운 질서 형성 과정에서도 이 지역 국가들과 보조를 맞추는 것은 중요하다. 이러한 연대외교의 포맷을 공급망 위기에 대한 공동대처의 틀로 가져올 수 있을 것이다. 한편 민간 차원에서 진행되는 글로벌 공급망의 내 편 모으기도 적극적으로 추진해야 한다. 최근 베트남 등 동남아 지역으로의 생산거점 및 공급망의 다변화 추진, 북미 등 최종 소비국 중심의 아웃소싱 네트워크 형성을 위한 공급망의 지역화 추진, 유럽 국가들을 대상으로 한 핵심 부품과 원료의 대체 수입처 확보를 통한 공급망 안정성 제고, 기타 핵심 전략기술의 확보를 위한 인수합병의 추진 등이 모색되고 있음에 주목할 필요가 있다.

끝으로, '표준 세우기'의 시각에서 볼 때, 궁극적으로 한국의 경제안보 전략은 나름대로의 개념과 원칙을 세우려는 노력으로 연결될 필요가 있다. 강대국이 '경제안보는 국가안보'라고 하니까 그냥 따라가는 차원이 아니라 한국의 눈으로 보는 경제안보의 개념이 필요하다. 이러한 과정에서 질적으로 완전히 다른 중견국만의 개념화는 가능하지 않더라도, 한국이 활용할 전략의 차별성에 대한 냉정한 분석을 바탕으로 한 개념적 성찰은 필요하다. 이를 위해서는 과거 개도국 시절의 협소한 국익의 설정을 넘어서 좀 더 넓고 개방적인 국익 관념에 입각한 경제안보 개념의 개발이 필요함은 물론이다. 앞서 살펴본 바와 같이, 사실 '경제안보'라는 개념 자체는 변화하는 세상의 기준에서 볼 때 그리 새로운 것은 아니다. 이러한 사실을 염두에 둘 때, 새로운 표준으로서 '한국형 경제안보'는 탈지구화와 지정학의 시대를 넘어서 재지구화(re-globalization)의 시대를 열어가는 새로운 규범 제시의 상상력을 보여주어야 한다.

이러한 문제의식을 바탕으로 오늘날 경제안보 담론이 딛고 선 개념적 기반을 근본적으로 성찰하는 중견국의 상상력을 발휘할 필요가 있다. 사실 '경제'와 '안보'를 엮어서 보는 것은, 오늘날 강대국의 상상력이다. 특히 반도체 등의 공급망 교란이 가져온 문제들을 풀어가기 위한 방어적 프레임의 성격이 강하다. 그렇지만 강대국이 경제안보를 거론한다고 한국도 '경제'를 '안보'의 프레임으로만 볼 필요는 없다. 오히려 '경제'를 '평화'의 프레임으로 보는 상상력을 발휘해 볼 수 있지 않을까? 다시 말해, 경제안보를 신흥안보가 아닌 '신흥평화(emerging security)'의 관점에서 이해하고 '경제평화(economic peace)'의 개념을 제시해 보는 것은 어떨까? 지구화라는 '경제평화'의 시대를 배경으로 중견국의 꿈을 펼친 한국으로서 새로이 재지구화 시대를 열어가는 상상력을 발휘한다는 차원에서 던져볼 만한 화두가 아닐까 싶다.

3. 기술동맹의 중견국 전략

최근 경제안보, 그중에서도 특히 기술안보의 이슈는 동맹의 맥락에서 이해되는 특징을 지닌다. 한국의 가장 중요한 동맹이라고 할 수 있는 한미동맹에서도 기술안보 이슈는 큰 쟁점이다. 사실 오늘날 한미동맹은 '디지털 전환(digital transformation)'의 시대적 과제를 안고 있다. 아날로그 시대의 한미동맹이 정치군사와 전통안보 중심의 좁은 의미의 '동맹'이었다면, 이제는 디지털 전환의 시대를 맞이하여 그 협력의 내용과 범위, 정도 등 여러 가지 면에서 확장 및 심화하고 있다. 반도체 동맹, 배터리 동맹, 백신 동맹 등으로부터 사이버 동맹, 우주 동맹 등에 이르기까지 다양한 분야에서 동맹을 거론할 정도로 한미 간의 긴밀한 협력의 필요성이 제기되고 있다. 사실 이러한 과정에서 '동맹'이라는 말은 전통안보의 수준에 준하는 엄밀한 의미의 동맹이라기보다는 비유의 뜻으로 사용되는 감이 없지 않지만, 그만큼 여러 분야에서 한미협력이 강화될 필요성이 거론되고 있다는 사실을 보여주는 증거이기도 하다.

여하튼 오늘날 한미관계는 획일적인 모습의 동맹이 아니라 복합적인 모습으로 전환할 과제를 안고 있다. 냉전기 정치군사 분야 위주 '단순동맹'의 틀이 아니라 탈냉전 이후 새롭게 모색되고 있는 '복합동맹'의 맥락에서 한미관계를 보아야 한다. 이른바 '비대칭 복합동맹'으로 전개되는 한미동맹의 성격을 고려하여 양국 협력의 영역이나 주체및 정도 등을 설정해야 한다. 예를 들어, 정치군사 동맹뿐만 아니라 기술·경제 동맹과 가치·규범 동맹의 성격도 가미되고 있음에 주목해야한다. 이렇게 보면, 한미동맹에서 사이버 안보협력을 적극 자리매김하는 것은 맞지만, 이를 냉전 시대와 같은 정치군사 동맹의 틀에 넣는 것에 대해서는 좀 더 조심스러운 성찰이 필요하다. 요컨대, 한미동맹은단순히 고전지정학이 아니라 '복합지정학(Complex Geopolitics)'의성격으로 진화해 가고 있고 그 맥락에 맞추어 사이버 안보협력의 위상을 설정할 필요가 있다.

실제로 한미 간에는 다양한 협력과 '동맹'의 이슈들이 부상했으며, 기술·정보·경제·가치를 포괄하는 관계로 재편되고 있다. 특히 신흥기술은 이미 한미 안보협력의 중심 논제로 부상했다. 5G/6G, 반도체, 배터리, 희귀광물, 인공지능, 민군겸용기술, 원자력, 우주 등의 분야에서 한미 양국은 긴밀한 협력을 모색하고 있다. 정보안보 동맹의 관점에서도 사이버 안보 이슈가 큰 관심을 끌면서 파이브 아이즈(Five Eyes), 쿼드(Quad), 오커스(AUKUS) 등에서 주요 어젠다가 되었다. 경제안보동맹의 관점에서 인도·태평양 경제 프레임워크(IPEF)의 수립, G7의확장, 디지털 데이터 규범 형성 등도 거론된다. 가치·규범 동맹으로서민주주의정상회의와 인터넷의 미래 선언 등도 시선을 끈다. 이렇게 다양하게 전개되는 협력 구도에서 한미 양국의 관계를 설정하는 문제와연동하여 사이버 안보 분야 협력의 구체적인 내용과 형식을 고민할 필요가 있다.

　　인도·태평양 지역에서 다자적 규범을 모색하려는 움직임이 동시에 진행되고 있음도 알아야 한다. 인태 지역에서 미국 주도 동맹이 안고 있는 불확실성을 감안할 때, 역내 국가들과의 협력이 동시에 추구되고 그러한 틀에서 양자-소자다-다자 협력을 중층적으로 추진하는 방안을 적극적으로 고려할 필요가 있다. 예를 들어, 미국이 '통합억지(integrated deterrence)'의 틀에서 추진하는 사이버 협력의 문제도, 한국으로서는 양자협력의 가능성을 배제하지는 않지만, 다자협력을 모색하는 프레임워크 안에서도 고민해야 한다. 현재 거론되는 인태 지역 협의체로는 ASEAN, ARF, APEC, APCERT, 유엔 ESCAP 등이 있다. 이 밖에도 지역 간 협력체로 한-EU, 한-OSCE, 한-나토, 한-중남미, 한-중동 협력체 등이 진행되고 있다.

　　글로벌 차원의 국제규범 형성 모색 과정에서도 신흥기술 및 사이버 안보 협력이 진행 중이다. 사이버 국제규범 형성 과정에서 원용되는 대표적인 국제기구의 장으로는 유엔 GGE와 OEWG가 있는데, 여기서도 한국은 미국 및 서방 진영과 필요한 부분에서 공조하는 노력이 필요하다. '부다페스트협약'으로 알려진 유럽사이버범죄협약에 대한 한국의 가입 문제도 최근 큰 쟁점이다. 사이버 안보 분야의 글로벌 스탠더드에 부응한다는 차원에서 한국이 부다페스트협약에 가입하여 미국을 비롯한 주요국과 사이버 범죄 관련 사법공조 및 정보공유를 추진할 필요성이 최근 부쩍 많이 제기되고 있다. 미국과 인터넷 규제 및 거버넌스 기조를 맞추기 위해 '온라인자유연합(Freedom Online Coalition)'과 같은 사이버 안보 국제 협력체에의 참여도 적극 고려할 필요가 있다. 이러한 과정에서 필요한 것이 사이버 안보 분야에서 한국이 수행할 중견국 외교 모델에 대한 고민이다.

IV. 글로벌 중추국가의 복합적 지평

1. 중견국 전략 4.0의 과제

지난 십여 년 동안 국내 학계에서는 중견국 전략 연구가 꾸준히 진행되었다. 2010년대로 접어들 무렵 글로벌 외교의 장에서 책임 있는 중견국으로서 역할을 강조하는 연구(중견국 외교1.0)에서 시작하여, 2010년대 후반 동북아의 지정학적 경쟁 구도에서 중견국 역할을 기대하는 담론(중견국 외교 2.0)으로 발전했으며, 이러한 흐름과 병행해서 중견국 외교의 기반을 이루는 국내 체제의 성격에 대한 논의(중견국 외교 3.0)가 진행되었다. 2020년대 초반 윤석열 정부가 내건 '글로벌 중추국가'의 전략도 앞서 제기된 중견국 전략론의 연장선에서 이해할 수 있다. 특히 글로벌 중추국가론에서는 한국이 추구할 전략공간으로서 '인도·태평양(인태)'이라는 확장된 지역을 설정한 것이 눈에 띈다. 글로벌-동북아-국내-인태로 이어지는 복합적이고 중층적인 공간 구도에서 한국이 '중추(pivot)'의 역할을 담당할 새로운 중견국 전략에 대한 기대가 피어나고 있다. 이러한 맥락에서 새로운 중견국 전략을 '중견국 외교 4.0'이라고 명명해 본다.

새로운 중견국 전략론은 글로벌 협력의 환경에서 제기되었던 지구화 시대의 기존 논의와는 다른 조건에서 출발한다. 최근 세계정치는 '지정학의 부활'을 거론할 정도로 거센 갈등의 양상을 드러내고 있다. 미중 패권경쟁의 가속화와 우크라이나 전쟁의 발발 등으로 인한 정세 악화가 대표적 사례이다. 이러한 와중에 한국이 모색할 중견국 전략의 프레임도 변화하고 있다. 특히 국내정치의 변화와도 맞물리면서 미중 사이에서 '자주전략'이나 '균형전략'보다는 미국 진영에의 '편승전략'으로 무게중심이 옮겨가고 있다. 그리고 한쪽에 기운 '편승전략'으로 인해 멀어질 다른 한쪽, 즉 중국에 대한 '관리전략'의 추구도 관건이다. 지구화 시대에 채택했던 중견국 전략의 패턴을 넘어서는 지정학 시대의 방향 설정을 위해서 한국이 딛고 설 새로운 전략의 프레임을 도입할 필요성이 제기되는 대목이다.

강조컨대, 최근 한국은 미중이 벌이는 경쟁구도 속에서 과거 '불참의 중립전략'에서 '참여의 조율전략'으로 무게중심을 이동하고 있다. 이러한 과정에서 여태까지 중시되었던 중견국으로서 '구조적 포지셔닝(structural positioning)'의 과제뿐만 아니라 새로운 비전의 제시를 통해서 더 나은 대안을 만들어가는 '구조적 혁신가(structural entrepreuner)'로서의 적극적 역할도 기대되고 있다. 이러한 과정에서 미·중·일·러 네 나라가 형성하는 동아시아 '세력망(Network of Powers)'의 '구조적 공백(structural hole)'을 찾아서 메우고 변화시키는 '변환적 피보팅(transformational pivoting)'의 외교적 역할까지도 기대케 한다.

글로벌 중추국가 외교의 활동 공간을 설정함에 있어서 단순히 역내 국가들이 인태 전략을 발표하는 트렌드를 따라가는 것만이 아니라 한국의 관점에서 인태라는 공간의 외연과 내포를 실용적으로 구성하는 것이 향후 과제로 제기된다. 그도 그럴 것이 한국에 인태 지역은 단순히 지리적으로 '주어진 공간'이 아니라 국제정치적으로 '구성하는 공간'의 성격이 강하기 때문이다. 따라서 한국이 중추국가 외교를 추진함에 있어서, 인태 공간이 이익과 제도, 정체성의 관점에서 어떤 의미가 있는지를 면밀히 살펴볼 필요가 있다.

글로벌 중추국가 외교의 추진 과정에서 제기되는 우려 중의 하나는 이슈 분야의 복합성에 대한 이해의 부족이다. 최근 거론되는 동남아 전략의 사례를 보면, 기존의 경제통상 중심의 협력에서 해양안보, 역내 지역질서 재편 등 안보 및 전략적 분야에서 한국의 지역적 역할을 확대하는 계획을 내놓고 있다. 이러한 발상의 요체는 아세안 국가들과의 협력 강화를 꾀하더라도 아세안을 단순한 경제파트너가 아니라 '전략적 파트너'로 격상하자는 것이다. 그런데 이러한 발상은 자칫 과거 정부들이 내놓았던, 이른바 '연성안보' 분야의 협력에서 시작하여 '경성안보' 분야로의 '스필오버(spill-over)'를 노리는 일종의 기능주의적 접근으로 흐를지도 모른다는 우려를 하게 한다. 이러한 발상은 전통 및 비전통 안보 이슈를 나누어서 보는 전형적인 이분법적 발상에 기반을 두는데, 글로벌 중추국가 외교는 이러한 구도를 넘어서 복합적으로 무대를 세팅하는 발상의 전환을 필요로 한다.

　가치외교의 추진 과정에서도 글로벌 중추국가 외교의 분발이 필요하다. 한국은 '자유를 위한 국제연대 강화' 기조에서 유럽 국가들과 고위급 교류 및 관계 심화를 통한 '가치외교 파트너십'의 기반을 공고화하고 있다. 또한 범세계적 문제에 대한 해법을 제시하는 차원에서 분쟁예방 및 평화구축 등을 위한 선도적 예방외교에 나설 뿐만 아니라, 국제적 위기 상황에서 취약계층의 보호와 지원을 확대하는 노력도 추진하고 있다. 이러한 한국의 외교적 행보는 이제는 더 이상 좁은 의미의 국익 추구에만 머물지 않고, 이전에는 덜 강조되었던 가치와 원칙을 외교 목표로 정립하겠다는 시도로서 의미가 있다. 이러한 변화를 통해서 '애매모호의 전략'에서 '공감신뢰의 전략'으로 변신하여 '예측 가능성'을 높이고 '전략적 자율성'을 넓힐 수 있을 것이다.

2. 가치·국익 조화의 중견국 전략

이러한 맥락에서 볼 때, 가치와 국익의 조화라는 차원에서 국력에 걸맞은 기여를 통해 국제사회에서의 위상과 역할을 제고하는 것도 글로벌 중추국가 외교가 추구해야 할 과제가 아닐 수 없다. 특히 최근 국제규범의 충실한 이행과 새로운 규범의 형성 과정에 적극적으로 참여하는 외교가 강조되고 있는데, 여기서 자유·인권·법치 등 보편적 가치의 존중 및 규범 기반 국제질서 수호에 실질적으로 기여하는 과제가 제기된다.

그럼에도 중추국가의 가치외교 추진 과정에서 한국이 추구하는 가치가 과연 무엇인가에 대한 고민은 여전히 남는다. 최근 국제규범의 수립 과정에서 제기되는 보편적 가치 가운데 한국 외교가 특별히 강조할 가치는 무엇인가? 다시 말해, 자유, 민주, 평화, 번영, 인권, 법치 등의 가치 중에서 글로벌 중추국가 외교의 추진이라는 차원에서 한국이 우선시하는 가치는 무엇인가? 강대국들이 주도하는 국제사회의 보편적 가치 실현에 전반적으로 공감하면서도 이들 가치가 한국 외교의 추진이라는 맥락에서 고유하게 드러내는 특성을 고민해야 하는 대목이다. 사실 자유나 민주, 인권 등과 같은 가치가 최근 미중 전략경쟁의 큰 쟁점으로 등장하고 있는 상황에서 한국이 주장할 가치가 무엇인가에 대해서는 진지한 성찰이 필요하다. 좀 더 구체적으로 경제안보·비확산·기후변화·개발협력 등의 분야에서 한국의 기여외교에 정책적 우선순위를 부여하는 데 기반이 되는 가치는 무엇인가도 고민해야 할 것이다.

여기서 더 나아가 가치와 국익의 조화를 어떻게 달성할 것이냐의 문제는 더 큰 숙제가 아닐 수 없다. 새로이 가치외교를 거론하지만, 여

전히 국익 중심의 발상에 머물고 있는 것은 아닐지 되돌아볼 필요가
있다. 특히 글로벌 중추국가 외교의 추진 과정에서 가치를 지키기 위해
서 국익의 손해가 발생할 경우 우리 국민은 이를 수용할 준비가 되어
있을까? 이러한 전략적 딜레마에 대처하는 차원에서 필요한 것 중의
하나는, 좀 더 넓은 의미에서 한국 외교가 추구할 국익의 개념에 대해
서 고민해 보는 것이다. 국익의 목표와 수단 및 범위의 조정을 바탕으
로 가치와 조화할 수 있는 '열린 국익론'의 개념이 필요하다. 이를 기반
으로 하여 실용적이면서도 개방적이고 포용적인 국제협력의 구체적인
전략이 개발되어야 할 것이다. 가치·국익 외교의 조화를 추구하는 한
국의 국가 브랜드를 전파하기 위한 공공외교의 강화도 필요하다.

　　구체적인 가치·국익 외교의 실천 방안으로서 한국의 국제적 위상
과 국격에 걸맞은 선진국형 국제개발협력을 추진함으로써 지속가능발
전목표(SDGs) 및 글로벌 가치 실현에 기여하는 전략이 거론되고 있다.
디지털·기후변화·보건의료 등 한국형 ODA 지원과 인도적 지원 등도
추진되고 있다. 국제사회의 기후변화 대응 및 저탄소 녹색경제 등의 글
로벌 의제를 논의하는 과정에 적극적으로 참여하는 외교도, 기존 국익
중심의 외교를 넘어서 가치외교를 조화하는 방안이라고 할 수 있다. 또
한 보편적 가치 확산에 기여하기 위한 전략적·쌍방향·맞춤형 공공외
교 확대도 진행되고 있다. 이러한 과정에서 과학기술 강국으로서 쌍방
향 디지털 공공외교 강화나 한국발 내러티브를 발산하는 K-문화 콘텐
츠에 대한 관심을 적극적으로 활용하는 전략적 발상도 필요하다.

V. 이 책의 구성

이 책은 크게 세 부분으로 구성되었는데, 제1부 "경제안보의 중견국 전략"은 한국과 일본 및 대만의 경제안보 전략의 사례를 다룬 세 편의 논문을 담았다.

제2장 "중견국 한국의 경제안보 전략(이승주)"은 경제안보의 부상을 촉진한 근본 원인의 하나로 초불확실성의 증대라는 현상에 주목한다. 초불확실성의 양상과 영향은 이슈별로 차이가 있으나, 불확실성이 고조될수록 국가들은 협력의 안정성에 대한 신뢰를 거두어들이고, 자국의 이익을 우선 추구할 유혹에 빠지기 쉬워진다. 이러한 유혹은 자국 우선주의와 보호주의의 형태로 나타난다. 자국 우선주의와 보호주의는 개별 국가 수준에서 볼 때, 단기적으로 불확실성에 대응하는 효과적인 수단이 될 수 있다. 문제는 자국 우선주의와 보호주의의 연쇄적 파급 효과가 매우 크다는 데 있다. 자국 우선주의가 특정 국가 또는 국지적 현상으로 끝나지 않고, 다른 국가들로 빠르게 확산되는 나선 효과를 만들어낸다. 한국 역시 경제안보 연계 강화 추세의 사각지대는 아니었다. 한국은 비교적 최근까지 안보 면에서 미국과의 안보 동맹의 유지·강화, 경제 면에서 최대 무역 상대국으로서 중국과의 경제 관계의 유지라는 긴장 관계에 있는 목표를 추구하기 위해 경제와 안보를 가능한 한 분리하는 전략을 추구하였다. 그러나 코로나19로 공급망의 취약성이 증가한 데다, 미중 전략경쟁이 강도를 더해 가면서 경제와 안보의 분리를 고수할 수 있는 전략적 공간이 현저하게 축소되었다. 더욱이 한국이 중국과 일본의 경제적 강압과 미국 트럼프 행정부의 일방주의에 직면하면서 전략적 모호성에 기반한 경제안보 전략에서 새로운 경제안보 전략으로 전환의 필요성이 점증하였다.

제3장 "일본의 경제안보정책과 일본형 산업정책의 유산(이정환)"
은 2022년 6월 경제안보추진법을 성립시키고, 본격적인 경제안보정
책 실시에 나선 일본의 사례에 주목한다. 일본의 경제안보정책은 미중
경쟁과 중첩된 전 세계적 경제의 안보화 추세화에 대한 일본의 전략적
선택임에 분명하다. 하지만, 산업정책을 통해 국가의 국제정치경제적
위상 제고를 지향하고 있다는 점에서 최근 일본의 경제안보정책은 산
업정책을 통해 국가적 산업경쟁력을 증진하려 했던 전후 일본의 발전
국가 모델과 연결되어 이해되곤 한다. 최근 일본의 경제안보정책과 새
로운 산업정책이 '발전국가의 재래' 등으로 회자되고 있다. 일본 경제
안보정책에서 발견되는 국가의 적극적 개입의 성격은 이에 대한 미중
경쟁의 조건 속에서의 전 세계적 일반적 현상으로서의 공시적 분석과
더불어 전후 일본의 산업정책의 성격 변화 속에서의 경제안보정책의
특성에 대한 통시적 분석이 함께 요구되고 있다. 제3장은 일본 산업정
책의 변동 속에서 경제안보정책의 성격을 통시적 관점으로 분석하고
자 하는 연구이다.

전후 일본의 산업정책은 일본의 경제성장과 산업고도화 속에서
그 성격이 변동되어왔다. 산업구조정책, 산업입지정책, 산업기술정책
의 조합으로 구성되는 산업정책은 전후 초기의 외환통제 시절과 1960
년대 외환자유화 이후에도 상당히 오랜 시간 동안 추격형 산업정책의
성격을 강하게 지니고 있었다. 하지만, 1970년대를 거치면서 일본의
산업정책은 선진국형 기술입국을 지향하는 기조로 변동되었다. 저성
장의 시대로 접어드는 1990년대 이후에 일본의 산업정책에서는 정부
의 직접적 개입 강화보다는 혁신적 산업생태계 조성에 초점을 두는 관
점과 규제완화에 초점을 관점이 공존하여 유지되었다.

일본의 경제안보정책은 특정 중요물자 지원 사업과 특정 중요기

술 지원 사업을 양대 축으로 하여 2023년에 구체화되고 있다. 일본 경제안보정책의 핵심 기조와 세부적 정책 내용을 살펴보면, 우선 1980년 '1980년대 통상정책 비전' 문서 이래로 사라졌던 추격형 비전이 재등장하였다는 점에서 특징적이다. 또한 과거 일본 산업정책에서 매우 주변적이었던 국제협조의 중요성이 강조되고 있다. 그러나, 1980년대 이래로 입지정책과 산업기술정책 양면에서 적극 추진하던 자생적 산업생태계 거버넌스 구축 노력이 경제안보정책에도 매우 강력하고 유지되고 있다. 일본 경제안보정책의 딜레마는 추격형 산업정책 기조와 협력적 산업생태계의 자생발전 거버넌스 구축 노력의 부조화에 있다. 추격형 산업정책을 위한 비효율성의 제거는 자국주의적 폐쇄성이 일본의 강한 협력적 산업생태계 강조 관점 속에서 효과적으로 이루어지기 어렵다.

제4장 "대만의 경제안보: 신남향정책과 반도체 산업(이왕휘·박성빈)"은 대만의 사례에 주목한다. 2016년 5월 취임한 이후 민진당의 차이잉원(蔡英文) 총통은 신남향정책(新南向政策)을 통해 경제안보의 강화를 지향하였다. 장기적으로는 ASEAN 10개국, 남아시아 6개국 및 호주·뉴질랜드와 전략적 동반자 관계를 구축하고자 하였다. 이런 노력에도 불구하고 신남향정책의 성과는 명확하게 나타나지 않았다. 2016-22년 사이 무역과 투자에서 중국이 차지하는 비중이 거의 줄지 않았으며 신남향 18개국의 비중도 아주 조금 증가했다. 대중 의존도가 변화하지 않은 가장 중요한 이유는 중국이 대만의 최대 수출품인 반도체의 최대 수입국이라는 사실에 있다. 대만은 2020년 한국을 제치고 중국의 최대수입국으로 부상하였다. 군사안보 측면에서도 목표가 달성되었다고 보기 어렵다. 신남향정책은 인도·태평양전략을 추구하는 미국과 일본의 지지를 받았으나 신남향 18개국과 관계 개선은 제한적이었

다. ASEAN 및 인도와 교류 확대를 통해 대중 의존도를 축소하겠다는 목표를 공유하고 있다는 점에서 신남향정책은 우리나라의 신남방정책 및 인도·태평양전략과 유사하다. 이런 점에서 신남향정책은 우리나라에 중요한 정책적 시사점을 제공할 수 있다. 대만의 경우 반도체 수출의 비중이 너무 커서 세계 최대 반도체 수입국인 중국과 경제교류를 줄이지 못했다. 한국도 반도체 수출 비중이 크기 때문에 중국과 관계를 축소하기 위해서는 새로운 수출 산업을 개발해야 한다. 즉 산업구조의 변화 없는 다변화 전략은 장기적으로 지속가능하지 않을 것이다.

제2부 "기술동맹의 중견국 전략"은 반도체 기술협력과 정보협력, 동맹협력에서 나타난 기술동맹의 중견국 전략을 다루었다.

제5장 "일본과 대만의 반도체 기술협력과 외교전략(오승희)"은 첨예화되는 미중 기술패권 경쟁 속 기술안보 네트워크 전략의 대표적인 사례인 일본-대만의 반도체 클러스터 구축 사례를 분석하였다. 코로나 팬데믹과 러시아-우크라이나 전쟁 이후 세계 공급망 불안정으로 각국의 생산역량을 높이는 동시에 전략적 네트워크 연결이 중요해졌다. 기술 민족주의와 보호주의가 강화되고 있는 시점에서 대만과 일본은 네트워크에 연결되고 허브의 위치를 확보하는 네트워크 권력을 강화해 나가고 있다. 산-관-학-연 다행위자적 네트워크를 확장해 나가면서, 기업 내, 기업 간, 지역 내, 지역 간, 정부 간, 그리고 국제사회에서 다층적인 네트워크를 형성하고 있다. 이러한 네트워크 구축을 바탕으로 양국 모두 기술개발 및 경제부흥, 그리고 지역활성화를 적극적으로 추구해 나가고 있다. 가치외교를 표방하며 양국 간 다층적 복합 네트워크가 강화되는 과정을 분석함으로써 기술협력 네트워크 구축의 특징과 한계를 확인할 수 있다.

일본과 대만의 반도체 기술협력에는 양국의 외교안보 전략이 긴밀하게 작동하고 있다. 일본과 대만이 협력을 강화하는 데에는 지정학적인 인접성과 함께 중국의 대만 공격에 대한 위협이라는 공통인식이 존재하고 있다. 적과 동지의 구분과 인식이 결합되어 나타나고 있는 상황에서 군사안보와 경제안보, 기술안보가 연계되어 작동하고 있다. 이러한 맥락에서 제5장은 일본과 대만의 협력 사례를 구체적으로 분석하여 기술협력 네트워크 구축 시도를 통해 다양한 이해관계자들의 복합적 중층적 네트워크 구축이 나타나고 있으며, 이는 양국 정부의 네트워크 권력 확보를 위한 필요성에 기반한 적극적인 지지하에 일본과 대만 우호 관계가 심화되고 있음을 확인하였다.

대만의 실리콘 방패 강화와 일본의 실리콘 아일랜드 부활이라는 전략적 목표는 양자 간 협력을 통해 달성할 수 있을 것인가? 2024년부터 본격으로 가동되는 반도체 클러스터 구축의 결과를 계속 주시하면서 일본과 대만이 시도한 기술협력 네트워크 전략의 성과와 한계 등을 평가하고, 한국과의 협력 가능성 모색과 경쟁 전략 마련을 위한 추적 분석이 필요하다.

제6장 "인도·태평양 지역 정보협력의 군사안보적 의미와 한국의 외교(송태은)"가 주목하는 주제는 정보협력의 군사안보적 의미이다. 국가 간 군사협력을 위한 가장 기본적인 협력의 시작은 군사정보의 공유로서 안보환경에 대한 동일한 상황인식을 촉진하여 군사협력의 범위를 확대하고 협력의 강도를 증진시키는 효과를 낳는다. 정보공유는 국가의 정보역량을 증대시켜 전력을 효과적으로 사용하게 하고, 협력국 간 신뢰구축을 촉진하여 상호지원 범위도 확대시킨다. 또한, 정보공유는 유사시 공동의 군사작전 전개를 가능하게 하는 등 정보공유에 참여하는 협력국에 다양한 유익을 가져온다. 나토의 정보공유 시스템인 '합동정보감시정찰체계(JISR)'가 그러한 사례이다. 최근 미국과 유

럽이 쿼드와 유럽연합 차원에서 인태지역의 주요 국가들과 해양 안전과 안보 및 해양 환경 관련 이슈를 중심으로 추진하고 있는 다양한 정보공유 협력은 그러한 의미에서 향후 이들 국가 간 군사협력으로 이어질 가능성을 높이고 있다. 즉 특히 인태지역 국가 간 감시정찰 정보의 수집과 공유는 앞으로 인태지역에서 중국이 빈번하게 구사해온 회색지대전술이나 북한의 핵미사일 도발을 비롯하여 역내 보건, 기후, 환경 등 다양한 위기와 재해, 재난 등 다양한 지정학적 위기와 비전통적 안보 위협에 대응할 수 있는 기반과 근거를 마련해 주는 효과를 가져올 것으로 기대된다. 한국이 인태지역의 다양한 정보공유 협력에 적극적으로 동참해야 하는 가장 큰 이유는 자유로운 항행과 규칙기반의 질서, 안정적인 무역항로와 공급망 유지, 국제법의 준수 등 인태지역 국가들이 추구하는 이해와 가치를 우리가 공유하고 있고, 중국의 이 지역에서의 공격적 군사력의 투사에 대한 우려를 공유하기 때문이다. 한국은 우리의 ISR 자산 공유와 정보 제공, 해군·해경 장비의 인태지역에의 공여 확대와 합동 해상훈련 참가 등 한국의 정보역량과 해군역량을 활용하여 인태지역에서의 정보협력과 군사협력에 참여하고 인태지역의 안보 증진에 기여할 기회를 창출해야 한다.

　제7장 "인도·태평양 지역의 세력권 경쟁과 동맹체제의 전환(윤대엽)"은 미중경쟁이 촉발시킨 동맹체제의 변화를 네트워크 동맹으로 개념화하고 동맹체제의 특성과 그 원인을 설명했다. 냉전경쟁을 목적으로 구축되어 동아시아 안보체제의 구심점이었던 미국의존 동맹체제는 양자 간의 비대칭 동맹을 특징으로 한다. 탈냉전 이후에도 지속되었던 미국의존 동맹체제는 미중경쟁이 심화되는 가운데 '네트워크 동맹'으로 재편되고 있다. 네트워크 동맹은 동맹국 이외 쿼드 플러스, AUKUS, 민주주의 동맹 등을 플랫폼으로 공식, 비공식 회원을 확대하고 있다.

한편, 구속수준이 다른 다원적인 제도를 기반으로 안보는 물론 인권, 기술, 정보, 무역, 자원, 환경 등 다원적 협력을 목표로 한다. 일본과 호주 등 동맹국들이 주도적인 역할을 수행하면서 미국 중심성이 점차 축소되고 있으며, 동시에 잠재적인 중국 문제를 안보 의제로 부각시키며 협력하는 집합적 동맹(collective alliance) 또는 연합방위의 특성을 강화하고 있다.

　네트워크 동맹은 중국의 구조적, 군사적, 체제적 세력권 전략에 대응하여 네트워크를 통한 억지(deterrence by network)를 목적으로 한다는 점에서 전환적이다. 첫째, 역내 균형자로서 관여 비용을 분담해 온 미국에게 중국은 비대칭적 경쟁자가 되었다. 미국의 물리적 국력은 구조적 경쟁자인 중국에 대한 우위가 축소되었다. 중국의 영향력이 확대되면서 관여의 이익이 비용보다 크기 위해서는 양자동맹을 넘어 체제적, 구조적, 지역적 협력 기반을 확대해야 하는 과제도 부과되었다. 동맹 네트워크는 군사동맹을 넘어 기술, 체제, 가치, 제도 등을 포괄하는 관여를 통한 억지전략이다. 둘째, 지역균형 차원에서 군사적 비대칭이 구조화되었다. 중국의 비대칭 군사전략에 따라 동아시아 지역에서 중국의 일방주의를 억지할 수 있는 군사균형은 붕괴되었다. 양적 군사력은 물론, 육해공은 물론 우주, 사이버를 포괄하는 질적 군비경쟁에서 동맹국과의 협력은 필수불가결한 요소가 되었다. 셋째, 네트워크 동맹이 대결, 보호, 봉쇄라는 탈동조화 전략만을 목표로 하는 것은 아니다. 전략적 재동조화 또는 관리된 상호의존을 통해 중국의 전략, 이익, 행위에 영향을 미칠 수 있는 전략도 포함되어 있다.

　양자동맹을 대체하는 동맹 네트워크가, 경제적, 군사적, 포괄적 이해를 연계하여 부상 이후 중국문제에 수반되는 불확실성을 억지하는 수단이라는 점에서 미중 진영 선택을 넘어 중견국의 역할을 모색하는 기반이 될 수 있다는 점에서 전략적 함의를 가진다.

제3부 "중견국 전략의 복합적 지평"은 기존의 중견국 전략에 대한 논의를 좀 더 복합적인 시각에서 성찰한 세 편의 논문을 담았다.

제8장 "경제안보를 둘러싼 미디어 편향과 정치양극화: 2019년 한일 무역분쟁 사례를 중심으로(장기영)"는 한일관계에 주목한다. 일본이 한국에 대해 실행한 공업 소재 수출규제 조치로부터 시작된 2019년 한일 무역분쟁은 한국의 경제안보에 심각한 위협을 야기하였다. 일반적으로 대외적 위협이 있을 때 국민들은 현재 집권하고 있는 정치지도자를 중심으로 결집하는 경향이 있다고 한다. 그렇다면 한국의 경제안보에 심각한 위협을 야기했던 한일 무역분쟁은 분쟁의 원인과 해법에 대하여 사회적으로 왜 심각하게 양분되어 있는가? 제8장은 한일 무역분쟁 및 이에 관한 정부의 대응을 보도하는 미디어의 정치적 편향을 한국의 경제안보 전략에 대한 양극화된 정치선호를 야기하는 주된 요인으로 간주하고, 미디어 편향성이 대중의 양극화된 정책 선호 및 태도에 미치는 영향에 대하여 분석한다. 제8장의 경험적 분석에 따르면 한일 무역분쟁 보도와 관련하여 보수매체와 진보매체들 간 양극화된 보도가 진행되고 있으며, 뉴스 미디어에 대한 대중들의 선택적 노출이 양극화된 정치선호 형성에 주요한 영향을 미쳤음을 보여준다. 결과적으로 제8장은 경제안보정책 결정 과정에서 국민의 소통과 참여를 촉진해 사회적 지지와 합의를 도출하고 개별 언론매체의 정파적 보도 양태뿐만 아니라 이로 인한 국민들의 양극화된 정치적 선호를 극복해야 할 필요가 있음을 보여준다.

제9장 "탈단극시대, 중견국 외교의 종언?: 중견국 담론의 지식사회학과 대한민국 대전략 패러다임 변동(차태서)"은 한국의 국제정치학계와 외교정책 서클에서 널리 사용되어온 중견국 개념을 특수한 역사

적 시공간에서 생산된 언어로서 담론분석의 대상으로 삼아야 할 시기가 도래했다는 입장에서 출발한다. 특히 비강대국 연구분과의 주류를 차지해 온 기존 중견국 연구프로그램의 기본전제들이 더 이상 우리가 살고 있는 탈단극시대에는 지속 불가능하다는 점에 주목하였다. 중견국가들의 주된 활동 공간이라고 할 수 있는 다자주의 무대 자체가 축소되고 강대국 간 경쟁이 부각되면서, 소위 "중견국의 계기"라는 국제정치사의 예외적 국면 자체가 종식 중이기 때문이다

이와 같은 사태의 전개는 비강대국 연구의 패러다임 변동이 불가피해졌음을 의미한다. 과거 자유세계질서 내 중견국 연구의 틀로 담아낼 수 없는 새로운 현상들을 포착할 새로운 과학 연구프로그램의 개발이 요구되고 있다. 이에 제9장은 우선 중견국 개념의 지식사회학적 접근을 통해 해당 담론을 상대화할 필요가 있음을 지적하였다. 다음으로 탈단극 강력정치 시대의 비강대국 외교 연구를 위해서는 기성 중견국 연구프로그램을 벗어나 비서구 비자유주의 지역강국들의 비동맹적 행보와 함께 지정학적 단층선에 위치한 중간국들의 헤징전략에 주목할 필요가 있음을 주장하였다. 이어서 하나의 사례연구로서 21세기 대한민국 중견국 외교의 진화 과정을 탐구한 후, (신)냉전 자유주의적 세계관에 근거한 윤석열 정부의 글로벌 중추국가 비전과 인도-태평양 전략이 패권이행기에 조응해 사실은 기성 중견국가 담론과 탈냉전기 외교 패러다임으로부터의 근본적 이탈을 의미한다는 점을 강조하였다.

제10장 "복합위기 시대 중견국 한국의 복합외교(조한승)"는 팬데믹, 패권 경쟁, 인플레이션, 공급망 위기, 전쟁 등 여러 위기가 동시다발적으로 발생하는 복합위기의 시대가 도래했다고 주장한다. 한국의 중견국 외교는 전통적 중견국과 신흥 중견국의 외교행태가 복합적으로 나타나는 특징을 가진다는 점에서 규범과 실용을 아우르는 복합외

교의 방향으로 나아가야 한다. 즉, 글로벌 공영의 보편 가치를 공유하는 나라들과 다자연대를 구축하여 국제무대에서의 도덕적 우위를 점하는 한편, 공동체 이익과 개별 국가이익이 중첩되는 신흥이슈 영역에서 가시적 성과를 도출함으로써 글로벌 협력의 모멘텀을 되살리는 것이다. 특히 보건, 환경, 식량 등은 패권 대결에서 벗어나 있으면서, 협력을 통한 구체적 성과를 이루기 용이한 이슈 영역이다. 이들 영역에서 한국 주도로 다자협력을 통해 가시적 성과를 많이 만들어낸다면 강대국의 일방적 요구를 견제하는 한편, 한국의 위상도 높일 수 있을 것이다. 이와 더불어 국내 수준에서의 정파 갈등이 글로벌 차원의 구조적 변화에 대응할 수 있는 탄력성을 높이는 데 장애요인이 되지 않도록 관리하는 노력도 강조되어야 한다. 한편, 최근 미중 기술패권 경쟁 속에서 국가안보의 논리가 경제와 기술 영역으로 확장하고 있다. 미국은 글로벌 공급망과 기술 네트워크에서 중국을 견제하는 데에 한국의 동참을 강하게 요구하고 있고, 중국은 한국에 대한 경제적 보복을 위협하며 이를 저지하려고 한다. 이 때문에 반도체, 배터리 등 한국이 선도적 기술력을 가진 분야에서 상당한 어려움을 겪고 있으나, 기술 차가 큰 분야가 여전히 적지 않다는 점에서 한미 기술 파트너십의 확대는 한국의 기술력 신장과 시장 다변화의 기회가 될 수 있다. 특정 국가에의 경제·기술 의존도를 낮추는 과정에서 한국이 일방적으로 피해를 입지 않도록 비슷한 입장의 다른 중진국들과의 연대를 강화해야 한다. 이를 통해 얻어지는 성과는 궁극적으로 강대국 경쟁 완화를 유도하고, 글로벌 공영과 평화에 기여하는 중추적 중견국으로서의 한국의 위상을 만들 것이다.

이 책은 2022-23년도 서울대학교 국제문제연구소와 한국국제정치학회가 공동으로 진행한 연구 프로젝트의 결과물이다. 구체적으로는 2022년 12월 27-28일 르몽드 디플로마티크의 후원으로 개최된 "대한민국, 지금 어디로 가야 하나? 경제안보와 가치·규범의 중견국 미래전략"이라는 제목의 세미나(장소: 인천 송도 그랜드 쉐라톤 호텔)에서 전체적인 연구의 방향이 설정되었다. 이후 2023년 2월 3일(금) 오후 3-6시 줌화상회의를 통해서 연구계획을 구체화하고, 2023년 4월 28일(금) 정보세계정치학회 춘계대회에서 초고를 발표하고 학회 회원들의 피드백을 받아 수정·보완된 버전의 원고들을 모아내게 된 것이다. 이 책이 나오기까지 도움을 주신 많은 분께 드리는 감사의 말씀을 빼놓을 수 없다. 무엇보다도 길지 않은 시간에 원고를 작성해 주신 아홉 분의 필자들께 깊은 감사의 말씀을 드린다. 또한 이 책의 초고가 발표되었던 2023년 정보세계정치학회 춘계학술대회에 사회자와 토론자로 참여해 주신 여러 선생님께 감사드린다. 직함과 존칭을 생략하고 가나다순으로 언급하면, 신성호(서울대), 윤정현(국가안보전략연구원), 이기태(통일연구원), 이신화(고려대), 이용욱(고려대), 이용재(중앙대), 정상미(국립외교원), 정성철(명지대), 정헌주(연세대), 최근대(육군교육사령부), 하윤빈(외교부), 허재철(대외경제정책연구원) 등 여러분께 감사드린다. 또한 이 책의 연구가 진행되는 동한 여러모로 지원해 준 한국국제정치학회의 조미라 사무국장과 이혜민 편집간사, 서울대 국제문제연구소의 안태현 박사, 하가영 주임, 그리고 르몽드 디플로마티크의 신성은 선임기자와 유철호 선임기자께 감사드린다. 출판 과정에서 교정 총괄의 역할을 맡아준 서울대학교 신은빈, 안형률 석사과정에 대한 감사의 말도 잊을 수 없다. 끝으로 출판을 맡아주신 사회평론아카데미 관계자들께도 감사의 말씀을 전한다.

제1부   경제안보의 중견국 전략

제2장   중견국 한국의 경제안보 전략

이승주(중앙대학교)

I. 서론: 초불확실성 시대와 경제안보

경제안보의 부상을 촉진한 근본 원인을 하나로 압축하자면 초불확실성의 증대이다. 초불확실성의 양상과 영향은 이슈별로 차이가 있으나, 불확실성이 고조될수록 국가들은 협력의 안정성에 대한 신뢰를 거두어들이고, 자국의 이익을 우선 추구할 유혹에 빠지기 쉬워진다. 이러한 유혹은 자국 우선주의와 보호주의의 형태로 나타난다. 자국 우선주의와 보호주의는 개별 국가 수준에서 볼 때, 단기적으로 불확실성에 대응하는 효과적인 수단이 될 수 있다. 문제는 자국 우선주의와 보호주의의 연쇄적 파급 효과가 매우 크다는 데 있다. 자국 우선주의가 특정 국가 또는 국지적 현상으로 끝나지 않고, 다른 국가들로 빠르게 확산되는 나선 효과를 만들어낸다.

경제안보는 주요국들이 불확실성에 대한 대응의 주요 수단으로 부상하였다. 불확실성이 증폭되는 가운데 주요국들이 경제와 안보를 긴밀하게 연계해야 할 현실적 필요성이 커진 까닭이다. 이는 경제와 안보의 분리를 전제로 경제적 효율성의 향상에 초점을 맞추어 진행되었던 세계화가 대내외 차원의 도전에 직면하게 된 것과 관계가 있다. 우선, 국내적 차원에서 자유무역, 생산의 지구화, 초국적 투자의 증가는 심층 통합을 촉진함으로써 경제적 효율성의 지속적인 향상을 가능하게 하였다. 4차 산업혁명에 따른 기술혁신은 지구적 가치 사슬의 형성과 운영 및 이를 활용한 산업내 무역의 지속적인 확장을 가능하게 하였다. 또한 이러한 방식의 세계화는 국경 장벽의 완화 및 철폐는 물론, 국경내 장벽의 완화를 필요로 하였다. WTO 차원의 다자무역 협상이 부진을 거듭하자, 주요국들이 일제히 자유무역협정(free trade agreements, FTAs), 메가 FTA, 투자협정을 추진하는 가운데 새로운 이슈들을 대거 포함시킨 것은 국경내 장벽의 완화를 위한 것이었다.

그러나 경제적 효율성에 대한 과도한 집중은 국내적으로 심층 통합의 피해 집단을 양산하는 부정적 영향을 초래하기도 하였다. 경쟁력을 상실하거나 내수 지향의 산업에 종사하는 사람들은 경제적으로 더욱 어려운 상황에 처해졌고, 이는 경제적 불평등의 확대로 이어졌다. 경제적 불평등은 다시 사회적 분열과 정치적 양극화를 확대 재생산하게 되었다. 세계화에 대한 불만과 반발은 이러한 국내정치 과정을 거치면서 팽배해졌다. 효율성 중심의 패러다임에 대한 강력한 도전이 국내로부터 제기된 것이다. 더욱이 세계화에 대한 반발이 전후 세계경제질서를 설계한 주요 선진국들로부터 제기되었다는 데 문제의 심각성이 더욱 크다. 세계경제질서에 대한 도전이 외곽이 아니라, 핵심에서 발생하였기 때문에, 이에 대한 대응이 체계적으로 이루어지는 데 근원적인 한계가 있을 수밖에 없었다. 국가의 귀환 또는 산업정책의 부활이 대두된 것은 이러한 국내정치 과정의 결과이다.

대외 환경의 불확실성은 경제안보의 필요성을 더욱 증대시켰다. 미중 전략경쟁과 팬데믹의 발생은 경제와 안보가 긴밀하게 연계되어 있다는 사실을 재확인시킨 결정적 계기였다. 팬데믹이 빠르게 진행되는 과정에서 공급망의 구조적 취약성이 드러났을 뿐 아니라, 공급망 내의 핵심적 위치를 다른 국가들을 압박하는 수단으로 활용하는 공급망의 안보화 가능성마저 대두되었다(Farrell and Newman 2019). 미국은 팬데믹으로 인해 공급망의 해외, 특히 대중국 의존도가 안보 위협의 근원이 될 수 있다는 점을 자각하게 되었다. 바이든 행정부가 취임 직후 공급망의 취약성을 파악하라는 행정명령을 발동하고, 〈100일 공급망 검토 보고서〉를 발간한 데서 나타나듯이, 공급망의 복원력 강화는 미국의 최우선 과제 가운데 하나가 되었다.

한국 역시 경제안보 연계 강화 추세의 사각지대는 아니었다. 한국은 비교적 최근까지 안보 면에서 미국과의 안보동맹 유지·강화, 경제 면에서 최대 무역 상대국으로서 중국과의 경제 관계 유지라는 긴장 관계에 있는 목표를 추구하기 위해 경제와 안보를 가능한 한 분리하는 전략을 추구하였다. 그러나 코로나19로 공급망의 취약성이 증가한 데다, 미중 전략경쟁이 강도를 더해가면서 경제와 안보의 분리를 고수할 수 있는 전략적 공간이 현저하게 축소되었다. 더욱이 한국이 중국과 일본의 경제적 강압과 미국 트럼프 행정부의 일방주의에 직면하면서 전략적 모호성에 기반한 경제안보 전략에서 새로운 경제안보 전략으로 전환의 필요성이 점증하였다.

이 글은 다음과 같이 구성된다. II절에서는 경제안보 연계 전략의 기원과 변화를 검토한다. 전통적인 경제안보 연계 전략은 강대국이 약소국을 상대로 행사하는 경제적 강압의 형태를 띠는 데 반해, 새로운 경제안보 연계 전략은 네트워크 구조 속에 형성된 상호의존을 전략적으로 활용한다는 점에서 차이가 있다. III절에서는 미국, EU, 일본 등 주요국들의 경제안보 연계 전략을 비교 검토한다. 이 국가들의 경제안보 연계 전략에 대한 비교 검토는 한국의 경제안보 연계 전략을 분석, 평가하는 준거점이 된다. IV절에서는 한국의 경제안보 연계 전략의 연속성과 변화를 검토한다. 미중 전략경쟁의 격화와 같은 구조적 변화에 직면하여 한국은 반응적 경제안보 연계 전략의 한계를 보완하기 위해 적극적 경제안보 연계 전략으로 선회하였다. V절 결론에서는 이 연구의 결과를 바탕으로 글로벌 중추국가로서 한국의 경제안보 연계 전략의 방향성을 제시한다.

II. 경제안보 연계 전략의 기원과 변화

1. 전통적인 경제안보 연계 전략

전통적인 경제적 통치술은 국가 간 갈등을 해결하는 수단으로서 경제적 수단의 가능성에 주목하였다. 경제적 수단을 동원하여 압박을 가함으로써 상대국으로부터 외교적 순응을 이끌어내는 것이 전통적인 경제적 통치술의 주요 목적이었다. 이때 핵심은 경제력이 군사력을 대체하는 것일 뿐, 상대국에 대하여 강압적 권력(coercive power)을 행사한다는 점에서 전통적인 경제적 통치술은 일방주의적 힘의 행사라는 현실주의적 전통과 맥을 같이한다. 전통적인 경제적 통치술이 보호주의, 수출통제, 금융 제재 등 경제 제재를 중심으로 실행된 것은 이 때문이다.

전통적인 경제적 통치술은 또한 기존의 적대적 관계를 형성하였던 국가들을 상대로 실행되는 경우가 많았기 때문에, 기대한 효과를 얻는 데도 일정한 한계가 있었다. 전통적인 경제적 통치술은 비대칭적 상호의존을 활용하는 경향이 있었기 때문에, 이러한 조건이 충족되지 않은 상황에서 실행될 경우, 그 효과가 제한적일 수밖에 없었다. 전통적인 경제적 통치술이 주로 강대국의 전유물로 간주된 것은 이 때문이었다. 이러한 조건이 충족되더라도 전통적인 경제적 통치술의 효과는 불분명하다. 상대국의 외교적 순응을 목표로 설정하지만, 정작 외교적 순응을 명확하게 설정하지 못하는 한계를 보이기도 하였다. 실제로 전통적인 경제적 통치술은 상대국의 외교 행태에 변화가 발생할 때까지 경제적 강압을 유지하는 경향이 있는데, 이는 역설적으로 경제적 강압이 기대한 만큼 효과적이지 않다는 반증이기도 하다.

2. 새로운 경제안보 연계 전략의 부상

새로운 경제안보 전략의 부상은 세계경제의 네트워크화라는 구조적 변화와 불가분의 관계에 있다. 세계경제의 변화, 특히 세계경제의 네트워크화는 경제와 안보의 연계에 기반한 새로운 경제적 통치술을 촉진하였다(이승주 2021). 국가 및 비국가 행위자들은 무역, 금융, 통신, 사이버, 가치 사슬 등 다양한 방식으로 과거 어느 때보다 밀도 있게 서로 연결되어 있다. 행위자 간 연결성의 증가는 네트워크의 비대칭성을 만들어낸다. 이 경우, 네트워크화된 구조 속에서 행위자들은 서로 긍정적인 영향을 주고받기도 하지만, 상대를 견제하는 새로운 수단을 확보하게 된다. 네트워크 내에서 핵심적 위치를 확보한 행위자와 그렇지 못한 행위자 사이의 영향력의 차이가 확대된다.

'무기화된 상호의존(weaponized interdependence)'이 주목받게 된 이유는 세계경제의 네트워크화가 과거 어느 때보다 밀도 있게 형성되어 있는 현실을 반영한 것이다(이승주 2021). 네트워크를 활용한 무기화된 상호의존은 상대에 대한 타격을 극대화할 수 있는 반면, 자국에게 초래될 피해와 부담을 최소화할 수 있다는 점에서 매력적이다. 국력의 비대칭성과 결합될 경우, 무기화된 상호의존의 파괴력은 더욱 배가된다. 그러나 비대칭적 상호의존은 상대에 대한 충격을 증대시키기 위해서는 자국의 경제적 부담과 피해도 비례해서 증가한다는 딜레마가 있다. 비대칭적 상호의존을 활용한 경제 제재가 대개의 경우 약소국을 상대로 부과되었던 것은 이를 고려한 결과이다.

미중 전략경쟁의 사례에서 보듯이, 세계 최대 규모의 경제력을 가진 국가들이 전통적인 경제적 통치술에 의존할 경우 상대는 물론, 자국이 감당해야 할 피해도 걷잡을 수 없이 증가한다. 미중 양국이 상대국의 수출품에 고율의 관세를 부과하는 무역 전쟁을 지속하면서도, 새로운 대안을 찾아 전선을 이동시키는 것도 자국의 피해를 최소화해야 할 현실적 필요성이 있었기 때문이다.

첨단기술의 안보화 역시 새로운 경제안보 전략의 부상에 커다란 영향을 미쳤다. 첨단기술은 현재는 물론 미래 경쟁력의 확보에 필수 불가결한 요소이다. 더욱이 21세기 상업용 기술과 군사용 기술 사이의 경계가 빠르게 축소되면서 개별 기술의 경쟁력 확보뿐 아니라, 첨단기술의 안보 외부효과도 과거보다 현저하게 중요해졌다. 첨단기술이 무기화된 상호의존의 핵심 수단으로 부상하면서 그 중요성이 더욱 커진 것은 이러한 맥락이다. 미국이 무역 전쟁에서 첨단기술 경쟁으로 전선을 이동한 것은 첨단기술의 경쟁력과 첨단산업 네트워크에서 압도적으로 우월한 위치를 활용하여 중국을 압박하는 것이 더욱 효과적이라는 판단에 따른 것이었다. 특히, 중국이 미국의 관세 부과 조치에 맞대응하면서 미국산 제품에 보복 관세를 부과하였던 무역 전쟁과 달리, 첨단기술 경쟁은 중국의 맞대응 수단이 제한적이라는 점 또한 미국의 입장에서도 볼 때, 매력적이었다.

III. 주요국의 경제안보 전략

1. 미국: 자국 우선주의와 국제협력의 사이

중국의 부상은 미국의 경제안보 전략에 구조적 문제가 있다는 우려를 자아내는 직접적 계기가 되었다. 중국이 정부와 민간기업들의 협력을 통해 불공정 행위를 지속, 확대하고 있음에도 이에 대한 체계적 대응이 어려운 것은 국내 제도적 한계 때문이라는 것이다(Blackwell and Harris 2016). 미국의 경제안보 전략을 혁신해야 한다는 데 대해서는 일정한 공감대가 형성되었다고 할 수 있으나, 그 구체적 방향성에 대해서는 여전히 논쟁이 진행 중이다.

첫째, 중국의 부상에 대응하는 반응적 대응을 넘어, 공세적 대응을 미국 경제안보 전략의 기조로 설정해야 한다는 시각이다. 이 시각은 중국의 불공정 행위가 해당 이슈에서의 문제로 국한되지 않는다고 본다. 중국의 불공정 행위가 매우 광범위하고 심층적이기 때문에, 사실상의 '경제적 침공'이라는 것이다. 미중 전략경쟁이 장기화될 것이라는 지배적 전망을 감안할 때, 경제적 침공은 궁극적으로 미국 국가안보에 대한 위협이 될 수밖에 없다는 시각이다. 중국의 불공정 행위를 시정하기 위해서는 중국을 양자적 차원에서 강하게 압박하고, 미국의 이익을 우선 추구하는 일방주의 또는 미국 우선주의를 동원하는 것이 가장 효과적인 방법이라는 것이다(White House Office Trade and Manufacturing 2018).

이러한 전제에 근거하여 미국 정부는 관세 및 비관세 장벽의 설치, 미국 제품 구매 조항 신설, 리쇼어링 촉진 등과 같은 정책을 추진하는 반면, 다자무역질서 및 투자협정에 대해서는 소극적 대응을 한다. 트럼프 대통령이 취임 즉시 TPP 탈퇴 결정을 한 것이 대표적인 사례이다. 이러한 접근은 국내 일자리 보호와 국가안보를 이유로 공급망의 대외 의존도를 낮추는 것을 일차적 목표로 한다(Chivvis and Kapstein 2022). 이는 미국의 전통 주류의 접근에서 벗어난 것이지만, 미국의 첨단기술 및 시장에 대한 중국의 접근을 강력하게 통제함으로써 중국의 경제적 추격을 방지 또는 지연시키고, 더 나아가 중국의 군사력 증강에도 중대한 차질을 초래할 수 있다는 전략적 판단이 작용하였다. 여기에는 2008년 글로벌 금융 위기 이후 증가한 세계화에 대한 우려와 비판도 작용하였다.

이 시각은 중국의 부상에 따른 문제점을 규명하고, 중국에 대한 공세의 수위를 높이는 일정한 효과를 발휘하였다. 국내적으로는 미국 산업과 경제의 경쟁력 저하를 초래하고, 대외적으로는 핵심 동맹과 파트너의 이익을 훼손할 가능성을 배제할 수 없다는 점에서 근원적 한계가 있다. 미중 전략경쟁이 수십 년에 걸쳐서 진행될 것이라는 전망에 기초하면, 현 시점의 경쟁에서 우위를 확보하는 데 골몰한 나머지, 미래의 경쟁력을 제고하는 작업을 게을리해서는 안 되기 때문이다. 이러한 면에서 미국의 경제안보 전략은 국내적 차원에서 과학기술 혁신 역량을 제고하고, 이를 기반으로 산업 생태계를 복원하는 것이 매우 중요하다. 그러나 미국 우선주의와 같은 배타적이고 폐쇄적인 전략으로 일관해서는 중장기적 관점을 놓치기 쉽다는 딜레마가 있다.

더 나아가 미국 우선주의에 기반한 공세적 대중 견제 전략이 단기간에 완성되기 어렵기 때문에, 중국이 궁극적으로 이를 우회하는 대안을 찾을 가능성을 배제할 수 없다는 점에서 이러한 접근의 근원적 한계가 있다. 미국이 중국에 대한 수출통제를 전방위적으로 확대하고 있으나, 중국이 자체적인 혁신 역량을 고도화하는 한편, 기술 획득의 대체원을 확보할 경우, 미국 우선주의의 효과는 현정하게 감소할 수밖에 없다.

또한 미국 우선주의가 과도하게 확장될 경우, 미국의 경제적 영향력을 감소시키는 결과가 초래될 수 있다. 미국의 일방주의적 조치가 다른 국가들과의 경제 관계를 약화시키고, 이는 중장기적으로 미국 경제에도 좋지 않은 영향을 미칠 수 있다(Cooley and Nexon 2020). 즉, 미국 기업이 세계 시장에서 차지하는 지배력을 유지하기 어려울 수 있기 때문이다. 이와 더불어, 미중 양국의 디커플링이 진행될 경우, 군사적 긴장과 위기의 가능성이 더욱 높아질 수 있다.

둘째, 국제협력, 특히 동맹 및 파트너들과의 협력 강화 전략은 일 방주의에 기반한 경제안보 전략을 보완하는 과정에서 대두되었다 (White House 2023). 동맹 및 파트너들을 중심으로 경제와 안보의 연 계를 강화한 시스템을 구축하는 것이다. 기존과 같이 완전히 열린 세계 화를 지향하는 것이 아니라, 미국의 동맹 및 파트너들을 중심으로 보다 안정적 토대 위에서 최소한의 개방성을 유지하는 데 목표가 있다. 민주 주의적 가치, 안보 위협, 다자주의에 대한 기여 등을 토대로 동맹 및 파 트너의 네트워크를 형성함으로써 미국의 대외경제 관계는 물론, 국내 의 혁신 생태계를 재구성하는 작업을 포함한다.

국제협력 기반의 전략은 트럼프 행정부가 동원하였던 미국 우선 주의 전략과 뚜렷히 차별화된다. 이 전략은 미국-EU 무역기술위원회 (U.S.-EU Trade and Technology Council, U.S.-EU TTC)의 사례에 나 타나듯이, 유사 입장국들과 무역 및 첨단기술 분야의 협력에 높은 우 선순위를 부여한다. 미국이 리쇼어링의 단점을 보완하기 위해 '프렌 드 쇼어링(friend shoring)'을 추진하는 것도 유사한 맥락이다(Reinsch 2024). 또한 미국은 기존 WTO보다 더 좋은 특혜관세를 제공함으로써 동맹 및 파트너들과의 경제협력을 확대·강화할 수 있다. 이러한 방식 을 통해 미국은 정치와 경제를 연계한 블록을 형성할 수 있게 된다. 미 국 주도의 블록에 참여하는 국가들의 다양성을 확보할 경우, 일정 수준 의 효율성도 기대할 수 있게 된다. 더 나아가 이 방식은 동맹 간 협력을 지지하는 경제적 기반을 형성하고, 중국 또는 러시아와 같은 수정주의 국가들의 경제적 강압을 억제하는 효과가 기대된다.

다만, 이러한 전략이 기대한 성과를 달성하기 위해서는 미국의 전략과 자국의 전략을 동조화하는 국가들에게 그 혜택이 어떻게 배분될 것인지에 대한 명확한 비전이 제시되어야 한다. 그렇지 않을 경우, 정책 동조화의 비용과 부담이 커지는 가운데, 혜택이 불명확하거나 미국에게 주로 돌아갈 경우, 국제협력 전략의 지속가능성에 한계가 있을 수밖에 없다. 바이든 행정부가 인플레이션 감축법(Inflation Reduction Act, IRA)을 추진하는 과정에서 리쇼어링에 협조한 동맹 및 파트너들에게 상당한 부담을 지우기도 하였는데, 이러한 정책이 반복될 경우, 국제협조에 기반한 경제안보 전략의 한계가 나타날 수밖에 없다.

또한 국제협력 기반 경제안보 전략은 중립 지대에 있는 국가들에게 선택의 딜레마를 가중시키는 문제가 있다. 미국이 동맹 및 파트너들과의 정책 동조화의 수준을 높일수록, 이 국가들의 딜레마는 더욱 커진다. 보다 본질적인 문제는 실행력에 있다. 미국의 동맹 및 파트너들 가운데 상당수가 중국과의 상호의존을 낮추기 위한 준비가 되어 있지 않기 때문이다. 이 경우, 미국이 중국과의 상호의존을 낮추더라도, 동맹 및 파트너들이 중국과 경제 관계를 유지할 가능성을 배제할 수 없다. 이러한 가능성이 현실화될 경우, 중국이 미국을 제외한 다른 국가들로부터 첨단기술을 획득하는 결과가 초래될 수 있다. 호주 정부가 기존 프랑스 정부와 합의를 파기하고, 미국 잠수함 기술을 구매하기로 한 데서 나타나듯이, 블록 내 동맹국 간 경쟁 또는 갈등이 고조될 수 있다는 점도 한계점으로 작용한다.

셋째, 세계질서의 구성 방식을 근원적으로 재편하는 재세계화도 미국 경제안보 전략의 한 축을 구성한다. 심층 통합을 촉진한 기존 세계화의 문제점이 점차 명확해지고 있기 때문에(Rodrik 2011), 이에 대한 대안을 마련해야 한다는 점에서 이러한 시각이 대두되고 있다. 이러한 시각은 세계화에 대한 반발을 넘어 반세계화(anti-globalization)와

탈세계화(de-globalization)가 급속하게 부상하는 현실이 결코 미국에 유리한 것은 아니라는 판단에 따른 것이다. 이러한 전략은 어쩌면 위의 두 가지 경제안보 전략의 한계를 보완하는 효과를 낳을 수도 있다. 즉, 심층 통합을 지향하는 세계화의 범위와 속도를 조정함으로써 세계화에 대한 국내적 반발을 완화하고, 세계화의 동력을 유지함으로써 동맹 및 파트너들과의 협력의 범위를 확대할 수 있는 새로운 대안으로서의 의미가 있다. 이를 기반으로 미국이 21세기 현실을 반영하여 자유시장과 다자질서의 개혁을 선도함으로써 규칙 기반 세계질서의 수립을 위한 리더십을 회복할 가능성도 있다.

다만, 이 방식은 중국이 세계경제와 더 긴밀하게 연계되어 있는 점을 감안할 때, 상대적으로 중국에게 더 유리하게 작용할 수 있다. 뿐만 아니라, 이러한 방식을 실현하는 데 필요한 대내외적 조건을 충족시키기 어렵다는 현실적 문제도 있다. 무엇보다 중국이 미국이 주도하는 새로운 규칙의 수립에 동조할 현실적 가능성은 매우 낮다. 국내정치 차원에서도 바이든 행정부가 CPTPP 복귀를 추진하지 못하는 현실을 감안할 때, 수준 높은 규칙의 수립과 이를 미국이 선도하는 데 대한 국내정치적 합의의 기반 역시 매우 취약하다.

지금까지 살펴보았듯이, 미국의 경제안보 전략은 세 가지 유형이 서로 결합되면서 변화하는 모습을 보인다. 비교적 최근까지 미국 경제안보 전략은 미국 우선주의에서 동맹 및 파트너들과의 협력을 강화하는 방향으로 변화해왔다. 미국 우선주의가 중국 견제의 필요성에 대한 초당적 공감대를 바탕으로 미국 경제안보 전략의 근간이 되기도 하였으나, 국내적으로 지속가능성을 담보하기 어렵고, 대외적으로 동맹 및 파트너들의 경제적 이익을 침해하는 현상까지 초래되면서 국내외의 비판에 직면하게 되었다. 미국은 동맹 및 파트너 국가들과 경제와 안보 이익을 공유하는 시스템을 구축함으로써 이러한 한계를 보완하는 새로운 전략을 추구하고 있다. 보호주의의 폐해를 최소화하고, 동맹 및 파트너들과의 협력을 강화함으로써 중국에 대한 공세를 지속할 수 있는 대내외적 기반을 구축하고자 하는 것이다. 이러한 면에서 미국의 경제안보 전략은 미국 우선주의를 완화하고 동맹 경제를 강화하는 방향으로 변화하는 이행기에 있다고 할 수 있다.

한편, 미국의 경제안보 전략은 새로운 전환점에 있다. 미국이 동맹 및 파트너들과의 협력을 폐쇄적으로 운영할 경우, 세계경제의 블록화가 초래될 가능성이 높다. 이는 세계경제의 효율성과 성장률 저하는 물론, 미국과 중국이 주도하는 블록 가운데 하나를 선택하는 데 따른 불확실성이 획기적으로 높아지게 된다(Cerdeiro et al. 2021). 한편, 미국이 폐쇄적 블록의 형성이 아니라, 중국에 대한 과도한 의존도를 낮추는 정도의 조정을 시도하고, 동맹 및 파트너들과 새로운 세계경제 질서를 수립하기 위한 협력을 강화하는 변화를 모색할 가능성도 있다.

2. EU: 주권에서 자율성으로

EU에서 주권과 자율성이 혼용되어 사용되었으나, 2021년 이후 두 개념을 구분하여 사용하기 시작하였다. 전략적 자율성이 다른 국가로부터 EU의 자립을 강조하는 반면, 전략적 주권은 EU의 역량을 강조하는 차이가 있고, 유럽 시민이 EU 주권보다 자국의 주권에 더 많은 관심이 있기 때문에, 전략적 주권 개념이 전략적 자율성 개념으로 대체되었다. 전략적 자율성은 특정한 목적을 달성하고(for), 이를 위한 역량을 배양하며(through), 다른 국가에 대한 의존도를 감소시키는(from) 것을 지칭한다. 구체적으로 전략적 자율성은 'EU가 전략적 주권을 필요

로 하는 이유는 무엇이며, 전략적 목표는 무엇인가?' 'EU가 주권을 향
상시키기 위해서 어떤 역량과 정치적 프레임워크가 필요한가?' 'EU의
자립적인 정치적 행위를 침해하는 장애 요인은 무엇이고, 누구로부터
의 의존도를 낮추고자 하는가?'와 같은 이슈를 포괄한다(Fiott 2021).

　　EU의 경제안보 전략은 전략적 자율성에 기반하여 형성되었다.
EU의 전략적 자율성은 군사, 경제, 민주적 가치 등 전략적으로 중요한
정책 영역에서 다른 국가에 의존하지 않고 독자적으로 행동할 수 있
는 역량을 뜻한다(European Parliament 2022). 유럽이사회(European
Council)가 2013년 유럽 방위산업의 역량을 발전시키기 위한 방안을
논의하는 과정에서 최초로 언급되었다(European Council 2013).

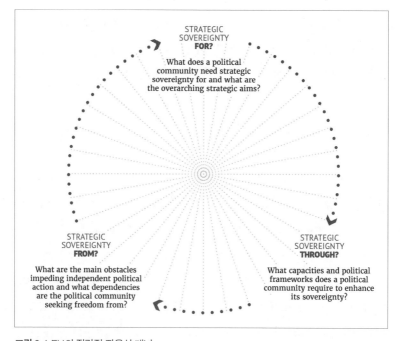

그림 2.1 EU의 전략적 자율성 개념

출처: European Parliament(2022).

EU의 전략적 자율성은 (1) 군사안보 분야에 초점을 맞추었던 2013년~2016년, (2) 브렉시트(Brexit), 트럼프 행정부의 일방주의, 중국의 공세 외교 등 적대적인 지정학적 환경 속에서 EU의 이익을 수호하는 데 초점을 맞추었던 2017년~2019년, (3) 코로나19의 확산 과정에서 발생한 해외 공급망에 대한 의존을 완화하는 것으로 초점이 이동한 2020년, (4) EU 가치 등 대부분의 정책 영역으로 범위가 확장된 2021년 이후 등 네 단계를 거치며 변화해왔다.

2020년 코로나19의 확산은 EU 경제안보 전략의 전환점이 되었다. 코로나19의 확산 과정에서 상당수 유럽 국가들은 마스크를 포함한 의료, 제약, 반도체, 자원 등 다양한 분야에서 중국에 대한 의존도가 높다는 점에 대한 경각심이 고조되었다. 이를 계기로 '통합되고, 회복탄력적이며, 주권을 가진 유럽'의 필요성에 대한 공감대가 형성되었다. 코로나19의 충격에 대응하기 위해 7,500억 유로의 재정 투입, '차세대 EU(Next Generation EU)'에 대한 지원, 유럽 공동 시장의 강화를 통해 유럽 통합을 한 단계 더 격상시키는 데 초점을 맞춘 경제안보 전략으로 전환을 모색하게 된 것이다.

러시아-우크라이나 전쟁 이후 EU의 경제안보 전략은 본질적인 변화를 추구하고 있다. 변화는 대체로 두 가지 방향에서 진행되고 있다. 우선, EU는 약 5천 명 규모의 'EU 신속 배치 역량(EU Rapid Deployment Capacity)'을 형성하기로 한 데서 나타나듯이, 군사안보 차원에서 집단안보 역량을 강화하는 데 주력하는 한편, 기술, 에너지, 제도적 프레임워크 등으로 전략적 자율성을 확대하는 데 대하여 EU 회원국들의 공통 이익을 적극적으로 발굴하고 있다(von Ondarza and Overhaus 2022). 다만, EU가 경제안보 전략의 변화를 추진하는 데 있어서 표면적으로는 독자적인 역량의 강화를 표방하고 있다, 그러나 적어도 단기적으로 미국에 대한 전략적 의존의 증가가 불가피할 것으로 보인다. 특히, 미국이 대중국 견제 정책을 추진하는 데 있어서 동맹 및 파트너들에게도 정책 동조화 요구를 증대시킬 가능성이 높다는 점을 감안할 때, 전략적 자율성의 추구와 미국과의 협력 강화 사이에 긴장 관계가 성립한다고 할 수 있다.

EU는 자체적인 경제안보 전략을 발전시키기 위해 다양한 노력을 전개하였다. 우선, EU는 경제안보 전략의 제도적 강화를 위해 입법 조치와 예산 증액을 동시에 추진하였다. EU는 이와 관련 EU의 대표적인 프로젝트인 디지털 전환과 녹색 전환을 연계하는 '쌍둥이 전환(twin transformation)'을 위한 입법 조치를 강화하고, 공동 이민 정책을 위한 정보 관리를 향상시키기 위해 노력하고 있다. EU는 또한 연구개발, 혁신, 데이터 프라이버시 등의 분야에서 회원국의 역량 강화를 위한 지원을 확대하고 있다.

EU의 경제안보 전략이 여러 단계를 거치며 발전해 온 것은 사실이나, 한계가 없는 것은 아니다. EU 전략적 자율성은 개별 회원국들이 자율성을 강화하는 것과 근원적 긴장관계가 형성된다는 데 딜레마가 있다. 개별 회원국들이 각자의 자율성을 강화하는 과정에서 다른 회원국과 경쟁관계를 형성하게 되거나, EU 차원의 정책 조정이 결여되는 사례가 다수 발견된다. 독일이 방위정책의 재편을 위해 약 1,000억 유로 규모의 투자 기금을 조성하고, 연방방위군의 전략 강화를 위해 미국의 F35를 도입하기로 한 것이 대표적인 사례이다. 독일 정부의 정책이 독일의 전략적 자율성을 향상시키는 데 기여할 것으로 기대되지만, 이 때문에 EU 차원의 무기 개발을 위한 공동 투자를 촉진하고 무기 공동 구매를 추진한다는 베르사이유 선언의 정신을 위배한다는 지적이 제기되었다(Versailles Declaration 2022).

3. 일본: 경제안보 전략의 법제화

일본의 경제안보 전략은 경제적 통치술, 공급망 복원력 강화, 법적 뒷받침 등 세 가지 방향에서 추진되었다. 첫째, 경제적 통치술은 미중 전략경쟁과 코로나19와 같은 팬데믹의 발생으로 세계질서의 불확실성이 고조된 데 대한 대응 능력의 강화를 위한 것이다. 수출통제, 기술수출통제, 외국인투자 심사 강화, 외국인 토지거래 규제 강화, 정부조달 규정 강화 등을 주요 내용으로 포함한다. 이는 중상주의적 성향을 강하게 내포하고 있다는 점에서 일본의 전통적인 대외경제정책과 궤를 같이한다고 할 수 있다.

둘째, 공급망 복원력 강화는 공급망의 구조적 취약성과 안보화로 인해 공급망 교란이 빈발함에 따라, 이를 경제는 물론 안보 위협으로 규정하고 다양한 대응책을 강구하는 데 초점을 맞추고 있다. 일본 정부는 자국 기업의 리쇼어링을 지원하는 한편, 반도체와 배터리 등 핵심 산업의 생산역량 강화를 위한 대규모 지원책을 추진 중이다. 일본은 2011년 동일본 대지진의 사례에서 나타나듯이, 주기적인 공급망 교란을 겪어왔다는 점에서 공급망의 취약성을 완화하는 전략 자체가 새로울 것은 없다. 그러나 현재 일본 정부가 추진하는 공급망 전략은 취약성 완화를 위해 지원 대상을 외국기업까지 확대했다는 점에서 전통적인 산업정책과 맥을 달리한다. 이는 일본이 공급망 재편과 다변화를 경제안보 관점에서 접근한다는 증거이기도 하다.

법적 정비는 일본 경제안보 전략의 세 번째 축이다. 일본 정부는 2022년 5월 경제안전보장추진법을 제정하였다. 이 법안은 경제안보 전략의 성격과 주요 내용에 대한 일본 정부의 입장이 반영되어 있다. 이는 경제적 통치술과 공급망 복원력 강화를 효과적으로 추진하기 위한 제도적 강화 차원에서 추진되었다. 주요 내용으로는 중요 물자의 공급망 확보, 기간 인프라 서비스의 안정적 제공, 첨단 중요기술의 개발 지원, 특허 출원의 비공개 등이 있다(김규판 2022).

세 가지 전략적 기조하에 일본은 수출통제, 혁신 역량의 강화, 취약성의 보완과 같은 정책을 추진하고 있다. 일본의 경제안보 전략의 핵심은 수출통제이다. 일본은 바세나르협정과 같은 다자체제에 기반하여 시행하는 수출통제와 자체적으로 부과하는 수출통제를 병행 추진하고 있다. 또한 일본은 수출통제를 군사적 전용의 가능성이 높은 전략물자를 포괄하는 캐치올(catch-all) 규제와 무기 개발, 제조, 사용 등으로 활용될 수 있는 물자를 대상으로 하는 리스트 규제를 병행한다. 2019년 7월 일본 경제산업성이 한국을 화이트리스트에서 제외하고, 불화수소, EUV 포토레지스, 플루오린 폴리이미드를 포괄수출허가 대상에 제외한 것은 리스트 규제의 사례이다(김규판 2022).

일본 경제안보 전략의 또 다른 특징은 핵심 첨단기술의 혁신 역량 강화와 함께 공급망 복원력 강화 차원에서 첨단산업의 국내 생산역량 확대에도 많은 노력을 기울이는 데 있다. 일본 정부는 특히, 반도체와 배터리 산업의 공급망 복원력 강화를 위한 산업정책을 신속하게 추진하는 한편, 중요 물자의 공급망 확보에도 주력하고 있다. 반도체 산업의 사례에서 나타나듯이, 혁신 역량 강화와 생산 역량 확대를 위해 일본 정부가 외국기업에 대규모 지원을 제공함으로써 공급망 복원력 강화를 추진하고 있다. 구체적으로 일본 정부는 대만 TSMC가 10~20나노 반도체 생산을 위해 구마모토 공장을 건설하는 데 투입하는 비용 9,800억 엔 가운데, 4,760억 엔의 보조금을 지원하기로 결정하였다. TSMC는 구마모토에 5에서 10나노 반도체를 생산할 수 있는 두 번째 공장을 건설하기로 결정한 것으로 알려졌다(Reuters 2023/2/24).

　　일본 정부는 또한 국제협력을 통해 반도체 기술의 혁신 능력을 향상시키기 위한 노력도 병행한다. TSMC가 Japan 3D IC 연구개발센터를 쓰쿠바에 설립하는 데 투입한 370억 엔 가운데 일본 정부가 190억 엔을 보조한 것이 대표적이다. 일본이 강점을 가지고 있는 반도체 소재, 장비 기업들이 TSMC와의 연구개발 협력을 진행하는 방식이다. 일본 정부는 또한 3,500억 엔의 예산을 책정하여, 미국과 2나노 차세대 반도체 개발을 위한 연구 협력을 진행하고, 2020년대 후반까지 양산을 목표로 하고 있다. 여기에는 도쿄대 산업기술총합연구소와 이화학연구소가 참여한다(Fujioka and Imao 2022). 일본은 또한 소니, NEC 등 전자업체, NTT, 소프트뱅크와 같은 통신업체, 도요타와 같은 자동차업체, 미쓰비시 UFG 은행과 같은 금융기관이 참여하는 라피더스(Rapidus)를 설립하였다. 라피더스는 특히 IBM과 전략적 파트너십을 형성하여 첨단 반도체를 개발할 뿐 아니라, 일본의 반도체 생태계를 구축하는 데 기여할 것으로 보인다(IBM 2022.12.12.).

　　이러한 구상이 실현될 경우, 일본은 22nm와 28nm 반도체(일-TSMC), 12nm와 16nm 반도체(일-TSMC), 2nm 반도체(미-일) 생산을 위한 기반을 구축하여 반도체 공급망의 안정성을 확보할 수 있게 된다.

　　일본 경제안보 전략의 또 하나의 특징은 중국을 직접 겨냥하지는 않지만, 중국에 대한 실질적인 견제를 강화하는 방안을 다수 포함하고 있다는 점이다. 외국인투자 심사 강화, 특허 출원의 비공개, 정부조달 금지 등이 이에 해당한다. 외국인투자의 경우 사전 심사를 강화하고, 핵심 기술 유출의 방지를 위해 특허 출원의 비공개를 원칙으로 하는 등 중국을 명시하지는 않았으나, 사실상 중국을 대상으로 하는 조치이다. 정부조달의 경우는 더욱 노골적인데, 일본 정부의 정부조달은 화웨이와 ZTE의 5G 통신장비를 정부조달에서 금지한 사례가 있다.

IV. 한국의 경제안보 전략: 형성과 변화

1. 반응적 경제안보 전략의 한계

1) 전략적 모호성

한국은 경제안보 연계 전략을 주요국들에 비해 늦게 추구하기 시작하였다. 경제안보 연계의 지연은 양자를 효과적으로 연계하는 경제적 통치술의 경험 자체가 많지 않은 것과 한국이 비교적 최근까지 경제안보 분리를 고수한 정책적 유산의 결과이다. 미국과의 안보동맹과 최대 무역 상대국인 중국과의 경제 관계를 유지하는 어려운 과제를 무리 없이 수행하기 위해서는 전략적 모호성을 최대한 견지할 필요가 있다는 것이 비교적 최근까지 한국 정부의 경제안보 전략의 근간이었다. 전략적 모호성에 기반한 경제안보 전략의 불가피성이 어느 정도 인정되는 측면이 없는 것은 아니나, 미중 전략경쟁이 치열해질수록 이러한 경제안보 전략을 실현하는 데 있어서 장애 요인이 더욱 많아지는 것 또한 현실이다.

2) 경제적 강압에 대한 대응

비교적 최근까지 한국의 경제안보 연계 전략은 기본적으로 반응적 성격을 띠었다. 주로 강대국의 경제적 강압에 대응하는 데 초점을 맞춘 경제적 통치술을 추구하였기 때문이었다. 실제로 한국이 반응적 성격의 경제안보 전략을 추구하는 데 영향을 미친 대외적 요인은 다음과 같다.

표 2.1 한국의 반응적 경제안보 전략에 영향을 미친 사건

연도	사건
2016년	사드(THAAD) 배치 결정 이후 중국의 사실상 경제 제재
2018년	트럼프 행정부의 일방주의: 한미 FTA 개정; 한미 방위비 분담 재조정
2018년	미중 무역 전쟁
2019년	한국을 화이트리스트에서 삭제한 일본 정부의 결정
2020년	코로나19의 세계적 확산에 따른 공급망 재편
2020년	미중 기술 경쟁
2021년	쿼드 참여 문제
2022년	CHIP4 참여 문제

출처: 저자 작성.

한국의 경제안보 연계 전략에 영향을 미친 대외적 사건들은 발생의 양상, 강도, 범위 등에서 차이가 있으나, 경제, 산업, 기술 이슈를 안보화하였다는 공통점을 갖는다. 한국 역시 이러한 대외 환경의 변화에 대응하기 위해서는 경제와 안보를 연계하는 경제적 통치술을 추구하지 않을 수 없게 되었다. 다만, 초기 단계 한국의 경제적 통치술은 주로 강대국의 경제적 강압에 대응하는 데 초점을 맞추었기 때문에 반응적 성격을 띨 수밖에 없었다.

반응적 성격의 경제안보 연계 전략은 주로 강대국의 경제적 강압의 충격을 최소화하는 데 일차적 우선순위를 부여하고, 가능할 경우, 경제적 강압의 재발을 방지하는 데 부차적 우선순위를 부여한다. 강대국의 경제적 강압 자체를 제어하는 데 한계가 있기 때문에 반응적 성격의 경제안보 연계 전략이 불가피한 측면이 있다. 다만, 경제적 강압에 대응하는 반응적인 경제적 통치술은 기본적으로 사후적 대책이기

때문에, 적시에 기대한 효과를 발휘하는 것이 용이하지 않다는 한계를 갖고 있다.

중국의 경제 제재로 인한 경제적 피해가 22조 원을 넘을 것이라는 전망이 제기되었으나(산은기술리서치센터 2017), 경제 제재가 장기화되면서 관광 부문에서만 수입 감소가 21조원을 상회하는 등 피해 규모가 확대되는 결과가 초래되었다(Kim and Lee 2021).

3) 경제적 통치술의 확산에 대한 대응

반응적인 경제안보 연계 전략의 두 번째 특징은 미국과 중국을 넘어 주요국들로 경제적 통치술이 확산되는 데 대한 대응이다. 경제적 통치술의 확산은 경제적 강압에 대한 대응과 차별화된 대응을 필요로 한다. 주요국들의 경제적 통치술이 상대국에 대한 보호주의, 수출통제, 금융 제재, 경제 제재와 같은 요소들을 내포하는 동시에, 투자 심사 강화, 기술 탈취 방지, 혁신 역량의 향상 등 다양한 측면을 포함하고 있기 때문이다. 특히, 주요국들이 추구하는 혁신 역량의 강화는 한국이 경제적 통치술의 차원에서 대응하지 않을 수 없는 중요한 변화였다.

2. 새로운 경제안보 전략의 부상

1) 국내외 환경의 변화와 반응적 경제안보 전략의 보완

한국이 새로운 경제적 통치술을 모색한 데는 대내외 환경의 변화가 함께 영향을 미쳤다. 첫째, 한국은 대외 환경의 변화에도 불구하고 경제와 안보를 분리하는 접근을 유지하기 위해 노력하였으나, 주요국들의 경제적 통치술 추구는 한국이 경제안보 연계를 추구하지 않을 수 없도록 하였다. 둘째, 반응적인 경제적 통치술은 본질적으로 사후적 대응의 성격을 갖고 있기 때문에, 예방적 효과를 발휘하기 어려울 뿐 아니라, 효과를 발휘하더라도 대규모 자원의 투입을 필요로 하는 경우가 많다.

2) 새로운 경제적 통치술의 주요 특징

한국의 새로운 경제적 통치술은 다음과 같은 특징을 보인다.

(1) 첨단기술 제조 역량 확보 및 향상

(2) 핵심 산업의 공급망 내에서 주요 위치 확보와 활용

(3) 다변화와 리쇼어링의 동시 추구

(4) 기술 및 경제 주권의 추구

한국의 새로운 경제적 통치술은 첫째, 자체적인 기술 경쟁력과 공급망 내 위치를 전략적으로 활용한다는 면에서 반응적 성격의 경제적 통치술과 차이가 있다. 또한 새로운 경제적 통치술은 다양한 수단을 결합한다는 점에서 단순화된 반응적 성격의 경제적 통치술과도 구분된다. 둘째, 새로운 경제적 통치술에는 보편성과 차별성이 동시에 반영되어 있다. 한국이 추구하는 새로운 경제적 통치술의 구성 요소들이 그 자체로 주요국들의 경제적 통치술과 차별화되는 것은 아니다. 다만, 한국이 직면한 도전의 성격이 다른 국가들의 그것과 차이가 있고, 경제적 통치술을 추구하는 능력에서 차이가 있기 때문에, 한국의 경제적 통치술에서 일정한 차별성이 발견된다.

V. 결론 및 시사점: 글로벌 중추국가의 경제안보 전략

지금까지 한국의 경제안보 전략이 형성·변화한 과정을 살펴보았

다. 한국의 경제안보 전략은 세계경제의 네트워크화라는 구조적 변화와 미중 전략경쟁 및 코로나19로 인해 증폭된 불확실성에 대한 대응이라는 점에서 다른 국가들의 경제안보 전략과 궤를 같이한다. 한편, 초기 형성 단계 한국의 경제안보 전략은 주로 강대국의 경제적 강압에 대한 대응과 다른 국가들이 경쟁적으로 경제안보 전략을 추구한 데 대한 대응이라는 점에서 본질적으로 반응적 성격을 띠었다. 그러나 전략적 모호성에 기반한 반응적 성격의 경제안보 전략은 대내외 환경의 변화와 함께 한계를 드러냈다.

한국이 새로운 방식의 경제안보 전략을 추구하지 않을 수 없었던 것은 이 때문이다. 한국은 첨단기술의 경쟁력을 본격적으로 경제안보 전략에 통합하고, 핵심 첨단산업이 차지하는 공급망 내의 위치를 전략적으로 활용하며, 다변화와 리쇼어링을 동시에 추구하는 특징을 보인다. 기존의 반응적 성격의 경제안보 전략과 비교할 때, 적극성과 선제적 성격이 부각되었을 뿐 아니라, 다양한 수단을 결합한다는 점에서 복합적이다.

한국의 새로운 경제안보 전략이 기대한 성과를 도출하고, 이를 기반으로 글로벌 중추국가로서 지위를 확보하기 위해서는 다음의 사항들을 고려할 필요가 있다. 첫째, 경쟁 우위의 추구와 포용성의 결합이다. 지금과 같이 불확실성이 큰 시대에 경제적 강압의 가능성을 낮추고 다른 국가들에게 영향력을 미칠 수 있는 경쟁 우위의 확보가 중요하다는 점은 불문가지이다. 그러나 모든 국가가 배타적인 경쟁 우위를 추구하는 데 따른 체제적 결과가 한국에 결코 유리하지 않다는 점을 고려할 때, 한국은 경쟁 우위의 배타적 추구를 넘어서는 포용성에 기반한 경쟁 우위의 확보를 추구할 필요가 있다.

둘째, 포용성의 실현을 위한 구체적 방안의 확보이다. 포용성의 추구는 구체적 실현 방안을 확보하지 못할 경우, 실행력을 담보하지 못한 원칙에 그칠 위험성이 있다. 포용성의 추구에 아무런 경계가 없는 것은 아니다. 이와 관련, 한국과 유사한 고민, 이해관계, 규범을 공유한 유사 입장국 연대에 기반한 포용성의 실현을 단계적으로 추구할 필요가 있다. 예를 들어, 협력의 초기 단계는 유사 입장국들과 협력의 접점을 발굴하여 의제화하는 데 주력하고, 이를 바탕으로 구체적인 협력의 아이템을 만들어 나가는 단계적 전략이 필요하다. 가치와 규범을 같이하는 유사 입장국과의 협력을 유사한 상황에 처해 있는 국가들과의 유연하고 신축적인 협력으로 확대해 나가는 전략 또한 병행 추구할 필요가 있다.

셋째, 유사 입장국 협력을 효과적으로 추진하기 위해서는 네트워크의 활용도를 높이는 방안을 함께 모색할 필요가 있다. 규범과 이익의 공유는 유사 입장국 협력의 필요 조건이다. 네크워크 내의 유사한 위치를 보유한 국가를 발굴하여 이들과의 협력을 추구하는 것은 유사 입장국 협력의 효과를 제고할 수 있는 유력한 방안이다. 이는 한국이 규범적 리더십의 행사를 넘어, 네트워크 파워를 행사할 수 있는 단초가 될 수 있다.

참고문헌

김규판. 2022. "일본의 경제안전보장추진법 및 시사점." 이슈분석 228호.
산은기술리서치센터. 2017. "사드배치와 한중관계 악화에 따른 산업별 영향." 3월 20일.
　　Weekly KDB Report.
이승주. 2021. "세계 경제의 네트워크화와 미중 전략 경쟁: 복합 지경학의 부상."
　　『정치·정보연구』 24(3): 51-80.
최정환. 2023 "일본의 경제안전보장추진법을 통한 특정중요물자 선정 현황 및 시사점."
　　『산업경제분석』. KIET 산업경제.

Barker, Tyson and David Hagebölling. 2022. Germany's Economic Security and
　　Technology Optimizing Export Control, Investment Screening and Market Access
　　Instruments. https://www.ssoar.info/ssoar/handle/document/85212
Borrell, Josep and Thierry Breton. 2020. For a united, resilient and sovereign Europe.
　　https://www.eeas.europa.eu/eeas/united-resilient-and-sovereign-europe-thierry-
　　breton_en
Cerdeiro, Diego A., Rui Mano, Johannes Eugster, Dirk V Muir, Shanaka J. Peiris, et al.
　　2021. Sizing Up the Effects of Technological Decoupling. Working Paper No.
　　2021/069.
Chivvis, Christopher S. and Ethan B. Kapstein. 2022. U.S. Strategy and Economic
　　Statecraft: Understanding the Tradeoffs.
Cooley, Alexander and Daniel Nexon. 2020. Exit from Hegemony: The Unraveling of the
　　American Global Order. Oxford University Press.
European Council. 2013. Conclusions. December 19-20. https://data.consilium.europa.
　　eu/doc/document/ST-217-2013-INIT/en/pdf
European Parliament. 2022. EU strategic autonomy 2013-2022. EU Strategic Autonomy
　　Monitor.
Farrell, Henry and Abraham L. Newman 2019. "Weaponized Interdependence: How
　　Global Economic Networks Shape State Coercion." International Security 44(1):
　　42-79.
Fiott, Daniel, ed. 2021. European Sovereignty: Strategy and Interdependence. Chaillot
　　Paper 169.
Fujioka, Ko and Ryuto Imao. 2022. "Japan to spend $2.4bn on joint chip research hub
　　with U.S." Nikkei Asia. November 6. https://asia.nikkei.com/Business/Electronics/
　　Japan-to-spend-2.4bn-on-joint-chip-research-hub-with-U.S
Huotari, Mikko. 2023. "Six Priorities for "De-risking" EU Relations with China."
　　Internationale Politik Quarterly. Spring 2023 Issue: The China Challenge.

IBM. 2022. "IBM and Rapidus Form Strategic Partnership to Build Advanced Semiconductor Technology and Ecosystem in Japan." December 12. https:// newsroom.ibm.com/2022-12-12-IBM-and-Rapidus-Form-Strategic-Partnership-to-Build-Advanced-Semiconductor-Technology-and-Ecosystem-in-Japan.

IBM. 2023. "Japan to restrict chimaking euqipment exports, with eye on China." Nikkei Asia. March 31. https://asia.nikkei.com/Business/Tech/Semiconductors/Japan-to-restrict-chipmaking-equipment-exports-with-eye-on-China

Kim, Hye Jin and Jungmin Lee. 2021. "The Economic Costs of Diplomatic Conflict: Evidence from the South Korea – China THAAD Dispute." *The Korean Economic Review* 37(2): 225-262.

Kirchner, Stephen. 2021. A Geoeconomic Alliance: The Potential and Limits of Economic Statecraft. United States Studies Centre.

Reinsch, William Alan. 2024. "Friendshoring vs. Onshoring." September 16. https:// www.csis.org/analysis/friendshoring-vs-onshoring

Reuters. 2023. "TSMC plans second Japan factory to make higher-end chips – media." February 24. https://www.reuters.com/markets/asia/tsmc-plans-second-japan-factory-make-higher-end-chips-2023-02-24/

Rodrik, Dani. 2011. *The Globalization Paradox: Democracy and the Future of the World Economy*. Harvard University Press.

Suzuki, Kazuto. Understanding Japan's Approach to Economic Security. https://www.stimson.org/research/pivotal-places/asia-indopac/japan/

The White House Office Trade and Manufacturing. 2018. How China's Economic Aggression Threatens the Technologies and Intellectual Property of the United States and the World.

The White House. 2023. "Readout of President Biden's Call with Allies and Partners." October 3. https://www.whitehouse.gov/briefing-room/statements-releases/2023/10/03/readout-of-president-bidens-call-with-allies-and-partners-2/

Versailles Declaration. Informal Meeting of the Heads of State or Government. 2022. March 10 and 11. https://www.consilium.europa.eu/media/54773/20220311-versailles-declaration-en.pdf

von Ondarza, Nicolai and Marco Overhaus. 2022. Rethinking Strategic Sovereignty: Narratives and Priorities for Europe after Russia's Attack on Ukraine. SWP Comment. No. 31.

제3장 일본의 경제안보정책과 일본형 산업정책의 유산

이정환(서울대학교)

* 본 장은 서울대학교 국제학연구소가 발행하는 『국제·지역연구』 33권 1호에 게재된 저자의 논문을 도서에 맞추어 수정한 것이다.

I. 서론

2022년 5월 성립된 일본의 경제안보추진법(공식 명칭: 経済施策を 一体的に講ずることによる安全保障の確保の推進に関する法律)을 통해, 일본의 경제안보정책은 본격적인 실시 단계에 들어섰다. 2020년 4월 내각부 국가안전보장국에 경제반이 설치되고, 6월에 자민당에 신국제 질서창조전략본부가 구성되면서 본격화되었던 일본의 경제안보정책 입법 과정은 2022년 경제안보추진법의 성립으로 일단락되었다. 2022 년 9월에 경제안보추진법에 대한 기본방침과 두 개의 지침을 각의 통 과시키고, 일본의 경제안보정책은 본격적인 정책 집행의 단계에 들어 섰다. 그리고 2023년 4월에 두 개의 지침이 추가로 각의 결정되어 일 본 경제안보추진법의 4대 정책과제에 대한 모든 지침이 완성되었다. 일본 경제안보정책이 본격 시행에 들어선 지 1년여 정도 지난 시점에 서 경제안보정책의 집행 결과에 대해 성과평가를 하기는 이르지만, 추 진 단계에서 정책의 구체적 프로그램들의 성격을 분석하는 작업은 가 능한 상황이다.

일본의 경제안보정책에 대한 기존 연구는 기본적으로 정책추진의 배경에 집중되어 있다. 정책이 등장한 지 얼마 되지 않은 시점에서 자 연스러운 일이다. 일본 경제안보정책의 정책추진 단계에 대한 기존 분 석에서 미중경쟁 시대의 국제적 변수가 중심적 위상을 차지하고 있다. 중국과의 경제적 상호의존이 더 이상 이점이 아니라 취약성으로 고려 되는 가운데, 이에 대한 대응 전략으로 일본의 경제안보정책이 주로 설 명된다(박성빈 2023; 이정환 2022; 강철구 2022; 이지평 2022; Akira & Glosserman 2021; 國文俊史 2020; 鈴木一人·西脇修 2023; 北村滋 2022; 船橋洋一 2020; 長谷川将規 2022). 중국에 대한 경제적 취약성에 대한 대응 고민은 일본만의 과제가 아니다. 중국의 경제적 부상에 대한 수세적 또는 공세적 대응의 정책 대응이 미국과 유럽에서 발견되는 가운데, 일본의 경제안보정책은 미중경쟁 시대에 공시적 보편성을 지니는 것으로 이해된다(伊集院敦 2023).

중국의 경제적 위협에 대한 선진국의 일반적 대응은 공급망 자율성 제고와 자국의 기술경쟁력 유지를 위한 정부의 적극적 자국 산업 보호와 육성 지원이라는 점에서 일치된다. 미중경쟁 시대 경제의 안보화는 큰 국가의 재래를 함의하는 신산업정책의 보편화로 이해될 수 있다(Aggarwal and Reddie 2020). 일본의 경제안보정책하에서 추진되고 있는 정부의 규제 강화 및 지원 프로그램 추진은 이러한 글로벌 흐름의 하나의 사례로 이해되는 것은 당연한 흐름이다.

이러한 글로벌 흐름 속에서 일본은 상당히 신속하게 효과적인 대응책을 마련하고 구체화하는 것으로 평가되곤 한다. 전 세계적 경제의 안보화에 대한 연구를 주도해온 파렐(H. Farell)과 뉴만(A. Newman)은 전 세계적 경제안보정책의 대두에 대한 최근 분석에서 일본의 경제안보정책이 매우 잘 조직되어 추진되고 있다고 긍정적으로 평가하며 미국이 본받아야 할 사례로 언급하고 있다. 나아가 이들은 일본이 효과적으로 경제안보정책을 추진할 수 있는 요인으로 정부주도 산업정책의 경험이 유산으로 남아 있기 때문임을 지적하고 있다(Farell and Newman 2023, 118).

이렇게 일본 경제안보정책을 전후 일본의 적극적 산업정책의 경험과 연계시켜 이해하려는 시도는 매우 일반적이다(Govella 2021). 전후 일본의 경제적 국가책략 속에서 정부의 주도성이 특히 강한 일본 발전국가 모델이 탄생되었던 것처럼 미중경쟁 시대 일본의 경제적 국가책략에서도 정부주도성이 나타나고 있으며, 이러한 성격은 역사적으로 경로의존적이라는 관점이다(Yoshimatsu 2017). 이 관점 속에서 일본 경제안보정책은 미중경쟁 시대 신산업정책의 공시적 보편성을 지니는 것만이 아니며, 전후 일본 발전국가의 특성이 유지되어 전개되는 것으로 파악된다.

하지만, 일본 경제안보정책을 전후 일본 발전국가 모델에서 이루어졌던 적극적 산업정책의 유산 속에서 효과적으로 전개되고 있다는 주장에 대해서는 보다 주의 깊은 분석이 요구된다. 정부의 시장에 대한 적극적 개입의 유형으로 이해되는 발전국가 모델은 정적 유형화로 개념적 설득력을 가져왔고, 이에 대한 논쟁이 진행되어 왔다. 하지만, 이 모델이 일본의 정치경제사에서 변동 없이 유지되어 왔다고 할 수 없다. 전후 국제정치경제와의 연계 및 위상 변화 속에서 일본의 정부와 기업 관계는 꾸준하게 변동하여 왔고, 이 과정에서 일본 산업정책의 성격도 변모해 왔다(Wong 2024). 최근 일본의 경제적 국가책략에서 발견되는 정부주도성을 경로의존적인 것으로 가정하기 전에, 일본 산업정책의 통시적 성격 변화를 고려하여서, 최근의 경제적 국가책략에서 과거의 정부주도적 성격 중 어떤 부분이 어떤 형태로 계승되는지를 검토할 필요가 있다.

일본 경제안보정책이 미중경쟁 시대에 발생하고 있는 전 세계적 경제의 안보화에 대한 각 국가·지역이 추구하는 보편적 대응책으로서의 공시적 성격을 지니고 있다는 주장은 기존 연구들에서 충분히 설득력 있게 이해되고 있다. 이에 비해서, 최근 일본의 경제안보정책을 논할 때, 일본형 산업정책의 유산은 수사적 차원에 머물러 있다. 이러한 상황에서 일본 경제안보정책을 일본형 산업정책의 유산으로 이해하는 주장에 대해서는 추가적 분석이 필요하다. 본 연구는 일본 경제안보정책에 대한 일본형 산업정책의 유산의 영향이 무엇인가에 대해 답하고

자 하는 시도이다. 이를 통해 일본형 산업정책의 유산을 수사가 아닌 변수화하는 것이 본 연구의 목표다.

　　일본 경제안보정책에 대한 일본형 산업정책의 유산의 영향을 분석적으로 논하기 위해서는, 일본형 산업정책이 어떠한 성격인지를 정적인 유형화가 아닌 시간적 흐름 속에서 파악하는 것이 필요하다. 여전히 '일본주식회사(Japan Inc.)' 수사가 글로벌 미디어에서 적극 활용되고 있지만, 일본 정부의 기업과의 관계 설정은 시기적으로 변해 왔다. 또한 정부주도성도 산업정책의 시대적 성격변화 속에서 그 내용과 방법에 있어서 동일하지 않다. 일본 산업정책의 통시적 변화에 대한 이해를 바탕으로 하고, 최근 일본 경제안보정책의 성격을 연결시켜 이해할 필요가 있다. 본 연구는 일본 산업정책의 역사 속에서 경제안보정책의 성격을 위치지어 설명하고자 하며, 이를 위해 구체적으로 일본 경제안보정책의 목표가 아닌, 경제안보추진법의 세부 프로그램의 성격을 분석하고자 한다. 보다 미시적 접근을 통해서 일본 경제안보정책이 가지는 성격의 다면성과 이것이 일본 산업정책의 역사와 연결되는 다중적 연결성을 밝힐 것이다.

　　본 장의 구성은 다음과 같다. II절에서는 일본 경제안보정책의 배경이 되는 미중경쟁 시대 전 세계적 경제안보화 추세와 일본 산업정책의 역사적 변천을 분석할 것이다. III절에서는 최근 1년 동안 추진되어 실행되고 있는 일본 경제안보정책의 구체적 프로그램들을 살펴보고, IV절에서 이들 프로그램들의 성격이 일본 산업정책의 역사 속에서 어떠한 연속성과 변화를 보이는지 논할 것이다.

II. 일본 경제안보정책의 국제적 배경과 국내적 조건

1. 미중경쟁과 신산업정책의 시대

일본의 경제안보정책은 중일 양자관계 측면에서도 설명될 수 있다. 2010년 센카쿠 분쟁 당시 중국의 대일본 희토류 금수는 중국과의 경제적 상호의존이 비경제적 분야의 갈등과 연결되어 일본의 취약성을 야기했던 대표적 사례가 된다. 그 이래로 일본은 중국의 경제적 강압에 대한 대응을 꾸준히 고민해 왔다(船橋洋一 2020; 佐藤丙吾 2022). 하지만, 그 대응책이 자유무역 원칙과 일정하게 충돌할 수밖에 없는 상황에서 그 대응책의 제도화는 한계가 있을 수밖에 없었다. 2022년 경제안보추진법의 입법화는 일본이 경제안보정책을 통해 추진하는 정책 내용이 다른 국가에 문제시되지 않기 때문에 신속하게 가능할 수 있었다.

일본 정부가 경제안보정책을 추진하면서 가장 조심했던 지점 중 하나는 그 정책 내용이 자유주의 국제경제질서 규범과 상충되는 것으로 국제사회에 인식되어서는 안 된다는 것이었다. 일본은 통상국가로서 자유무역 국제규범이 자국의 국익에 장기적으로 부합한다는 기조를 버린 적이 없다(박영준 2006). 미국 트럼프 정권이 자국중심주의를 강화하며 TPP에서 탈퇴할 때, 일본은 CPTPP를 통해서 자유주의 무역 규범 수호자의 역할을 자임했었다(Katada 2020). 자유무역 국제규범에 대한 일반론적 옹호론을 지속하면서 자국의 경제안보정책이 자유무역 국제규범에서 상충되는 것이 아니며 타국(중국)의 경제적 강압에 대한 반응형 대응인 것으로 국제사회에 인식시키려 노력했다.

경제안보추진법의 구체 내용들은 결국 비관세 무역장벽을 만들어낸다는 점에서 자유무역 국제규범과 근본적으로 상충하는 면이 존재한다. 일본의 정책공간에서는 자유무역 국제규범에 부합되지 않는 자국의 정책이 국제사회에 부정적으로 인식될 가능성에 대한 우려가 꾸준히 존재해 왔다. 일본 정부의 자유주의 국제정치경제질서 규범과 자국의 경제안보정책의 상충성에 대한 고민은 미국과 유럽이 일본과 동일한 또는 더 큰 폭의 무역장벽을 만드는 정책을 실시했기에 해소되었다. 일본이 추진하는 정책 내용이 다른 국가에 문제시되는 차원을 넘어, 일본이 추진하는 정책 내용과 다른 국가들의 정책 내용이 동일화하는 가운데, 일본은 경제안보정책의 제도화를 속도감 있게 진전시킬 수 있었다.

2010년대 후반 이래 미국은 초당파적으로 WTO 개혁을 강하게 주장하는 한편, 인플레이션감축법(IRA), 반도체과학법(CSA) 등의 입법을 통해 자국중심적 산업정책을 적극화하고 있으며, 이에 대한 안보적 필요성 논리를 대범하게 표명해 왔다. 유럽연합도 유럽반도체법 등으로 미국과 유사한 정책 내용을 전개하였다. 트럼프 행정부 시절의 관세 인상을 중심으로 하던 미중무역갈등이 바이든 행정부 시절에 기술경쟁으로 진전되면서, 바이든 행정부는 대중국억지의 수단이자 국내 정치적 고려의 산물인 자국 산업진흥에 대한 정부의 적극적 지원책을 활발하게 전개하였다(허재철 외 2022; Miller 2022). 미국의 정책 방향성에 대해 다른 국가들이 편승하는 가운데, 일본의 경제안보정책도 이러한 편승적 성격을 지닌다. 자유무역 국제규범이 아닌 공정무역 국제규범 속에서 자국 산업기반에 대한 정부보조금을 확대하는 정책 지향은 선진국에서 보편화되었고, 이 현상은 신산업정책의 대두로 논의되고 있다.

신산업정책을 통한 혁신 창출에 대한 긍정적 평가도 다수 존재한다(Juhász, Lane and Rodrik 2023; Tyson and Zysman, 2023). 반면에, 보조금이 만들어낼 수밖에 없는 지대추구의 비효율성에 대한 근본적 우려가 상존하고 있다(Krueger 2023; Strains 2023). 하지만, 배리 아이켄그린(Barry Eichengreen)이 주장하는 최근의 신산업정책에 대한 분석에는 경제학 차원의 효율과 비효율을 논하는 것을 넘어서 지정학과 연계된 정치경제적 관점이 당장 적실성이 크다(Eichengreen 2023). 지정학과 연계해 보았을 때, 대중 억지와 위협회피의 동일한 목표를 지니고 있다 하더라도 동질화된 선진국의 신산업정책은 서로 조율되어 전개되지 않는다는 문제점이 존재한다. 일본의 경제안보정책의 행동계획에서 제기된 3P—지원(promotion), 보호(protection), 협력(partnership)—의 방법론은 유럽에서도 동일하게 제기하고 있다(経済産業省·大臣官房 経済安全保障室 2023). 하지만, 현재 자국 중심성이 강한 지원과 보호의 방법론이 미국의 신산업정책에서 강하게 유지되면서, 여타 선진국들도 유사한 자국 중심적 지원과 보호 정책을 전개하고 있다. 지원/보호와 협력 사이의 균형이 찾아지지 않으면 선진국의 신산업정책 동질화는 그들 사이의 '바닥으로의 경쟁(race to the bottom)'을 야기할 것이라는 우려도 나오고 있다(Kamin and Kysar 2023).

최근 일본 경제안보정책은 일본의 산업정책에 대한 국제정치경제적 조건과의 관계성을 기준으로 전후 초기 발전국가적 산업정책과 비교할 수 있다. 전후 초기 일본의 발전국가적 산업정책의 정부 개입의 적극성은 미국이 지정학적 고려 속에서 일본을 국제정치경제레짐의 예외로 고려해 주었기 때문에 가능한 일이었다(Lee 2020). 최근 일본 경제안보정책은 다른 선진국들이 추진하는 신산업정책과 동질적 성격을 지니고 있다. 즉, 일본 경제안보정책은 미중경쟁 시대에 새로운 국제 표준으로 전개되는 신산업정책의 보편성을 지니고 있다.

2. 일본 산업정책의 변천

그렇다면 현재 일본 경제안보정책의 내용과 추진 방식에서 일본적 특수성은 있는가. 만약 있다면 무엇인가. 기존 연구에서 많이 언급되는 답변은 정부주도적 산업정책의 경험이 경로의존적으로 비공식적 제도로 남아 있다는 것이다(Yoshimatsu 2017; Wong 2004). 발전국가적 산업정책의 내용이 보전되는 것이 아니라 시장 활동에 대한 정부의 적극적 관여 성격이 온존하면서 시대적 조건에 따라 정부 역할의 내용이 변모한다는 역사적 제도주의적 관점이다. 본 연구도 그러한 관점에서 벗어나 있지 않다. 그렇다면 일본 산업정책의 역사에서 정부의 적극적 시장 관여의 내용은 어떻게 변모되었는가.

찰머스 존슨(Chalmers Johnson)의 연구 이후로 발전국가론은 유형화되어 동아시아 경제발전에 대한 설명 개념으로 널리 사용되어 왔다(Johnson 1982). 정부의 시장친화적 개입 속에서 경제성장을 견인하는 발전국가론에서 정부의 산업정책은 적극적 정부 역할의 핵심 부분이 된다. 정부의 적극적 개입에 대한 기본적 동의 속에서 존슨의 개념화가 과도하다는 연구(Calder 1993; Okimoto 1989)와 정부의 적극적 개입이 언제나 효과적이지 않았음을 지적하는 연구(Callon 1995), 정부의 적극적 역할을 부정하는 연구(Miwa & Ramseyer 2003) 등으로 일본의 산업정책에 대한 연구는 주로 일본의 장기불황 이전에 활발하게 진행되었다.

일본 산업정책에서 정부의 적극적 시장 개입의 원형을 보여주는 시기는 1950년대이다. 1949년 시행된 일본의 외환및외국무역관리법

을 통해 일본 정부는 외환규제의 법적 근거를 가지게 되었다. 기업들
에게 모든 외화를 외국환은행에 매각해야 하는 의무를 부여하는 외화
예산(外貨予算)제도를 통해서, 정부는 외화를 독점하고 이를 할당하
는 권한을 확보했다. 이러한 일본의 외환규제는 1960년대에 일어난 외
환자유화 이전인 1950년대에 가장 두드러진 현상이었다. 일본 정부는
1950년대에 지속적인 경상수지 적자 경향 속에서도 환율조정 없이 실
질적인 엔화의 고평가를 유지하였다. 수입에 사용되는 외화를 정부가
통제한다는 것은 실질적인 수입규제를 의미하고, 엔화의 실질적 고평
가 속에서 외화할당을 받아 수입을 하면 국내가격과의 차이 속에서 생
산활동에 투입 여부와 무관하게 이익이 창출되는 상황이었다. 외화할
당에 대한 기업의 경쟁은 당연한 가운데 정부의 외화할당에 대한 기준
이 산업정책과 연계되어 유망 산업의 생산과 수출로 연계되는 수입에
할당을 집중하는 제도운영이 이루어졌다(Okazaki & Korenaga 1999).

이러한 전후 초기 외환규제와 연계된 산업정책은 당시 국제정치
경제질서 속에서 가능하였다. 1950년대 일본은 수출 촉진과 수입 대체
를 동시 병행하는 중상주의의 성공적 전형인데, 중상주의 성공의 기본
조건은 해외시장이 제공되어야 한다. 즉, 열린 국제경제레짐이 제공되
어 수출을 할 수 있어야 한다. 동시에 수입을 막을 수 있는 제도적 장치
가 마련되어 있고, 이 수입 억제 장치가 교역상대국 혹은 국제레짐에
의해 용인되거나 또는 은밀하게 짜여져 외부에 쉽게 포착되지 않아야
한다. 특정 산업부문을 전략산업으로 지정하는 산업정책이, 외화할당
제도를 통해 보호육성되는 기제가 해외로부터 용인되는 조건을 1950
년대 전후 자유주의적 국제경제질서는 일본에게 제공해 주었다. 미국
주도의 브레튼우즈체제 속에서 일본은 IMF 14조 및 GATT 12조에 의
해 외환규제에 대한 예외를 인정받을 수 있었다. 외환규제를 통한 정부

의 적극적 산업정책은 1960년대 일본이 IMF와 GATT의 예외조항에서 벗어나 IMF 8조와 GATT 11조 적용국이 되면서 유지되기 어렵게 되었다(현진덕 2002).

　1960년대 이후 일본의 산업정책에서 외환규제의 역할이 퇴색되면서, 산업정책의 중심적 수단이 업종 내 기업 간 조정의 산업조정정책과 글로벌 기술격차를 해소하기 위한 산업기술정책을 중심으로 이루어지게 되었다. 고도성장기의 산업기술정책은 1966년 시작된 대형산업기술연구개발제도(大型工業技術研究開発制度)로 대변된다. 대형산업기술연구개발제도는 일본 산업기술정책사에서 큰 위상을 차지하고 있다. 세계적 산업기술 경쟁력 확보를 위한 추격형 성격을 분명하게 지니는 대형산업기술연구개발제도는 각 산업 영역에서 글로벌 첨단수준의 기술력 확보를 위한 정부 지원 사업이었다. 1960년대와 1970년대 일본의 대외무역 흑자가 급증하는 가운데, 해외 기술 탈취에 대한 해외로부터의 비난을 근본적으로 탈피하기 위한 기술입국 정책의 중추로 기능했다(沢井実 2011, 2장 1절). 대형산업기술연구개발제도가 1993년 재편될 때까지 31개 프로젝트에 총액 3,865억 엔이 투입되었다(経済産業省 2014). 한편 개별 업종의 생산력과 직결되는 실용 기술개발을 목적으로 추진된 대형산업기술연구개발제도에 참여한 240개 단체 중 80%는 대기업이었다(勝本雅和 2004). 이는 대형산업기술연구개발제도가 일본 대기업의 세계시장에서의 기술경쟁력 확보를 위한 실질적 보조금으로 기능했음을 보여준다.

　1980년 통상산업성 산업구조심의회가 발간한 〈80년대의 통산정책비전(80年代の通産政策ビジョン)〉은 일본 산업정책의 결정적 분기점이다. 〈80년대의 통산정책비전〉에서 일본 정부는 일본의 산업기술 수준이 세계적 수준에 도달하였으며, 추격형 산업정책에서 벗어나야 함

을 공식화하였다. 메이지 시대부터 일본이 목표로 삼았던 '서구 선진국 경제 따라잡기'라는 과제가 1970년대에 이르러 완성되었다는 인식이 배경에 깔려 있다(尾高煌之助 2013; 岡崎哲二 2012). 하지만, 이를 일본 산업정책의 종언으로 단언할 순 없다. 일본의 산업정책은 1980년대 이후로 추격형 산업정책에서 벗어나 선도적 기술혁신 창조형 산업정책으로 변모하였다. 추격형 산업정책에서 벗어나는 기조 속에서 산업기술정책은 각 섹터별 첨단기술 개발이 아닌 '광범위한 산업 분야에 파급효과를 가져오는 횡단적-기초적인 연구개발 추진'이 필요하다는 판단하에 새로운 산업기술 정부 지원 사업인 차세대산업기반기술연구개발제도(次世代産業基盤技術研究開発制度)가 1981년부터 새롭게 시작되었다. 차세대산업기발기술연구개발제도는 실용화 이전 단계의 기초과학 연구와 맞닿아 있는 점에서 기존의 대형산업기술연구개발제도와 차별화된다(沢井実 2011, 2장 2절).

1993년에 출범한 산업과학기술개발제도(産業科学技術開発制度)는 대형산업기술연구개발제도와 차세대산업기반기술연구개발제도를 통합한 것으로 '기초-창의형 및 미션형(공공수요) 기술개발로의 전환'이라는 이념에 근간을 두고 있다. 두 제도의 통합이지만, 업종별 추격형 유형에 가까운 대형산업기술연구개발제도에 비해 차세대산업기반기술연구개발제도의 이념에 보다 부합하는 방향에 서서, 횡단적 과제에 대응하는 선도적 기술혁신 창조형의 성격을 지닌다. 산업과학기술제도가 지향하는 기초-창의형은 "20~30년 후의 산업에 새로운 파급력이 큰 기반기술을 제공하는 연구개발을 목표"로 하는 기술개발에 초점을 두고 있다(沢井実 2011, 2장 3절).

1980년대와 1990년대 일본 산업기술정책이 업종별 추격형 모델에서 멀어지면서 통상산업성의 재정지원이 기업의 수출경쟁력으로 직결되는 루트가 선명해지지 않았다. 이는 일본 산업정책이 1980년대와 1990년대 비가시화되는 중요 원인이었다. 1980년대와 1990년대 일본의 경제성장과 함께 미일무역마찰을 통해 일본의 구조문제를 제기한 미국의 외압이 일본 정부의 적극적 산업정책을 추진하기 어려운 배경으로 언급된다. 하지만, 더 중요한 것은 일본 기업의 대형화와 세계화에 있다. 자본조달 방식과 생산거점 운영에서 글로벌 대기업이 된 일본 대기업들을 대상으로 하는 정부의 조율과 지원은 한계가 있을 수밖에 없다.

1990년대 말 이후에 일본 정부의 대규모 산업기술 지원 사업은 장기침체 대응의 차원에서 기술의 실용화 및 신사업 육성에 초점을 두었다. 2000년대의 연구개발프로그램/이노베이션프로그램(研究開発プログラム / イノベ－ションプログラム)과 2010년대 미래개척연구(未来開拓研究) 모두 이러한 기조에 서 있었다(経済産業省 2014). 기술혁신과 함께 산업기술 생태계 조성에 대한 정부의 산업입지정책도 1980년대 이래로 테크노폴리스 계획(テクノポリス計画, 1983), 두뇌입지법(頭脳立地法, 1988), 산업클러스터정책(産業クラスタ－政策, 2001)으로 지속적으로 전개되었다. 산업기술생태계 조성에서 일본 정부의 롤모델은 선명하게 실리콘밸리였다. 실리콘밸리에서 창출되는 기술혁신이 만들어지는 공간을 정부의 재정 지원으로 육성하겠다는 정책의도이다(Dasher et al. 2015). 기술혁신을 위한 산업생태계 조성은 국제적 경쟁력을 확보하는 목표를 지니고 있지만, 국제 협력을 방법론으로 취하지는 않는다. 기술혁신을 주도하는 산업생태계는 글로벌 경쟁력을 보유하고 있는 일본 국내 행위자들 사이의 네트워크 강화라는 차원에서 자생적 지향성이 강하다(이정환 2011).

1980년대 이후의 산업정책의 성격은 후발성의 조건과 결부되어 있는 추격형 산업정책과는 거리가 있다. 하지만, 이 시기의 기술혁신을 중심으로 하는 산업기술정책과 산업입지정책은 그 성과와 별개로 일본 산업정책의 변천에서 추격형 모델과 차별화되는 하나의 유형으로 고려될 수 있다. 그 특징은 업종별 경계를 넘는 차원에서 영역횡단 성격, 과제해결형 기술혁신의 선도적 창조에 대한 강조, 국내 기술혁신 네트워크 강화 강조로 정리된다.

　이 흐름 속에서 2010년대 아베 정권의 산업정책을 연속적으로 이해할 수 있다. 아베 정권의 산업정책은 이승주(2022; 2023) 교수의 분석처럼 '포괄화, 대규모화, 산업 간 연계, 경제의 안보화'의 성격을 가지고 있으며, 사회적 과제에 대한 대응 차원으로 위상 지어졌다. 일본의 경제안보정책도 아베 정권의 산업정책에 연결된 하부 과제로 대두되었다. 경제안보정책이 아베 정권하에서부터 성장전략의 일환으로 추진되었다(윤대엽 2017).

　아베 정권 후반기의 경제정책 노선에서 산업정책은 핵심적이었다. 아베 정권 초기의 아베노믹스는 주지하듯이 통화정책의 경기부양에 방점이 찍혀 있었다. 경기부양적 통화정책을 유지하는 가운데, 성장전략의 방법론으로 2단계에서 산업진흥전략이 추구된 것이다. 국가주도적 산업정책 대신에 선택지일 수 있었던 신자유주의적 규제완화 방법론에 대해서 아베 정권은 적극적이지 않았다. 아베 정권에게 산업정책은 인구구조변동과 기후변화 및 지정학 요인에서 기인하는 사회적 과제에 대응하는 핵심 수단이 되었다(이승주 2023; 오승희 2023a).

　산업 섹터의 진흥과 조정이라는 차원을 넘어서 산업정책을 통한 사회적 영향력 창출에 초점을 두고 있다는 점에서 아베 정권의 산업정책은 1950년대의 외환규제와 연계된 중심산업육성전략이나 1960-70년대의 추격형 기술개발 지원과 차별화된다. 하지만, 아베 정권의 과제

해결형 산업정책은 1980년대 이래로 일본의 산업기술정책과 산업입지정책에서 지속되었던 선도적 기술혁신 창조형 유형과 유사한 점이 많다.

아베 정권 이전의 산업정책은 크게 보자면 ① 1950년대의 정부의 직접적 시장 개입, ② 1960-70년대의 정부의 추격형 기술개발 지원, ③ 1980년대 이후 과제해결형 선도적 기술혁신 창조 지원으로 유형화할 수 있다. 아베 정권의 산업정책은 전반적으로 ③ 시기에 많이 발견되는 선도적 기술혁신 창조 유형의 연속선상에 서 있다. 하지만, 부분적으로 ② 시기의 추격형 유형의 정책 내용도 발견된다. 경제안보정책이 추격형 유형과 선도적 기술혁신 창조 유형의 성격이 양립되어 있는 대표적 정책 분야이다.

III. 일본 경제안보정책의 등장과 운용

1. 경제안보추진법의 내용과 체계

2022년 5월 경제안보추진법이 성립되기까지 공식적 정책 과정은 2020년 6월에서부터 약 2년 동안 (일본의 일반적 입법 추진 속도에 비해서) 매우 속도감 있게 진전되었다. 미중경쟁 시대 신산업정책의 대두라는 국제적 조건을 배경으로 하면서, 2020년 자민당의 신국제질서 창조전략본부의 정책 제언으로 공식적으로 입법 추진이 시작되었다. 자민당의 주도적 제언으로 정책이 추진되었으나, 그 이면에 정책 추진에 대한 관료집단의 강한 영향력이 존재한다. 자민당 신국제질서창조전략본부 창설 이전에 내각부 산하의 국가안전보장국 내에 경제반이 2

개월 먼저 설치되었고, 그보다 1년여 전에 경제산업성에서 경제안전보
장실을 설치하고 경제안보정책의 입법화를 준비했었다. 2021년 6월에
〈경제재정운영과 개혁의 기본방침 2021〉에 경제안보정책의 입법화가
담겨지면서, 경제안보추진법의 법제화는 이미 예측가능한 미래였다
(経済財政諮問会議 2021). 2021년 하반기 기시다 정권 출범 후의 행정
부에서의 경제안보추진법의 입법화 준비는 기시다 정권 출범의 정책
지향의 영향력보다는 입법 추진 계획에 주어진 예정 일정에 따른 측면
이 크다. 물론 기시다 정권은 경제안보정책을 정권의 성과로 만들려 노
력하였다. 다만, 자민당 내는 물론 여야를 막론한 정치권 전반에서 경
제안보정책에 대한 대세적 찬성 의견이 있었다는 점은 경제안보정책
이 내포하는 일본의 대중 견제 정책에 대한 일본 정치권 내의 폭넓은
공감대를 보여준다(이정환 2022).

2020년 12월에 자민당 신국제질서창조전략본부가 출간한 〈경제
안전보장전략의 책정에 대한 제언〉 문서에서 경제안보추진법의 정책
내용에 무엇이 담길지를 유추하는 것이 가능하다. 이미 이 문서에서
'전략적 자율성'과 '전략적 불가결성'의 두 원칙이 제시되었기 때문이
다(自由民主党 2021). '전략적 자율성' 원칙은 글로벌 공급망에서 취약
한 물자에 대한 국내 생산 기반 확충과 해외 의존도 완화의 정책 목표
를 의미하고, '전략적 불가결성' 원칙은 국내 산업 기반 핵심기술의 글
로벌 경쟁력 확보를 위한 지원 확충의 정책 목표를 지니고 있다.

2022년 입법화된 경제안보추진법은 전략적 자율성과 전략적 불가
결성의 두 원칙을 4대 정책 영역으로 구체화시켰다. 그 4대 영역은 ①
특정중요물자의 안정적 공급, ② 특정사회기반역무의 안정적 기반 확
보, ③ 특정중요기술의 개발지원, ④ 특허출원의 비공개이다.[1]

법령 2장에 기술된 ① 특정중요물자의 안정적 공급과 4장에 기술

된 ③ 특정중요기술의 개발지원이 각각 전략적 자율성과 전략적 불가결성의 원칙과 직결되는 정책 내용이 되며, 3장에 기술된 ② 특정사회기반역무의 안정적 기반 확보는 사회기반시설에 대한 외국자본 관여를 제약할 수 있는 내용과 연계된다. 5장에 기술된 ④ 특허출원의 비공개는 전략적 불가결성을 지키기 위한 하나의 수단으로 정책 논의 과정에서부터 꾸준히 언급되어 온 것으로, ③ 특정중요기술의 개발지원의 '지원'과 조합을 이루는 '규제'의 성격이다.

2022년 5월 경제안보추진법이 성립된 후, 일본 정부는 2022년 하반기에 경제안보정책 실시를 위한 정책집행 계획 및 거버넌스 구축에 나섰다. 2022년 9월 일본 정부는 경제안보정책의 구체적 실행을 위한 기본방침과 두 개의 기본지침을 수립하고, 경제안전보장추진회의와 경제안전보장법제에관한유식자회 운영을 시작하였다. 경제안전보장추진회의에서 결정되어 2022년 9월 30일 〈경제안보추진법에 대한 기본방침〉과 각의로 결정된 〈특정중요물자의 안정적 공급 확보에 관한 기본지침〉, 〈특정중요기술의 연구개발 촉진 및 그 성과의 적절한 활용에 관한 기본지침〉은 경제안보추진법의 ①(2장) 영역과 ③(4장) 영역의 실천 지침으로서의 위상을 지닌다. 2023년 4월에는 ②(3장) 영역에 대한 〈특정 방해행위 방지를 통한 특정 사회기반서비스의 안정적 제공 확보에 관한 기본지침〉과 ④(5장) 영역에 대한 〈특허출원 비공개 기본지침〉도 각의 결정되어, 4대 영역에 대한 세부 지침이 완성되었다. 이 4개 기본지침에 규정된 기본사항에 따른 경제안보추진법 시행령 및 기타 하위 법령에 의거해 주무성청이 정책을 집행하는 체계가 완성되었다.[2]

1　"経済安全保障推進法の概要"(https://www.cao.go.jp/keizai_anzen_hosho/doc/gaiyo.pdf).

경제안보정책은 특정 성청의 업무가 아니다. 내각부 경제안전보장특명담당 대신이 주관하는 내각부의 정책 과제로 부서횡단적 성격을 지니고 있다. 경제안보정책에 대해서는 내각부에 설치된 총리를 의장으로 하는 경제안전보장추진회의에서 최종 결정이 내려지며, 이를 위한 행정 사무를 내각부의 경제안전보장특명담당 대신이 주관하는 구조이다. 경제안전보장추진회의가 결정하는 정책 내용을 자문하는 역할의 경제안전보장법제에관한유식자회의도 함께 설치되었다. 2022년 11월에 이러한 조직 체계도 완성되면서 경제안보정책 추진의 거버넌스는 일단락되었다. 경제안보정책의 정책추진 거버넌스는 내각부의 담당 관료들에 의해 성청을 횡단하여 정책 내용이 입안되고, 이것이 유식자회의를 거쳐 정당성을 확보한 뒤, 총리 주재의 회의에서 최종 결정하는 전형적인 최근 일본의 관저주도 정책 거버넌스 체제로 이해될 수 있다.

하지만, 2022년 가을에 먼저 지침이 결정되어 추진되고 있는 두 핵심 정책 내용—특정중요물자 안정공급 지원과 특정중요기술 연구개발 지원—의 집행 과정에서 경제산업성의 주도성이 강하다. 경제안보정책이 자민당에서 논의 추진되기 시작될 때부터, 실질적으로 경제산업성에서 내각부로 파견 나와서 아베 총리를 보좌하던 관저관료들에 의해 주도되던 정책 내용이라는 점에서 경제안보정책에 대한 경제산업성의 주도성은 충분히 예상 가능한 일이었고, 실질적으로 그 형태로 운영 중이다. 물론 해외기업의 직접 투자 관리 등의 이슈에서의 재무성의 존재감이나, 기술유출 방지에 있어서 정보관련 기구들의 역할로 인한 위상 증가 가능성도 향후에 관찰해야 하는 사항이다. 하지만, 경제

---

2   "経済安全保障 基本方針·基本指針"(https://www.cao.go.jp/keizai_anzen_hosho/index.html).

안보정책의 핵심 두 목표인 특정중요물자 안정공급 지원과 특정중요
기술 연구개발지원에 대한 경제산업성의 강한 영향력은 경제안보정책
이 경제산업성이 주도하는 산업정책의 맥락에서 작동하고 있음을 보
여준다.

2. 특정중요물자 안정공급 지원사업과 특정중요기술 연구개발 지원사업

　경제안보추진법의 4대 영역 중 현재 1영역 〈특정중요물자의 안정
적 공급 확보〉와 3영역 〈특정중요기술의 연구개발 촉진〉이 선행되어 1
년여 동안 진행되어 왔다. 2영역 〈특정사회기반역무의 안정적 기반 확
보〉와 4영역 〈특허출원의 비공개〉에 해당하는 정책 집행은 아직 논하
기 이른 감이 있다.

　전략적 자율성 원칙과 직결되어 있는 경제안보추진법 1영역 〈특
정중요물자의 안정적 공급 확보〉는 특정중요물자가 무엇인지를 정하
는 것에서 시작되어야 하는 것이 자명하다. 일본 정부는 2022년 12월
20일 각의 결정을 통해 11개 분야를 경제안보추진법상의 특정중요물
자로 지정하였다.[3] 반도체, 배터리, 영구자석, 중요 광물, 공작기계·산
업용 로봇, 항공기 부품, 클라우드 프로그램, 천연가스, 선박 부품, 항균
성 물질 제제(항균제), 비료가 그 11개 분야이다. 이에 더해 2024년 1
월 30일에 첨단전자제품을 특정중요물자로 추가 지정해서 12개 분야
가 되었다.[4] 각 분야의 구체적 물자에 대한 국내생산강화, 비축확충, 신

3　"経済安全保障「重要物資」半導体など11分野, 閣議決定." 『日本経済新聞』(2022/12/20), (https://www.nikkei.com/article/DGXZQOUA180QD0Y2A211C2000000/).

4　「重要物資」に先端電子部品　政府が追加決定." 『日本経済新聞』(2024/01/30), (https://

기술개발, 조달선의 다각화 등의 계획을 기업이 신청하면, 이에 대해 정부가 조성금과 저리 융자 혜택을 제공하는 것이 특정중요물자 지원사업의 실체적 메커니즘이다. 기업의 신청에 대한 심사 그리고 보조금 지원에 대한 행정 사무는 해당 물자의 성격에 따라 11개 분야의 주무관청이 나뉘어 있다. 하지만, 2022년 선정된 11개 분야 중에서 후생노동성 담당 1개 분야(항균제), 농림수산성 담당 1개 분야(비료), 국토건설성 1개 분야(선박 부품)을 제외한 8개 분야가 모두 경제산업성의 담당 업무이다.[5]

2023년 말까지 주무성청에 신청하여 인정되어 보조금 지급 대상이 된 사례가 총 72건이 된다. 반도체, 배터리 분야에서의 보조금 지급이 활발한 가운데, 경제산업성이 주관하는 인정건수가 전체의 76%에 이른다(표 3.1 참조). 2024년에 중요물자로 추가된 첨단전자제품도 당연히 경제산업성이 주관을 맡게 될 것이다. 경제안보추진법의 특정중요물자 안정공급 지원사업은 경제산업성의 각 업종별 특화 산업정책과 연계되어 있다. 이 차원에서 특정중요물자 안정공급 확보 정책은 전통적 발전국가 시대 업종별 산업조정정책과 닮아 있다.

표 3.1 특정중요물자 지원 신청 인정 사례 (2023년 말 기준)

분야	항균성 물질	비료	영구 자석	공작 기계	항공기 부품	반도체	배터리	클라 우드	천연 가스	중요 광물	선박 부품
주무 성청	후생 노동성	농림 수산성	경제산업성								국토 교통성
인정 건수	2	7	1	5	10	18	15	4	1	1	8

출처: 후생노동성, 농림수산성, 경제산업성, 국토교통성 해당 웹페이지를 통해 저자 작성.

www.nikkei.com/article/DGXZQOUA303UN0Q4A130C2000000/).

5   "「安定供給確保を図るための取組方針」及び認定供給確保計画の概要." (https://www.cao.go.jp/keizai_anzen_hosho/sc_houshin.html).

한편, 경제안보추진법 3 영역의 특정중요기술 연구개발 지원사업은 경제안전보장중요기술육성프로그램(経済安全保障重要技術育成プログラム)으로 구체화되었다. 이 프로그램은 산학관의 협의회를 활용해서 10년 정도의 중장기적 시점을 가지고 5년 정도의 기간 동안 첨단분야의 연구개발을 지원하는 내용이다. 경제산업성이 관할하는 산업기술종합개발기구(NEDO)와 문부과학성이 관할하는 과학기술진흥기구(JST)에서 각각 지원 대상을 연구개발구상을 통해 제시하고, 이에 대한 공모를 실시하고 있다.[6] 경제산업성과 문부과학성이 나누어 경제안전보장중요기술육성프로그램을 운영하고 있는 것은 특정중요기술 개발지원이 과학기술지원 전략과 연계되어 작동되고 있기 때문이다. 현재 경제안보정책의 정책결정에 대한 실무를 담당하는 내각부의 경제안보담당 대신은 과학기술업무의 담당 대신이기도 하다. 경제안보정책에 대한 최종 정책결정 기구인 내각부의 경제안전보장추진회의가 때때로 일본 과학기술지원 전략을 총괄하는 통합이노베이션전략추진회의와 융합되어 회의가 진행되는 것도 이러한 배경을 둔다.

과학기술진흥기구와 산업기술종합개발기구가 2022년 하반기에 발표한 연구구상 19개 중에서 2023년까지 15개에 대한 선정이 이루어졌다. 또한 2023년 하반기에 두 기구는 22개의 제2기 연구개발 구상을 추가로 발표하였다. 두 기구가 제시하고 있는 연구개발 구상의 리스트는 일본 정부가 구상하는 안보적 차원에서 일본이 글로벌 첨단 기술력을 발전시켜야 하는 핵심 대상으로 간주한 것들이라는 점에서 의의를 지닌다. 지원대상이 되는 특정중요기술로는 AI기술, 양자기술, 로봇공학, 첨단센서기술, 첨단에너지 기술 등이 해양영역, 우주항공영역, 영

6　"経済安全保障重要技術育成プログラム(K Program)について."(https://www8.cao.go.jp/cstp/anzen_anshin/kprogram.html).

역횡단·사이버영역, 바이오영역의 영역 구분 속에 제시되어 있다(각주 6 참조).

특정중요기술 지원사업은 영역 횡단적이고 과제해결형이라는 점에서 1980년대 이후의 산업기술정책과 과학기술정책의 맥락에 맞닿아 있다. 국제공조보다는 일본 내 산관학의 연계를 통해 자생적 기술혁신을 도모하는 성격도 함께 이어지고 있다고 볼 수 있다. 다만, 아래 연구개발 구상 리스트에서 발견되듯 신흥안보 영역—우주, 사이버, 전자파, AI—등에서 군사적 이용이 가능한 기술개발에 대한 중심성이 있다. 과학기술의 평화적 이용에서 벗어나 신흥안보 영역에 대응하는 기술력을 육성하고자 하는 정책 의도가 담겨 있다.

표 3.2 경제안전보장중요기술육성프로그램 연구개발 구상 1차 (2022년 하반기)

영역	연구개발 구상	연구진흥법인
해양	드론 기술을 활용한 효율적이고 기동성 있는 자율무인탐사선(AUV)을 통한 해양 관측-조사 시스템 구축 (사업자 선정)	과학기술진흥기구 (JST)
해양	양자기술 등 최첨단 기술을 이용한 해저(비GPS 환경)에서의 고정밀 항법 기술·양자기술 등 최첨단 기술을 이용한 해저에서의 혁신적 센싱 기술 (사업자 선정)	과학기술진흥기구 (JST)
해양	첨단 센싱 기술을 이용한 해수면에서 해저에 이르는 해양의 수직단면 상시 연속 관측-조사-모니터링 시스템 개발 (사업자 선정)	과학기술진흥기구 (JST)
해양	선박용 통신위성 컨스텔레이션을 통한 해양 상황 파악 기술 개발 및 실증 (사업자 선정)	산업기술종합개발 기구(NEDO)
우주-항공	광통신 등 위성 컨스텔레이션 기반 기술 개발 및 실증 (사업자 선정)	산업기술종합개발 기구(NEDO)
우주-항공	고감도 소형 다파장 적외선 센서 기술 개발 (사업자 선정)	산업기술종합개발 기구(NEDO)
우주-항공	재난-비상시 등에 활용 가능한 소형무인기를 포함한 운항 안전관리 기술 (사업자 선정)	과학기술진흥기구 (JST)
우주-항공	공역 이용의 안전성을 높이는 다중 소형무인기 등의 자율-분산제어 기술 및 탐지 기술 (사업자 선정)	과학기술진흥기구 (JST)

영역	연구개발 구상	연구진흥법인
우주-항공	소형 무인항공기 자율-분산제어 기술	산업기술종합개발기구(NEDO)
우주-항공	항공안전 등에 기여하는 소형 무인기의 비행경로 풍향 관측 기술 (사업자 선정)	신에너지-산업기술종합개발기구(NEDO)
우주-항공	항공기 설계-제작-인증 등 디지털 기술을 활용한 개발제조 공정 고도화 기술 개발 및 실증 (사업자 선정)	산업기술종합개발기구(NEDO)
우주-항공	항공기 엔진용 첨단소재 기술 개발 및 실증 (사업자 선정)	산업기술종합개발기구(NEDO)
우주-항공	초음속-극초음속 수송기 시스템 고도화에 관한 요소기술 개발 (사업자 선정)	과학기술진흥기구(JST)
영역횡단-사이버공간-바이오	고출력이 요구되는 모빌리티 등에 탑재 가능한 차세대 축전지 기술 개발 및 실증 (사업자 선정)	산업기술종합개발기구(NEDO)
영역횡단-사이버공간-바이오	인공지능(AI)이 침투하는 데이터 기반 경제사회에 필요한 AI 보안기술 확립	과학기술진흥기구(JST)
영역횡단-사이버공간-바이오	하이브리드 클라우드 이용 기반 기술 개발 (사업자 선정)	산업기술종합개발기구(NEDO)
영역횡단-사이버공간-바이오	생체분자 시퀀서 등 첨단 연구 분석 기기 및 기술 (사업자 선정)	과학기술진흥기구(JST)
영역횡단-사이버공간-바이오	우주선 뮤온을 이용한 혁신적 측위-구조물 이미징 등 응용기술	과학기술진흥기구(JST)
영역횡단-사이버공간-바이오	공급망 보안에 관한 부정기능 검증 기술 확립 (펌웨어 소프트웨어)	과학기술진흥기구(JST)

표 3.3 경제안전보장중요기술육성프로그램 연구개발 구상 2차 (2023년 하반기)

영역	연구개발 구상	연구진흥법인
해양	해저 작업의 획기적인 무인화 및 효율화를 가능하게 하는 해저 무선통신 기술	과학기술진흥기구(JST)
해양	디지털 기술을 활용한 고성능 차세대 선박 개발 기술 및 선박의 안정적 운항 등에 기여하는 고해상도, 고정밀 환경변화 예측 기술	과학기술진흥기구(JST)
우주-항공	고고도 무인항공기를 이용한 해양상황 파악 기술 개발 및 실증	산업기술종합개발기구(NEDO)
우주-항공	고고도 무인항공기를 활용한 재난 관측-예측 기술 개발 및 실증	과학기술진흥기구(JST)
우주-항공	초고해상도 상시 관측을 실현하는 광학 안테나 기술	과학기술진흥기구(JST)

영역	연구개발 구상	연구진흥법인
우주–항공	위성 수명 연장에 기여하는 연료 보급 기술	과학기술진흥기구 (JST)
우주–항공	장거리 물자 수송용 무인항공기 기술 개발 및 실증	산업기술종합개발 기구(NEDO)
영역횡단– 사이버 공간	첨단 사이버 방어 기능 및 분석 역량 강화	산업기술종합개발 기구(NEDO)
영역횡단– 사이버 공간	안전한 데이터 유통을 지원하는 암호화 관련 기술	과학기술진흥기구 (JST)
영역횡단– 사이버 공간	허위정보 분석 관련 기술 개발	산업기술종합개발 기구(NEDO)
영역횡단– 사이버 공간	노하우의 효과적인 전승으로 이어지는 인적 작업 전승 등의 연구 디지털 기반 기술	과학기술진흥기구 (JST)
영역횡단– 사이버 공간	첨단 금속 적층조형 시스템 기술 개발 및 실증	산업기술종합개발 기구(NEDO)
영역횡단– 사이버 공간	고효율, 고품질 레이저 가공 기술 개발	산업기술종합개발 기구(NEDO)
영역횡단– 사이버 공간	중희토류 무자석 고내열, 고자화 기술	산업기술종합개발 기구(NEDO)
영역횡단– 사이버 공간	차세대 반도체 미세가공 공정 기술	과학기술진흥기구 (JST)
영역횡단– 사이버 공간	고출력-고효율 파워 디바이스/고주파 디바이스용 소재 기술 개발	산업기술종합개발 기구(NEDO)
영역횡단– 사이버 공간	고립-극한 환경에 적용 가능한 차세대 축전지 기술	과학기술진흥기구 (JST)
영역횡단– 사이버 공간	내열 초합금의 고성능화 및 희소금속 절감을 위한 기술개발 및 혁신적 제조기술 개발	과학기술진흥기구 (JST)
영역횡단– 사이버 공간	수송기 등의 혁신적인 구조를 실현하는 복합재료 등의 접착기술	과학기술진흥기구 (JST)
바이오	비상사태에 대비한 지혈제 제조기술 개발 및 실증	산업기술종합개발 기구(NEDO)
바이오	다양한 물질의 검출 및 식별을 가능하게 하는 신속하고 정확한 다중 가스 감지 시스템 기술	과학기술진흥기구 (JST)
바이오	뇌파 등을 활용한 고정밀 브레인테크 관련 첨단 기술	과학기술진흥기구 (JST)

IV. 일본형 산업정책의 두 유형과 일본 경제안보정책의 양대 축

　일본 경제안보정책의 핵심 양대 정책 영역인 특정중요물자 안정 공급 지원사업과 특정중요기술 연구개발 지원사업을 미시적으로 살펴 보면 시장에 대한 정부의 적극적 개입이라는 명제를 통한 포괄적 설명 으로 이해되지 않는 구체적 상이점이 존재한다. 기본적으로 두 지원사 업은 글로벌 산업기술 위치권력도에서 일본의 위치에 대한 고민이 다 르다. 특정중요물자 안정공급 지원사업이 일본의 낮은 위치권력에 대 한 대응 노력 차원으로 이루어지고 있다면, 특정중요기술 육성개발 지 원사업은 일본의 높은 위치권력을 유지하기 위한 노력의 일환이다.

　앞서 살펴보았듯이 일본의 산업정책을 통시적으로 비교해 볼 때, 일본의 산업정책은 국제적 낮은 위상을 상승시키기 위한 추격형 유형 에서 높은 위상을 유지하기 위한 선도적 기술혁신 창조형 유형으로 변 모해 갔다. 추격형 유형에서 선도적 기술혁신 창조형 유형으로 변모하 였던 일본의 산업정책이 최근 경제안보정책을 포함한 2010년대 이후 의 일본판 신산업정책 흐름 속에서 두 유형의 성격을 어떻게 조화시켜 새로운 형태로 발전시켜 나갈 것인가의 장기적 연구질문 속에서 경제 안보정책의 세부 프로그램에 대한 분석이 필요하다.

　일본 경제안보정책이 추격형 유형의 부활로 많이 간주되는 이유 는 특정중요물자 안정공급 지원사업이 경제안보정책의 구체 프로그램 중 속도감을 가지고 가장 가시성 있게 전개되고 있으며, 이 지원사업과 관련된 일본 국내 정책공간에서 일본 산업기술력의 국제적 낮은 위치 권력에 대한 위기적 담론이 매우 적극화되어 있기 때문이다. 경제안보 정책의 빠른 정책 추진은 일본의 낙후에 대한 위기 인식이 사회 전체와 정책집단 내에서 공유되어 있기 때문이다.

일본의 위치권력 저하에 대한 위기의식은 반도체산업 전반에 대한 대응전략을 견인하는 배경이기도 하다. 경제안보추진법의 세부 프로그램에서 반도체 업계를 대상으로 하는 지원 사업은 종래형 반도체(전력 반도체, 마이크로컴퓨터, 아날로그), 반도체제조장치, 반도체부품소재, 반도체원료 등의 국내 생산 강화에 국한해 있다. 경제산업성이 주도해서 실시하고 있는 반도체디지털산업전략(半導体·デジタル産業戦略) 전체에서 경제안보추진법하의 반도체산업 지원은 부분적 정책 내용이다. 반도체디지털산업전략은 1단계 IoT용 반도체 생산 기반 긴급 강화, 2단계 미일 협력을 통한 차세대 반도체 기술 기반 구축, 3단계 글로벌 연계를 통한 미래 기술 기반 구축의 공정표를 지니고 있다(経済産業省 商務情報政策局 2023). 이 계획 구도에서 경제안보추진법의 반도체 지원사업은 1단계의 대응 전략 중 그 전체도 아닌 일부이다. 경제안보추진법하에서 반도체 분야 특정중요물자 안정공급 지원사업의 예산은 2023년도 보정예산에서 3,686억 엔으로 적지 않은 규모이지만, 1단계 대응 전략의 핵심은 TSMC 구마모토 공장(JASM)으로 상징되는 첨단반도체 제조 기반 확보에 있다(오승희 2023b). 반도체 산업 기반강화는 경제안보추진법과는 별개로 5G촉진법 등의 개정을 통해 별도의 특정반도체기금의 운영을 통해 이루어지고 있다. 2단계 차세대 반도체 기술 기반 구축의 핵심에는 라피더스(Rapidus)가 위치한다. 차세대 반도체 양산 제조거점으로 육성 고려되는 라피더스의 경쟁력을 IBM, Imec 등과의 국제 제휴를 통해 창출하고자 하는 것이 경제산업성 반도체디지털산업전략의 2단계의 핵심적 내용이다(経済産業省 商務情報政策局 2023).

일본 산업기술의 하락한 위치권력을 복원하기 위한 노력이 반도체디지털전략에서도 발견되며, 경제안보정책을 광의적으로 파악할 때 경제안보추진법에 포함되지 않은 반도체디지털산업전략이 '경제안보'의 개념과 부합하는 핵심적 정책 내용이다. 반도체디지털전략과 경제안보추진법의 특정중요물자 안정공급 지원사업은 일본형 산업정책의 역사에서 1970년대까지 주된 흐름이었던 추격형 유형의 부활의 성격을 지니고 있다.

반면에 추격형 유형의 성격은 특정중요기술 연구개발 지원사업에서 중심적이지 않다. 경제안전보장중요기술육성프로그램 연구개발 구상에서 필요하다고 나열되는 기술 항목들은 일본이 국제적으로 뒤처져 있다고 보기 어렵고, 앞으로 전개될 글로벌 기술경쟁의 대상으로 일본의 위치가 아직 결정되어 있다고 보기 어려운 것들이다.

경제안보추진법의 특정중요기술 육성개발 지원사업으로 전개되는 경제안전보장중요기술육성프로그램이 일본 과학기술정책 전체 조감도에서 전략적이노베이션창조프로그램(戦略的イノベ-ション創造プログラム, SIP)과 유사하면서도 역할이 나뉘어 긴밀하게 연결되어 있다는 점은 주목할 부분이다. 아베 정권 시기 시대적 사회 요구에 대응하는 기술혁신을 목표로 하는 과학기술정책의 재구축에서 2014년부터 시작된 전략적이노베이션창조프로그램은 중심적 위치에 있었다. 전략적이노베이션창조프로그램은 종합과학기술이노베이션회의(総合科学技術・イノベ-ション会議, CSTI)가 사회적 과제 해결과 일본 경제·산업 경쟁력에 중요한 과제를 설정하고, 그 과제 해결에 대한 지원공모를 실시하는 정책이다. 전략적이노베이션창조프로그램은 부처 간 연계가 필수적인 분야 횡단적 과제를 산-학-관 연계로 추진하는 목표를 분명하게 지니고 있다. 2014년 회계연도 이래로 매년 300억 엔 내외의 예산이 투입되는 전략적이노베이션창조프로그램은 Society5.0의 목표에 부합하는 기술혁신을 목표로 하는 제6기 과학기술이노베이션 기본계획하에서도 변함없이 지속되고 있다(総合科学技術・イノベ−ション会議 2023). 2023년부터 2027년의 5년 동안 지원 대상이 된 총 14개 기술개발 대상 과제는 지속가능한 푸드체인 구축, 통합형 헬스케어 시스템 구축, 포용적 커뮤니티 플랫폼 구축, 포스트코로나시대 학습 및 업무 방식 실현 플랫폼 구축, 해양안보 플랫폼 구축, 스마트 에너지 관리 시스템 구축, 순환경제 시스템 구축, 스마트 방재 네트워크 구축, 스마트 인프라 관리 시스템 구축, 스마트 모빌리티 플랫폼 구축, 인간협동형 로봇의 확대를 위한 기반 기술 및 규칙 정비, 가상경제 확대를 위한 기반 기술 및 규칙 정비, 첨단 양자기술 기반의 사회문제에 대한 응용 촉진, 소재 사업화 혁신 및 육성 생태계 구축이다. 선별된 과제의 공통점은 첨단기술을 이용해서 고령화, 인구감소, 지방소멸 등등의 다양한 사회문제 해법 모색에 있다. 전략적이노베이션창조프로그램은 사회적 구조변동에 대한 기술혁신의 해법 모색이라는 점을 특징으로 한다. 과거에는 기초과학 지원과 산업기술 지원이 명백하게 분화되어 있었으나, 최근 과학기술이노베이션정책은 산업기술정책과 긴밀하게 연계되어 있다(国立研究開発法人科学技術振興機構 研究開発戦略センター 2019, 16-17). 전략적이노베이션창조프로그램의 제3기 과제 중에서 스마트 모빌리티 플랫폼 구축, 인간협동형 로봇의 확대를 위한 기반 기술 및 규칙 정비, 가상경제 확대를 위한 기반 기술 및 규칙 정비, 첨단 양자기술 기반의 사회문제에 대한 응용 촉진 과제는 경제산업성 산하의 산업기술종합개발기구가 담당해서 정책을 운영하고 있다.

　　전략적이노베이션창조프로그램과 경제안전보장중요기술육성프로그램은 문제해결 대응이 필요한 과제에 기술혁신으로 대응하는 해법을 찾기 위한 정부의 재정 지원이라는 점에서 동일하다. 두 사업 모두 과제해결형 목적하의 창조적 기술혁신을 지향한다는 점에서 추격형 유형과 차별화되는 1980년대 이후의 일본 산업기술정책의 성격과 유사한 점이 크다.

차이점은 민간 경제사회의 지속가능성에 초점을 둔 전략적이노베이션창조프로그램과 달리 경제안전보장중요기술육성프로그램은 신흥안보 영역의 과제에 대응하는 기술혁신 지원책이라는 점이다. 과학기술의 평화적 이용이라는 규범성으로 인해서 안보적 이용으로 전이될 수 있는 기술개발에 대한 일본 내 산관학 연계는 오랫동안 쉽지 않았었지만, 경제안전보장중요기술육성프로그램은 이를 극복하고자 하는 시도이기도 하다(兼原信克 2022).

목표하는 대응 과제는 상이하지만, 경제안전보장중요기술육성프로그램도 전략적이노베이션창조프로그램과 마찬가지로 산관학 연계를 강조하고 있다. 경제안전보장중요기술육성프로그램은 각 사업별로 협의회 구성이 사업 진행에서 매우 중요하게 간주되어 운영되고 있는데, 협의회를 통해서 해당 과제의 기술혁신과 관련된 일본 내 네트워크 강화가 정책 목표상 중요하게 고려되어 있기 때문이다. 산학연 연계 강화를 통해 기술혁신의 생태계를 조성하겠다는 방법론도 1980년대 이후의 선도적 기술혁신 창조형 유형의 연속선상에서 해석된다.

경제안보정책의 양대 축인 특정중요물자 안정공급 지원사업과 특정중요기술 연구개발 지원사업을 미시적으로 살펴보았을 때 하나의 성격으로 정리되기 어려우며, 각각의 성격이 일본 산업정책의 통시적 변천 속에서 연결되는 유형이 다르다. 그런 의미에서 추격형 유형의 부활로 경제안전보장정책을 규정짓는 것은 현재 진행 중인 경제안보정책을 단순화하는 것이면서 더불어 일본 산업정책의 역사적 변천을 획일화하는 것이기도 하다.

일본 경제안보정책에서 추격형 유형의 성격은 미중경쟁의 영향 속에서 대두된 점이 분명하다. 글로벌밸류체인의 세계화 속에서 일본이 비교우위를 잃은 산업부문에서 다시 경쟁력을 회복하기 위한 추격형 산업정책은 달리 말하면 경쟁력이 떨어지는 생산부문에 대한 지속적 지원이 되며, 구조개혁론자들에 의해 지속적으로 비판되던 일본의 정치경제 모델의 비효율을 야기했던 효율성에 입각하지 않은 자원 분배이다. 하지만, 구조개혁론 관점에서 비효율 양산의 부정적 대상이 지정학 고려 속에서 안보적으로 중요하게 유지해야 하는 소중한 대상이 되었다. 보호되면 경쟁에서 벗어나 비효율을 양산할 것이라는 비판적 관점은 현재 추격형 유형의 부활에 대해 강하게 제기되고 있지 않다.

한편, 일본 경제안보정책에는 생산의 세계화 속에서 추격형 유형을 벗어나 선도적 기술혁신 창조를 추구했던 2010년대 이전의 30년여간 일본 산업정책의 성격도 계승되어 있다. 미중경쟁 시대 경제안보가 첨단미래기술 우위 확보에 대한 경쟁의 성격을 포함하는 가운데, 이러한 첨단기술경쟁력 강화 노력이 포함되는 것은 당연하다. 하지만, 1980년대 이래로 일본의 기술혁신 추구의 산업기술정책에서 경쟁 메커니즘이 잘 작동하지 않았다. 선도적 기술혁신 창조를 경쟁이 아닌 협력으로 추구하였으나, 그 성과에 대해서는 긍정적 평가를 내리기 어렵다. 그 전통에 서 있는 일본 경제안보정책의 특정중요기술 연구개발 지원사업에서도 경쟁 원리는 부차적이다.

안보적 관점이 강조되면서 경쟁 원리는 일본 산업정책 공간에서 설자리가 보다 협소해지고 있다. 거꾸로 보자면 구조개혁론에서 강조되던 경쟁 원리 자체가 지정학적 안보 차원의 고려 속에서 재고되어야 하는 상황이다. 안보적 효과성 차원에서 추격형 유형을 부분적으로 부활시키고, 선도적 기술혁신 창조형 유형을 부분적으로 지속시키는 것으로 일본의 경제안보정책을 이해할 수 있다.

V. 결론

일본 경제안보정책의 양대 축인 특정중요물자 안정공급 지원사업과 특정중요기술 연구개발 지원사업은 미중경쟁 시대 일본의 국가책략 차원에서 모두 유의미하고, 그 필요성이 다른 선진국에게도 동일하게 주어졌고 다른 국가·지역의 대응도 일본과 유사한 측면이 많다. 경제안보정책은 필연적으로 정부의 적극적 산업부분에 대한 개입을 야기한다. 이 과정에서 최근 여러 국가·지역에서 커진 산업부문에 대한 보조금은 정부의 적극적 개입을 상징한다. 안보적 고려 속에서 산업에 대한 보조금 확대를 중심으로 해서 일본 경제안보정책이 지니고 있는 공시적 보편성을 파악할 수 있다.

거시적으로 일본 경제안보정책을 공시적 보편성으로 파악할 수 있으나, 미시적으로 일본 경제안보정책의 세부 프로그램을 분석하여 일본 경제안보정책에서 발견되는 일본적 특성을 모색하는 것이 본 연구의 중심적 목표였다. 일본 경제안보정책의 양대 핵심 지원사업은 그 성격이 동일하지 않은데, 그 상이성은 각 프로그램이 일본 산업정책 변천에서 발견되는 추격형 유형과 선도적 기술혁신 창조형 유형과 각각 연결되기 때문이다. 안보적 고려 속에서 추격형 유형의 산업정책이 부분적으로 부활한 측면이 분명하다. 하지만, 추격형 유형의 부활로 일본 경제안보정책을 획일화할 수는 없다. 선도적 기술혁신 창조 유형에서 지속되어 오던 협력적 생태계 형성이 일본 경제안보정책에서 면면히 유지되고 있다.

일본 경제안보정책을 역사적 제도주의 관점에서 논할 때 무엇이 경로의존적인가. 정부의 적극적 산업정책의 경험이 유산으로 남아 계승되었다는 명제를 미시적 분석 속에서 보다 구체화될 필요가 있다. 본 연구는 일본 산업정책 변천에서 발견되는 두 유형이 일본 경제안보정책에 연결되는 방식을 통해서 경로의존성을 구체화하려는 시도이다. 추격형 유형의 부활은 과연 경로의존적인가. 추격형 유형의 부활은 공시적 보편성으로 이해되는 측면이 커 보인다. 오히려, 선도적 기술혁신 창조 유형에서 발견되는 경쟁회피적 협력 지향성이 일본 경제안보정책에 계승되며 유지되고 있는 양상이 일본 경제안보정책의 통시적 특수성으로 보다 선명해 보인다.

참고문헌

강철구. 2022. "일본의 경제안보 입법화에 따른 기업의 글로벌 공급망 정책동향."
『국제학논총』 36: 193-216.
박성빈. 2023. "일본 국가안보 전략과 국가안보." 박영준 외. 『일본 안보관련 정책 3문서 개정
결정의 의미와 평가』. 경남대학교 극동문제연구소.
박영준. 2006. "탈냉전기 일본의 대국 (大國) 구상." 『일본연구논총』 23: 69-112.
오승희. 2023a. "초불확실성 시대 일본의 게임체인저 전략: 아베 독트린, 안보 넥서스, 가치
네트워크." 『일본비평』 28: 268-300.
_____. 2023b. "실리콘 네트워크: 일본과 대만의 반도체 기술협력과 외교전략." 『국가전략』
29(3): 65-96.
윤대엽. 2017. "아베 내각의 성장정책: 정책이념, 제도변화와 정치주도 정책 거버넌스."
『일본공간』 22: 54-94.
이승주. 2022. "일본 정치경제모델의 연속성과 변화: 발전주의와 후견주의의 동태적
상호작용." 『아시아리뷰』 12(2): 73-105.
_____. 2023. "일본과 새로운 산업정책의 대두: 이익 · 정책 이념 · 제도 간 상호작용."
『한국정치학회보』 57(1): 143-168.
이정환. 2011. "대외적 투자유치 대 내재적 네트워크 강화: 2000년대 일본 지방산업정책의
지역적 분화." 『국제지역연구』 20(3): 77-110.
_____. 2022. "일본 경제안보정책 정책대립축의 이중구조: 외교안보적 수렴과 성장전략
방법론 논쟁의 잠복." 『일본연구논총』 55: 91-119.
이지평. 2022. "경제안보에 대한 일본기업의 대응." 『일본연구논총』 55: 121-150.
허재철 외. 2022. 『미중 전략경쟁 시대 지정학적 리스크와 경제안보』. 대외경제정책연구원.
현진덕. 2002. "브레튼우즈체제와 고도경제성장기 일본의 국제자본이동정책." 『아세아연구』
45(1): 154-179.

Aggarwal, V. and A. Reddie. 2020. "New Economic Statecraft in an Era of Strategic
Competition." *Issues and Studies* 56(2): 1 – 29.
Akira, Igata & Brad Glosserman. 2021. "Japan's New Economic Statecraft." *The
Washington Quarterly* 44(3): 25-42.
Calder, Kent. 1993. *Strategic Capitalism: Private Business and Public Purpose in
Japanese Industrial Finance*. Princeton University Press.
Callon, Scott. 1995. *Divided Sun: MITI and the Breakdown of Japanese High-Tech
Industrial Policy, 1975-1993*. Stanford University Press.
Dasher, R., N. Harada, T. Hoshi, K. E. Kushida, & T. Okazaki. 2015. *Institutional
foundations for innovation-based economic growth*. National Institute for
Research Advancement.

Eichengreen, Barry. 2023. "The New Industrial Politics." *Project Syndicate*. https://www.project-syndicate.org/commentary/return-of-industrial-policy-only-partly-vindicated-by-barry-eichengreen-2023-10

Farrell, H. & A. Newman. 2023. "The new economic security state: How de-risking will remake geopolitics." *Foreign Affairs* 102(6): 106-122.

Govella, K. 2021. "The Adaptation of Japanese Economic Statecraft: Trade, Aid, and Technology." *World Trade Review* 20(2): 186 – 202.

Johnson, C. 1982. *MITI and the Japanese Miracle: The Growth of Industrial Policy, 1925-1975*. Stanford: Stanford University Press.

Juhász, R., N. J. Lane, & D. Rodrik. 2023. *The new economics of industrial policy*. National Bureau of Economic Research.

Kamin, David and Rebecca Kysar. 2023. "The Perils of the New Industrial Policy: How to Stop a Global Race to the Bottom." *Foreign Affairs* 102(3): 92-103.

Katada, S. N. 2020. *Japan's New Regional Reality: Geoeconomic Strategy in the Asia-Pacific*. Columbia University Press.

Krueger, Anne. 2023. "From Trade War to Subsidy War." *Project Syndicate*. https://www.project-syndicate.org/commentary/us-trade-war-with-china-has-entered-dangerous-new-phase-by-anne-o-krueger-2023-08

Lee, James. 2020. "US grand strategy and the origins of the developmental state." *Journal of Strategic Studies* 43(5): 737-761.

Miller, Chris. 2022. *Chip War: The Fight for the World's Most Critical Technology*. Scribner.

Miwa, Y. & J. M. Ramseyer. 2003. "Capitalist politicians, socialist bureaucrats? legends of government planning from Japan." *The Antitrust Bulletin* 48(3): 595-627.

Okazaki, T. & T. Korenaga. 1999. "Foreign exchange allocation and productivity growth in post-war Japan: a case of the wool industry." *Japan and the World Economy* 11(2): 267-285.

Okimoto, Daniel I. 1989. *Between MITI and the Market: Japanese Industrial Policy for High Technology*. Stanford CA: Stanford University Press.

Strains, Michael. 2023. "Why Industrial Policy Fails." *Project Syndicate*. https://www.project-syndicate.org/commentary/industrial-policy-why-it-fails-biden-subsidies-trump-tariffs-by-michael-r-strain-2023-08

Tyson, Laura and John Zysman. 2023. "The New Industrial Policy and Its Critics." *Project Syndicate*. https://www.project-syndicate.org/onpoint/the-case-for-new-industrial-policy-by-laura-tyson-and-john-zysman-2023-11

Wong, J. 2004. "The Adaptive Developmental State in East Asia." *Journal of East Asian Studies* 4(3): 345 – 362.

Yoshimatsu, Hidetaka. 2017. "Japan's export of infrastructure systems: pursuing twin goals through developmental means." *The Pacific Review* 30(4): 494-512.

"「安定供給確保を図るための取組方針」及び認定供給確保計画の概要." https://www.cao.go. jp/keizai_anzen_hosho/sc_houshin.html

"「重要物資」に先端電子部品　政府が追加決定."『日本経済新聞』(2024/01/30) https://www. nikkei.com/article/DGXZQOUA303UN0Q4A130C2000000/

"経済安全保障 基本方針・基本指針." https://www.cao.go.jp/keizai_anzen_hosho/index. html

"経済安全保障「重要物資」半導体など11分野、閣議決定."『日本経済新聞』(2022/12/20) https://www.nikkei.com/article/DGXZQOUA180QD0Y2A211C2000000/

"経済安全保障重要技術育成プログラム(K Program)について." https://www8.cao.go.jp/ cstp/anzen_anshin/kprogram.html

"経済安全保障推進法の概要." https://www.cao.go.jp/keizai_anzen_hosho/doc/gaiyo.pdf

岡崎哲二. 2012.『通商産業政策史 3 - 産業政策 -』. 経済産業調査会. 서장

兼原信克. 2022. 科学技術政策・産業技術政策と安全保障政策.『安全保障研究』4(1): 13-24.

経済産業省. 2014.『産業技術に係る現状・課題 (第1回 産業構造審議会 産業技術環境分科会 研究開発・評価小委員会 参考資料)』. 経済産業省.

経済産業省・大臣官房 経済安全保障室. 2023.『経済安全保障に係る産業・技術基盤強化 アクションプラン』. 経済産業省・大臣官房 経済安全保障室.

経済産業省 商務情報政策局. 2023.『半導体・デジタル産業戦略』. 経済産業省.

経済財政諮問会議. 2021.『経済財政運営と改革の基本方針2021』. 経済財政諮問会議.

国立研究開発法人科学技術振興機構 研究開発戦略センター. 2019.『日本の科学技術 イノベーション政策の変遷 ~ 科学技術基本法の制定から現在まで ~』. 国立研究開発 法人科学技術振興機構.

國文俊史. 2020.『エコノミック・ステイトクラフト　経済安全保障の戦い』. 日本経済新聞出版.

鈴木一人・西脇修. 2023.『経済安全保障と技術優位』. 勁草書房.

尾高煌之助. 2013.『通商産業政策史 1 - 総論 -』. 経済産業調査会.

北村滋. 2022.『経済安全保障 異形の大国、中国を直視せよ』. 中央公論新社

船橋洋一. 2020.『地経学とは何か』. 文藝春秋.

勝本雅和. 2004. 大型工業技術研究開発制度に見るプロジェクト・フォーメーションのルー ティン.『研究技術計画』17(1_2): 65-75.

伊集院敦 編, 2023.『アジアの経済安全保障 新しいパワーゲームの構図』. 日本経済新聞出版.

自由民主党. 2021.『提言「経済安全保障戦略」の策定に向けて』. 自由民主党.

長谷川将規. 2022. "エコノミック・ステイトクラフトの歴史と未来—メガラ禁輸から TPP まで—."『国際政治』205: 29-44.

佐藤丙吾. 2022. "エコノミック・ステイトクラフト (Economic Statecraft) の理論と現実." 『国際政治』205: 14-28.

総合科学技術・イノベーション会議. 2023.『戦略的イノベーション創造プログラム(SIP)概要』. 内閣府 科学技術・イノベーション推進事務局.

沢井実. 2011.『通商産業政策史 9　産業技術政策 』. 経済産業調査会.

제4장　　대만의 경제안보: 신남향정책과 반도체 산업

이왕휘(아주대학교)·박성빈(아주대학교)

* 이 글은 『국제·지역연구』 32권 3호(2023)에 게재된 동일한 제목의 논문을 일부 수성 보완한 것이다.

I. 머리말

국민당의 리덩후이(李登輝) 총통이 대중 의존도 축소를 목표로 설정한 남향정책(南向政策)을 제시한 이후 대만은 동남아시아 지역을 중심으로 무역 및 투자 다변화를 추구해 왔다. 대만의 독자적 생존을 중시하는 민진당의 천수이벤(陣水扁) 총통은 이 정책을 강력하게 추진하였다. 반면 대륙과 관계 개선을 강조하는 국민당의 마잉주(馬英九) 총통은 중국과 경제협력을 확대하였다.

2016년 5월 취임 민진당의 차이잉원(蔡英文) 총통은 신남향정책(新南向政策)을 제안하였다. 이 정책은 기본적으로 교역 및 공급망의 다변화를 지향하였다. 장기적으로는 ASEAN 10개국, 남아시아 6개국 및 호주·뉴질랜드와 전략적 동반자 관계를 구축하고 경제공동체 의식을 확립하고자 하였다. 중단기적으로는 국가의 의지, 정책적 유인 및 상업적 기회를 결합하여 무역을 확대하는 것은 물론 투자, 관광, 문화 및 인재 등에서 쌍방향 교류를 촉진하고자 하였다.

2018년 미중 무역전쟁, 2019년 홍콩의 '범죄인 인도조례' 개정안(일명 송환법) 반대 시위, 2020년 코로나19 팬데믹 등 다양한 외적 충격 속에서도 차이잉원 정부는 신남향정책을 일관되게 집행해 왔다. 미중 전략경쟁이 격화된 이후에도 대만은 중국의 강압 외교에 대항하는 수단의 일환으로 이 정책을 더욱 강화했다.

신남향정책의 성과는 명확하게 나타나지 않고 있다. 2016-2022년 사이 무역과 투자에서 중국이 차지하는 비중이 거의 줄지 않았으며 신남향 18개국의 비중도 거의 증가하지 않았다. 대중 의존도가 변화하지 않은 가장 중요한 이유는 중국이 대만의 최대 수출품인 반도체의 최대 수입국이라는 사실에 있다. 이러한 상호의존 때문에 대만은 2020년 한국을 제치고 중국의 최대수입국으로 부상하였다.

비경제적 측면에서도 목표가 달성되었다고 보기 어렵다. 신남향정책은 인도·태평양 전략을 추구하는 미국의 지지를 받았다(Kennedy et al. 2018; Marston and Bush 2018). 그러나 신남향 18개국과 관계 개선은 제한적이었다. 비자 면제와 유학생 유치 등에서 분명한 효과가 있었지만, 코로나19 팬데믹 직후 봉쇄와 사회적 격리로 국제적 이동이 심각하게 제한되어 그 효과가 반감되었다. 신남향정책이 출범한 이후 엘살바도르, 도미니카공화국, 부르키나파소, 상투메 프린시페, 파나마, 솔로몬제도, 키리바시, 니카라과, 온두라스가 중국과 수교함으로써, 대만의 수교국은 22개국에서 13개국으로 줄었다. 즉 신남향지역 밖에서 대만의 외교적 고립이 심화된 것이다.

경제와 안보 모두에서 신남향정책의 딜레마는 반도체 산업에 반영되어 있다. 한편에서 차이잉원 총통은 반도체 산업을 실리콘 방패(silicon shield; 硅盾)라고 주장하였다(Tsai 2021). 대만의 반도체 산업이 너무 중요해 어느 국가도 대만을 쉽게 침공하기 어렵다는 점에서 호국신기(護國神器)로 불리기도 한다. 실제로 대만은 전 세계에서 어느 국가도 대체할 수 없는 반도체 파운드리 산업을 보유하고 있다. 이 때문에 미국, 일본, 중국, 독일 등 주요국은 최첨단 반도체를 생산하는 TSMC의 생산공장을 자국으로 유치하기 위해 경쟁하고 있다. 이와 동시에 최대 수출품으로서 반도체는 무역흑자의 가장 중요한 원천이다. 다른 한편에서 미국은 깨진 둥지(broken nest; 破巢) 전략을 고려하고 있다. 중국이 대만을 침공할 때 장악하지 못하도록 미국이 선제적으로 최첨단 반도체 생산시설을 파괴하고 엔지니어를 미국으로 이전시키겠다는 것이다. 즉 세계 최고의 반도체 생산시설이 미중 전략경쟁의 인질이 되어버린 것이다.

ASEAN 및 인도와 교류 확대를 통해 대중 의존도를 축소하겠다는 목표에서 신남향정책과 신남방정책 및 인도·태평양 전략은 공통점을 가지고 있다(이권호 2021). 이런 점에서 신남향정책은 인도·태평양 전략에 중요한 정책적 시사점을 제공할 수 있다. 중국과 관계를 축소하기 위해서는 다층적인 다변화 전략을 장기적으로 추구해야 한다. 대만의 경우 반도체 수출의 비중이 너무 커서 세계 최대 반도체 수입국인 중국과 경제교류를 줄이지 못했다. 반도체 이외의 대안을 개발하지 못한다면, 대중 의존도 축소는 대만의 교역에 치명적 충격을 줄 수도 있다. 산업구조의 변화는 단기적으로 성취될 수가 없는 장기적 과제이다. 남향정책의 내용과 집행이 정권교체에 따라 변화해 기대했던 목표를 달성하지 못했다. 차이잉원 정부 이후에 지속되지 않는다면, 신남향정책은 남향정책의 전철을 피하기 어려울 것이다.

이하 논문의 구성은 다음과 같다. II절에서는 신남향정책의 역사적 배경과 추진 체계와 정책 내용을 검토한다. III절에서는 이 정책의 결과를 경제적 측면과 비경제적 측면으로 구분하여 분석한다. IV절에서는 경제안보 차원에서 반도체 산업이 당면한 딜레마를 설명한다. 마지막으로 이 정책이 인도·태평양 전략에 주는 함의를 제시한다.

II. 신남향정책

1. 역사적 배경

1971년 10월 중국이 UN에 가입하기 직전까지 대만은 안전보장이사회 상임이사국으로서 국제사회에서 중요한 역할을 수행하였다. 그러나 대만은 1972년 2월 닉슨 미국 대통령이 중국을 방문하여 「상하이 공동선언문」을 발표한 이후 국제적인 고립이 시작되었다. 중화인민공화국을 유일한 합법정부로 인정한 이 선언문에 의거하여, 중국은 수교한 국가들에게 대만과 단교함으로써 '하나의 중국' 원칙을 준수하라고 요구하였기 때문이다. 미국은 중국과 공식으로 수교한 1979년 4월 「대만관계법」을 통과시켰지만, 대만의 국제적 고립은 심화되었다.

이런 상황을 타개하기 위해 1987년 장징궈(蔣經國) 총통은 대륙 친척 방문, 민간교류 및 경제활동을 허용하였다. 이러한 변화가 1990년대 확대되어 리덩후이 총통 재임 기간 중 불접촉(不接觸)·불담판(不談判)·불타협(不妥協)이라는 3불 정책이 완화되고 경제교역을 의미하는 통상(通商), 우편통신을 뜻하는 통우(通郵), 육해공에서의 여객과 화물의 운송을 가리키는 통항(通航)이라는 3통 정책이 강화되었다.

이와 별도로 리덩후이 총통은 '하나의 중국' 원칙에 저촉되지 않는 비정부 채널을 통한 국제교류를 확대하였다. 1990년 대만은 타이완, 펑후, 진먼, 마주 독립관세영역(臺灣·澎湖·金門·馬祖個別關稅領域)이라는 명칭으로 관세와 무역에 관한 일반협정(GATT)에 가입했다. 1993년 경제부의 「남향투자정책의견서(南向投資政策說帖)」와 1994년 행정원의 「동남아 지역에 대한 경제무역 업무 강화 강령(加強對東南亞地區經貿工作綱領)」으로 남향정책이 탄생하였다. 남향정책은 처음에 태국, 말레이시아, 인도네시아, 필리핀, 싱가포르, 베트남, 브루나이 등 7개국을 대상으로 설정하였다. 1997년 라오스, 미얀마, 캄보디아, 호주 및 뉴질랜드가 추가되면서 「동남아 및 오세아니아 지역에 대한 경제무역 업무 강화 강령(加強對東南亞及紐澳地區經貿工作綱領)」으로 명칭이 변경되었다.

무역과 투자를 확대하기 위해 대만은 투자보호협의와 이중과세

방지 협약을 추진하였다. 그러나 1997년 동아시아 금융위기는 남향정
책에 부정적 영향을 미쳤다. 대만은 위기의 여파를 피하는 데 성공했지
만 태국과 인도네시아는 IMF로부터 구제금융을 받는 신세로 전락하였
다. 동남아시아 지역에서 피해가 확산되자, 대만 기업은 경제적 충격을
거의 받지 않았던 중국으로 진출을 가속화하였다. 그 결과 대중 의존도
축소라는 남향정책의 목표는 달성되지 않았다.

2000년대 초반 중국은 비대칭적 상호의존을 활용하여 대만에 다
양한 경제책략을 구사하였다. 대만 경제를 주변화 또는 공동화시키기
위해 수출입과 금융·투자에 대한 제재는 물론 대만 기업과 기업인에
대한 학대와 위협이 동원되었다. 중국이 ASEAN 국가들과 체결한 양자
및 다자 자유무역협정은 대만에게 불리하게 작용하였다(Tanner 2007,
45-47).

대만의 독자 노선을 강조하는 민진당의 천수이벤 총통은 남향정
책을 더 적극적으로 밀어붙였다. 기존 강령의 시한을 연장하는 것은 물
론「동남아 경제무역 투자 강화를 위한 종합조치 및 세부계획(加强東
南亞經貿投資配套措施及細部計畫)」을 작성하였다. 이 계획에는 남향정
책 대상국과 자유무역협정(FTA) 체결까지 포함되어 있었다. 이런 노력
에도 불구하고 동남아시아에 대한 대만의 무역과 투자는 급격하게 증
가하지 않았다. 가장 큰 이유는 대만 기업이 동남아시아에 진출할 수
있는 준비가 충분하지 않았던 데 있었다. '하나의 중국'을 고수하라는
중국의 압박도 대만 기업에게 불리하게 작용하였다.

국민당의 마잉주 총통은 2010년 6기「동남아 지역에 대한 경제무
역 업무 강화 강령(加强對東南亞地區經貿工作綱領)」을 채택하였다. 남
향정책을 공식적으로 언급하지 않았던 사실이 시사하듯이, 대외전략
의 핵심은 동남아시아보다 중국에 맞춰져 있었다. 그 대표적 사례가

2010년 6월 제5차 양안회담에서 체결된 중·대만 경제협력기본협정(ECFA)이다. 이런 성과를 바탕으로 대만은 ASEAN+3를 ASEAN+4로 개편하려고 시도하였다. 비록 이 시도는 실패하였으나, 대만은 2013년 뉴질랜드와 경제협력협정(ECA), 싱가포르와 경제동반자협정(ASTEP)을 각각 체결하는 데 성공하였다.

신남향정책은 남향정책으로는 대중 의존도를 획기적으로 축소하기 어렵다는 평가에서 출발하였다. 남향정책에도 불구하고 대만 기업은 중국의 저가 노동력을 활용하는 생산 모델을 지속하고 있다. 2013년 기준 대만의 500대 기업은 생산 규모의 3분의 1을 중국에 의존하고 있으며 고용 규모에서 중국 직원 수가 대만 직원 수보다 1.7배 많은 약 250만 명에 달하였다. 남향정책은 이런 구조를 변경시키는 데 필요한 다변화 전략이 결여되어 있다. 더 근본적인 차원에서 대만과 중국 사이의 경제적 상호의존이 약화되고 경쟁이 격화되고 있다. 주력 산업인 IT 산업에서 대만 기업은 중국 기업의 약진을 위협으로 인식하기 시작했다. 그 격차가 줄어들어 역전되면 대만 경제가 큰 타격을 받기 전에 대중 의존도를 낮춰야 한다는 것이다.

리덩후이 정부의 남향정책과 차이잉원 정부의 신남향정책은 대중 의존도 축소를 위한 다변화 전략이라는 점에서 공통점을 가진다. 그러나 양자는 세 가지 측면에서 차이가 있다. 첫째, 전자는 대만이 독자적으로 추진했던 전략이라면 후자는 미국의 인도·태평양 전략과 연계되어 있다. 이런 점에서 전자가 균형, 후자는 편승으로 구분될 수 있다. 둘째, 이러한 차이는 대상국의 확대로 이어졌다. 전자가 ASEAN과 협력을 모색했다면, 후자는 호주, 뉴질랜드, 인도와 협력을 강화하고 있다. 마지막으로 전자가 경제에 초점을 두었다면, 후자는 문화, 관광 및 인적 교류까지 포괄하고 있다(김선재·김수한 2022).

표 4.1 1990년대 이후 남향정책의 변화

	리덩후이(1988~2000년)		천수이볜 (2000~2008년)	마잉주 (2008~2016년)	차이잉원 (2016년~현재)
남향 정책 및 변천 과정	1994~1996년 「동남 아지역 경제무역 업무 강령(加強對東南亞地 區經貿工作綱領)」강화 (제1기 남향정책)	1997~2016년			2016/5~현재
		1997~2002년 「동남아 및 오세아니아 지역 경제무역업무강령(加強對東南亞及紐澳地 區經貿工作綱領)」	2002~2003년 남향정책(南向政策) 재개	2014~2016년 「동남아 및 오세아니아 지 역 경제무역업무강령(加 強對東南亞及紐澳地區經 貿工作綱領)」(제7기)	2016/8/17 「신남향정책 (新南向政策)」 제시
국가	태국, 말레이시아, 인 도네시아, 필리핀, 싱 가포르, 베트남, 브루 나이	라오스, 미얀마, 캄보디 아, 호주, 뉴질랜드	동남아 국가	동남아 국가	아세안, 남아시아 6개국, 뉴질랜드, 호주
정책 내용	-국경기업과 민영 중소 기업이 동남아에 투자 -필리핀, 싱가포르, 말 레이시아, 인도네시 아, 태국, 베트남 등 국가「투자보장협정」 체결 -경제 무역 및 에너지 장관급 회의 추진	-대만 기업이 금융위기 를 극복하도록 기업 운 영 자금 조달 정책 지원 -수출 확대 보험 지원 및 순차운송 자금 조달 신 청 자격 확대, 자금 신 청의 한도 및 규모 확대	-대만 기업을 지원 해 시장확장, 사업 협력, 동남아 노동 자 채용 -동남아 있는 대만 기업 투자 금융 지 원 체계 강화 동남 아 국가와 자유무 역협정 체결을 적 극 추진	-동남아 국가와 무역 투 자, 금융, 노동자, 에너 지, 교육 등 분야 공동연 구 및 실행	-사람 중심으로 구성된 경 제 전략 -4대 핵심: 소프트파워, 공 급망, 지역과 시장, 사람과 사람 -아세안, 오세아니아 지역 나라와 복합적이고 전방위 적인 협상과 대화 추진 -기술 교육, 산업 발전과 남 향 인재 양성; 이민자를 신남향 정책에 참여

출처: 工研院產科所整理(2018/05), 馬利艷·陳梅蘭(2018, 29)에서 재인용.

2. 추진 체계 및 정책 내용

차이잉원 총통은 2016년 4월 선거에서 아세안 10개국, 남아시아 6개국, 오세아니아 2개국(총 18개국)을 대상으로 경제협력, 인재교류, 자원공유, 지역연결을 위한 신남향정책을 공약으로 제시하였다. 취임 직후인 6월 총통부에 신설된 신남향정책판공실(新南向政策辦公室)에 전 외교부장 황즈팡이 주임으로 임명되었다. 8월 대외경제무역전략회 담(對外經貿戰略會談)에서 채택한 신남향정책(新南向政策綱領)은 9월 행정원의 신남향정책추진계획(新南向政策推動計畫)으로 구체화되었으며, 이 정책을 담당하는 대외경제무역담판판공실(對外經貿談判辦公室)도 설치되었다(行政院經貿談判辦公室/經濟部國際貿易局 2016).

신남향정책의 가장 중요한 협력 대상은 중국 다음으로 중요한 수출시장이자 투자대상인 ASEAN이다. 과거에는 일방적인 수출시장과 생산기지로만 여겼던 ASEAN이 쌍방향으로 거래하고 소통하기 위한 협력대상으로 격상된 것이다. 이런 점에서 ASEAN의 중요성은 경제를 넘어서 인적 교류로 확대되고 있다. 대만에는 ASEAN에서 이주한 노동자가 약 50만 명이 넘으며 국제결혼도 약 15만 명에 달한다. 이런 기반을 바탕으로 신남향정책은 ASEAN을 중심으로 하는 18개국에 경제협력, 인재공유, 자원공유, 지역연결이라는 네 가지 목표를 제시했던 것이다.

표 4.2 신남향정책의 4대 주축

	경제무역의 협력	인재교류	자원공유	지역연결
정책 방향	쌍방향의 산업협력과 교역 촉진	신남향 인재의 육성과 교류	소프트웨어의 우세를 통한 공동번영	양자 및 다자 채널 확보하고 각종 거버넌스를 통한 호혜공영 관계 형성
정책 목표	-호혜의 산업협력 -내수시장 개척 -대만 상품의 이미지 제고 -타이상에 대한 각종 지원 확대 -수출입은행과 해외신용보증기금의 자금 확대	-대만기업의 현지인 중간 간부 육성 -신남향전문인재육성 외국노동자와 화교생의 활용과 육성 -다문화가정 2세대 지원 확대	의료, 관광, 문화, 농업, 과학기술 분야의 협력 강화	-신남향국가 및 국제조직과 제도적 협력으로 실질관계 심화 -화교-타이상 네트워크 구축
사업 계획	산업협력과 경제무역 관계의 확대	신남향 인재 육성	의료 및 공공위생 협력	지역 연결 심화
	기초건설과 지식산업의 수출	산업인력 양성협력	관광촉진 문화교류	협상, 대화의 다채널 확보
	금융지원확대	다문화가정 지원	농업협력 과학기술협력	전략적 연맹과 제도화 구축 화교-타이상 네트워크의 연계

출처: 이권호(2019, 98).

2017년 1월 경제부는 18개 대상국을 경제성장률, 시장 규모, 대만 산업과의 연결도를 기준으로 세 그룹으로 구분하여 단계적으로 협상한다는 계획을 발표하였다. 1단계 인도, 인도네시아, 태국, 말레이시아, 필리핀, 베트남, 2단계 미얀마, 캄보디아, 방글라데시, 파키스탄, 스리랑카, 라오스, 네팔, 부탄, 3단계 호주, 싱가포르, 뉴질랜드, 브루나이. 또한 경제부는 정부가 아니라 민간이 협상을 주도한다는 원칙도 분명하게 밝혔다.

야당인 국민당은 신남향정책의 한계를 비판하였다. 동아시아 공급망이 중국을 중심으로 재편되었기 때문에 중국을 우회하는 거나 회피하는 것이 근본적으로 불가능해졌다. 또한 신남방정책 대상국의 대부분이 중국의 일대일로 연선국가이다. 이 국가들을 포섭하기 위해서는 대만이 중국보다 더 큰 인센티브를 제공해야 한다. 추진 체계의 혼란도 문제를 증폭시키는 데 기여하였다. 2016년 9월 황즈팡 주임이 취임한 지 6개월도 되지 않아 주싱가포르 대표로 부임하였다. 동시에 총통부 산하의 신남향정책사무실의 집행 기능이 신설된 행정원 대외경제무역담판사무실(對外經貿談判辦公室)로 이관되었다.

이런 비판에 대응하기 위해 2017년 8월 대외경제무역전략회담(對外經貿戰略會談)에서 비교우위 산업에 집중하고 교류를 선택적으로 집중하는 5대 기함계획 및 3대 잠력영역(伍大旗艦計畫及三大潛力領域) 전략이 제시되었다. 5대 기함은 ① 신남향국가의 농업 발전을 위한 교류 협력의 강화, ② 의료위생 분야의 협력과 산업사슬의 발전, ③ 산업인재의 양성, ④ 신남향 포럼과 청년 교류 플랫폼의 구축, ⑤ 산업혁신 분야의 협력, 3대 영역에는 ① 초국경 전자상거래를 통한 신남향 상품시장의 개척, ② 관광서비스 산업의 육성을 위한 동남아 주재 대만 관광사무소의 증설과 신남향국가 관광객에 대한 비자면제 및 관광협력과 소통을 위한 플랫폼의 건립, ③ 대형 인프라 프로젝트 수주와 관련한 전담조직의 구성, 융자의 제도화, 정책대출, 저리이자 및 대상 국가와의 협력으로 구성되어 있다(行政院經貿談判辦公室 2017; Office of Trade Negotiations, Executive Yuan 2017).

2017년 12월 26일 차이 총통이 주재한 대외경제무역전략회담(對外經貿戰略會談)에서 정책 추진 체계가 정비되었다. 2018년부터 총통부 신남향판공실을 해체하고 국가안보회의 비서장 산하에 신남향정책전담소조(新南向政策專案小組), 행정원의 경제무역협상판공실(行政院經貿談判辦公室)에 '신남향업무소조(新南向工作小組)'를 각각 신설하여 부처 간 업무를 조정하기로 하였다(行政院經貿談判辦公室 2019).

III. 신남향정책의 실적에 대한 평가

1. 무역 및 투자

2016-22년 사이 대중 투자는 절반 수준으로 줄었던 반면 신남향 9개국 투자는 두 배로 늘었다. 그러나 누적으로 보면 중국이 신남향 9개국보다 2배 이상 많았다. 또한 대외투자가 불균등했다는 점도 문제다. 싱가포르, 베트남, 태국, 호주, 인도, 인도네시아에 대한 투자는 증가했지만, 호주와 필리핀은 줄어들었다. 뉴질랜드는 2017년에만 투자했다. 파키스탄, 방글라데시, 스리랑카, 미얀마, 네팔, 부탄, 캄보디아, 라오스, 부르나이에 대한 투자는 전무했다.

표 4.3 대만의 해외직접투자 (단위: 미국 1,000달러)

국가		2016	2017	2018	2019	2020	2021	누적 총계
미국		319,768	836,641	2,038,975	561,029	4,194,367	476,853	8,427,633
일본		4,504,219	202,039	619,881	71,924	388,405	2,216,365	8,002,834
한국		214,334	8,920	220,714	14,672	41,129	428,197	927,966
홍콩		407,712	294,799	577,707	457,376	911,642	260,763	2,910,000
중국		9,670,732	9,248,862	8,497,730	4,173,090	5,906,489	5,863,173	43,360,075
신남향 총계		2,287,189	3,474,155	2,147,932	2,622,709	2,383,620	5,713,636	18,629,241
신남향국가	싱가포르	1,553,887	915,645	165,967	635,706	638,137	3,712,532	7,621,874
	베트남	451,930	683,092	901,411	914,870	767,435	1,061,463	4,780,200
	말레이시아	79,970	312,721	54,108	101,967	40,793	124,137	713,696
	필리핀	61,762	225,726	149,703	106,725	92,111	22,478	658,504
	태국	54,729	558,278	146,376	327,690	165,974	341,356	1,594,403
	호주	24,345	615,879	234,533	316,573	14,172	15,150	1,220,653
	인도	14,940	30,559	361,224	70,375	152,624	172,757	802,479
	인도네시아	45,627	122,255	134,610	148,802	512,374	263,763	1,227,431
	뉴질랜드	0	10,000	0	0	0	0	10,000

출처: 經濟部投資審議委員會(https://www.moeaic.gov.tw/).

2016-22년 사이 외국인투자에서도 대중 투자는 절반 수준으로 줄었던 반면 신남향 9개국 투자는 네 배로 늘었다. 그 결과 중국보다 신남향 9개국이 더 비중을 차지하게 되었다. 그러나 누적으로 보면 중국과 신남향 9개국 사이의 차이는 크지 않다. 또한 일본과 미국으로부터 투자가 급증했다는 점도 특기할 만하다. 그러나 신남방국가 사이의 불균등성은 해소되지 않았다. 싱가포르, 태국, 호주, 인도, 인도네시아로부터 투자는 증가했지만, 파키스탄, 방글라데시, 스리랑카, 미얀마, 네팔, 부탄, 캄보디아, 라오스, 부루나이로부터는 한 건도 투자 받지 못했다.

표 4.4 대만의 외국인투자 (단위: 미국 1,000달러)

국가		2016	2017	2018	2019	2020	2021	누적 총계
미국		138,174	211,717	261,243	359,349	258,178	703,753	1,932,414
일본		346,447	640,449	1,525,189	1,237,874	964,332	728,720	5,443,013
한국		247,628	265,705	231,242	97,180	126,311	116,243	1,084,309
홍콩		49,597	34,499	41,510	33,784	27,675	257,646	444,711
중국		596,163	279,190	346,832	646,411	553,761	307,129	2,729,486
신남향 총계		226,285	271,854	389,372	1,095,160	379,017	998,997	3,360,686
신남향국가	싱가포르	106,884	138,175	100,052	249,858	242,422	418,673	1,256,064
	베트남	1,276	918	1,828	4,554	700	538	9,813
	말레이시아	42,730	74,192	93,580	46,999	45,957	45,293	348,752
	필리핀	911	1,128	5,566	5,401	769	2,285	16,060
	태국	35,379	6,716	69,985	70,732	5,888	418,657	607,357
	호주	35,834	46,308	112,348	713,717	79,825	101,907	1,089,939
	인도	1,634	2,570	4,393	2,242	1,940	1,886	14,664
	인도네시아	1,172	1,393	840	1,308	1,353	9,548	15,615
	뉴질랜드	465	454	780	349	163	210	2,421

출처: 經濟部投資審議委員會(https://www.moeaic.gov.tw/).

신남향정책은 대만의 무역에도 의미 있는 변화를 야기하였다. 필리핀을 제외한 신남향 8개국은 물론 미국, 일본으로 수출은 증가세인데 반해 대중 수출은 2021년에 감소세로 전환되었다. 그러나 대중 수출의 규모가 컸기 때문에 2016-22년 누적액 기준으로 차이가 여전히 컸다.

표 4.5 대만의 수출 (단위: 미국 1,000달러)

국가	2016	2017	2018	2019	2020	2021	2022	누적 총계
미국	33,397,023	36,773,615	39,491,214	46,247,551	50,550,417	65,686,791	75,056,837	347,203,452
일본	19,471,371	20,574,582	22,801,850	23,279,055	23,398,695	29,206,954	33,618,149	172,350,661
한국	12,531,376	14,416,079	15,739,358	16,917,228	15,140,824	20,140,549	22,178,264	117,063,682

국가	2016	2017	2018	2019	2020	2021	2022	누적 총계
홍콩	38,254,863	41,166,167	41,402,040	40,325,848	48,935,977	62,972,899	64,782,822	337,840,619
중국	73,733,595	88,747,051	96,499,293,	91,790,123	102,446,981	125,903,680	121,135,510	700,256,236
신남향 총계	56,565,498	64,297,361	64,790,385	59,951,776	58,535,735	79,156,641	93,110,046,	476,407,444
신남향국가 싱가포르	16,147,731	17,620,122	17,324,638	18,184,660	19,084,078	25,719,207	29,524,394	143,604,833
베트남	9,512,222	10,457,897	10,771,569	10,772,300	10,521,979	13,967,563	14,576,703	80,580,236
말레이시아	7,814,635	10,369,083	10,602,395	9,400,186	9,458,699	13,328,299	17,025,893	77,999,193
필리핀	8,659,468	9,593,305	8,942,748,	6,156,614	5,646,165	6,073,482	7,636,998	52,708,783
태국	5,490,583	6,382,004	6,168,280	5,517,965	5,289,485	7,024,108	7,543,413	43,415,841
호주	2,948,686	2,931,788	3,395,737	3,236,767	3,229,407	4,808,858	7,551,003	28,102,249
인도	2,819,306	3,281,493	3,771,270	3,281,963	2,595,191	4,522,648	5,317,494	25,589,369
인도네시아	2,746,589	3,193,405	3,329,566	2,921,653	2,276,942	3,070,256	3,215,170	20,753,585
뉴질랜드	426,274	468,260	484,176	479,664	433,784	642,215	718,974	3,653,351

출처: 經濟部國際貿易局(https://cuswebo.trade.gov.tw).gov.tw/).

수입은 수출과 조금 다른 방향으로 변화되었다. 신남향 9개국, 미국, 일본은 물론 중국으로부터 수입이 다 증가하였다. 다만 대중 수입은 2021년에 증가세가 둔화되었다.

표 4.6 대만의 수입 (단위: 미국 1,000달러)

국가	2016	2017	2018	2019	2020	2021	2022	누적 총계
미국	27,089,146	28,397,844	33,107,089	34,851,817	32,515,536	39,260,693	45,458,435	240,680,564
일본	40,623,040	41,942,011	44,154,007	44,054,672	45,903,344	56,119,118	54,599,288	327,395,483
한국	14,650,592	16,893,793	19,525,555	17,741,328	20,611,131	30,640,282	34,270,375	154,333,060
홍콩	1,330,629	1,511,851	1,409,465	1,062,390	1,220,837	1,709,172	1,499,043	9,743,390
중국	43,993,693	50,040,623	53,792,528	57,396,464	63,589,900	82,487,006	83,986,760	435,286,976
신남향 총계	36,015,466	42,760,579	47,703,835	47,993,373	46,685,568	66,011,516	82,229,051	369,399,392
신남향국가 싱가포르	7,526,287	8,711,689	8,416,589	7,922,568	8,989,380	12,073,450	12,525,357	66,165,324
베트남	2,747,126	3,120,701	3,698,306	5,282,287	5,497,562	6,147,113	6,949,713	33,442,810
말레이시아	6,289,095	7,178,937	9,304,883	10,365,956	9,889,754	11,799,028	13,520,528	68,348,184
필리핀	2,204,310	2,378,594	2,493,588	2,114,508	2,125,248	2,998,067	3,080,882	17,395,199

국가		2016	2017	2018	2019	2020	2021	2022	누적 총계
신남향국가	태국	3,818,279	4,358,209	4,582,111	4,254,024	4,544,332	5,961,964	6,289,604	33,808,525
	호주	6,118,519	8,235,480	9,552,262	10,017,388	8,062,843	14,939,386	24,318,847	81,244,729
	인도	2,186,817	3,056,101	3,259,204	2,515,444	2,200,365	3,178,559	3,141,545	19,538,037
	인도네시아	4,311,737	4,881,122	5,487,259	4,681,538	4,508,103	7,909,968	11,242,938	43,022,667
	뉴질랜드	813,291	839,742	909,630	839,656	867,980	1,003,977	1,159,633	6,433,912

출처: 經濟部國際貿易局(https://cuswebo.trade.gov.tw).gov.tw/).

무역수지를 보면, 대만의 최대 흑자국은 중국이다. 그러나 신남향 9개국 무역흑자는 대중 무역흑자보다 크다. 특기할 만한 점은 대미 무역흑자의 급증, 대호주 및 대인도네시아 무역적자의 급증이다.

표 4.7 대만의 무역수지 (단위: 미국 1,000달러)

국가		2016	2017	2018	2019	2020	2021	2022	누적 총계
미국		6,307,877	8,375,770	6,384,124	11,395,734	18,034,881	26,426,098	29,598,402	106,522,888
일본		-21,151,669	-21,367,428	-21,352,156	-20,775,616	-22,504,649	-26,912,163	-20,981,139	-155,044,822
한국		-2,119,216	-2,477,713	-3,786,197	-824,100	-5,470,307	-10,499,732	-12,092,110	-37,269,378
홍콩		36,924,233	39,654,316	39,992,574	39,263,458	47,715,140	61,263,727	63,283,778	328,097,229
중국		29,739,902	38,706,427	42,706,764	34,393,659	38,857,081	43,416,674	37,148,749	264,969,259
신남향 총계		35,446,142	47,251,550	44,825,282	36,972,180	46,237,479	56,075,734	56,647,007	323,455,378
신남향국가	싱가포르	8,621,443	8,908,433	8,908,049	10,262,091	10,094,698	13,645,757	16,999,036	77,439,509
	베트남	6,765,095	7,337,195	7,073,263	5,490,012	5,024,417	7,820,450	7,626,990	47,137,425
	말레이시아	1,525,539	3,190,145	1,297,512	-965,769	-431,054	1,529,270	3,505,365	9,651,009
	필리핀	6,455,158	7,214,711	6,449,160	4,042,106	3,520,917	3,075,414	4,556,115	35,313,583
	태국	1,672,303	2,023,794	1,586,169	1,263,940	745,153	1,062,144	1,253,808	9,607,315
	호주	-3,169,832	-5,303,692	-6,156,525	-6,780,621	-4,833,436	-10,130,528	-16,767,844,	-53,142,480
	인도	632,489,	225,392	512,065	766,518	394,826	1,344,089	2,175,949	6,051,331
	인도네시아	-1,565,147	-1,687,716	-2,157,692	-1,759,884	-2,231,160	-4,839,711	-8,027,767	-22,269,081
	뉴질랜드	-387,017	-371,482	-425,453	-359,992	-434,195	-361,761	-440,658	-2,780,560

출처: 經濟部國際貿易局(https://cuswebo.trade.gov.tw).gov.tw/).

　　무역과 투자를 종합해 보면, 2016-22년 무역과 투자 실적에 신남
향정책의 효과가 반영되었다고 평가할 수 있다(Kennedy 2022). 중국
과 교류가 줄고, 신남향 9개국은 물론 미국, 일본과 교류가 증가하는
추세가 분명하다. 그러나 그 효과는 제한적이며 불균등하다. 2021년
을 전후로 증가세가 감소세로 반전되는 징후가 등장하였으나, 누적 기
준으로는 중국의 비중이 크게 줄지 않았다. 2016-22년 대중 증가율은
7.677%, 대신 남향정책국가(18개국) 증가율은 8.177%였다. 따라서 대
중 의존도 축소를 위한 다변화는 아직 기대했던 목표를 달성하지 못했
다(Hsiao and Yang 2022).

표 4.8 2016-2022년 대만 교역 변동: 중국 대 신남향정책 국가

국가	2016-2022년 교역 총액	증가율(%)	변동금액(USD million)
중국	700,256.24	7.677	49,926.09
신남향정책 국가	498,107.02	8.177	37,649.61
싱가포르	143,604.83	9.341	12,268.07
베트남	80,580.24	6.763	5,104.72
말레이시아	77,999.19	14.525	9,892.24
필리핀	52,708.78	0.365	191.86
태국	43,415.84	4.531	1,881.90
호주	28,102.25	18.305	4,348.15
인도	25,589.37	10.274	2,384.03
인도네시아	20,753.59	0.859	176.86
방글라데시	8,081.79	12.433	893.68
캄보디아	5,115.83	3.865	190.37
파키스탄	4,032.73	2.789	109.42
뉴질랜드	3,653.35	8.660	291.17
스리랑카	2,642.69	-2.523	-68.39
미얀마	1,534.24	-1.619	-25.25
부르나이	161.51	3.286	5.14
네팔	81.95	3.939	3.11
라오스	47.27	6.063	2.70
부탄	1.55	-8.643	-0.15

출처: Bureau of Foreign Trade, MOEA (https://cuswebo.trade.gov.tw/FSCE010F/FSCE010F).

2. 외교안보

신남향정책이 외교안보에 미친 영향은 양면적이다. 신남향 18개 국과 관계가 전향적으로 개선되지 않았다(Hsiao et al. 2022). 인적 교류는 증가했지만, 대다수 국가는 하나의 중국 원칙을 유지하였다. 따라서 신남향정책의 효과는 분명하게 드러나지 않았다.

반면 중국의 봉쇄를 목표로 삼은 인도·태평양 전략을 추진하는 미국, 일본, EU와 관계는 확실하게 개선되었다(Hass 2022; Liff and Hass 2022; Hilpert et al. 2022; Hsiao et al. 2022). 바이든 행정부는 '하나의 중국' 원칙을 존중한다고 했지만, 미국 상하원 의원 및 관료가 대만을 연이어 방문하고 있다. 대만을 방문한 최위고급 인사는 2022년 8월에 대만을 방문한 낸시 펠로시 하원의장이었다. 또한, 케빈 맥카시 하원의장은 미국을 방문한 차이잉원 총통을 로스앤젤레스에서 면담하였다. 또한 미국은 2023년 3월 대만에 6억 1900만 달러 규모의 미사일을 포함한 첨단 무기 수출을 허용하였다(Gordon et al. 2023).

대미 관계의 강화는 중국의 격렬한 반발을 불러일으켰다. 중국은 무력 침공 전략을 명시적으로 추진하였다(강준영 2021; 정재흥 2021; Lin 2022). 대만 통일을 국가전략의 중요 과제로 설정한 시진핑 주석은 20차 당대회에서 평화 통일을 위해 노력할 것이지만 무력 사용을 포기하겠다는 입장을 언급하지 않았다. 또한 당 중앙군사위원회의 부주석에 대만을 작전 구역으로 포함하는 동부전구 사령관 허웨이둥(何卫东)이 발탁되었다(Wuthnow 2022; 장영희 2022). 미국의 해·공군력의 우위와 대만의 지리적 조건 등으로 인해 그 비용이 크기 때문에 가능성은 희박하다는 평가가 지배적이다(O'Hanlon 2022; 최우선 2022).

이런 평가에도 불구하고 중국의 무력 사용 가능성을 배제할 수 없다. 2022년 8월 2일 낸시 펠로시 미국 하원의장의 대만 방문 직후 중국은 대만의 해·공역에 선박과 항공기의 진입을 금지하였다. 대만을 둘러싸는 형태로 설정한 6개 구역의 해·공역에서 인민해방군이 4일 12시부터 7일 12시까지 군사훈련을 수행하였다. 대만 북부·서남·동남부 해역과 공역에서 연합 해상·공중훈련, 대만해협에서 장거리 화력 실탄 사격을 각각 실시하고, 대만 동부 해역에서 재래식 미사일(핵미사일 제외 의미) 시험 사격을 실시하였다. 차이잉원 총통의 미국 방문 직후에도 인민해방군은 작년보다 규모가 작은 군사훈련을 실시하였다. 2023년 4월 8-10일 인민해방군은 항공모함인 산둥함에서 수십 대의 전투기를 출격시켜 항공식별구역을 수십 차례 침범하였다.

　미국의 전략국제문제연구소가 수행한 워게임은 중국의 침공을 3주 내에 격퇴할 수 있지만 미국, 일본, 대만의 피해도 막대하다는 결과를 도출하였다. 미국이 중국에 비해 월등히 우수한 군사력을 보유하고 있지만, 미국은 중국보다 지리적으로 멀기 때문에 대규모 병력을 신속하게 파견하는 데 한계가 있다(Cancian et al. 2023; Kuo et al. 2023; 박기철 2023).

표 4.9 중국의 군사 행동: 2022년 8월 대 2023년 4월

행동	2022년 8월	2023년 4월
대규모 훈련	대만 주변 7개 구역에서 4일 동안 인민해방군이 대규모 군사훈련. 이후 이 훈련은 3일간 연장	인민해방군인 "Joint Sword"로 명명된 공해 군사훈련은 대만해협에서 3일간 실시. 구역을 특정하지 않았음
순항미사일 발사	인민해방군이 대만 상공 및 주변으로 순항미사일 발사. 그 중 5개가 일본의 배타경제수역에 추락	순항미사일 발사는 없었으나, 인민해방군이 대만 상공 미 주변에 대한 합동타격 모의 훈련을 실시
항공모함	중국이 운용하는 2대 항공모함을 전시용으로 배치하였으나 군사훈련에는 불참	항공모함 산둥호 그룹이 대만 동착에서 훈련에 참가. J-15 제트기를 포함해 총 620번 출동

행동	2022년 8월	2023년 4월
외딴 섬 주변 훈련	N/A	당국이 대만 마쭈 열도 주변에서 2번의 실탄 훈련을 발표. 이 발표가 나중에 삭제되었으나 적어도 한 번은 실시
인민해방군 해군	대만 주변에서 일일 최대 14척 선박이 작전	대만 주변에서 일일 최대 12척 선박이 작전
인민해방군 공군	대만 주변에서 일일 최대 66대 항공기가 작전	대만 주변에서 일일 최대 91대 항공기가 작전
감시 순찰	경비함 Haixun 06호가 대만해협의 중국 해상을 따라 해상 순찰 및 법 집행	경비함 Haixun 06호가 대만해협 중부 및 북부에서 특별 합동 감시 순찰 작전. 선박을 제지하거나 사찰했다는 보도는 전무
폐쇄 구역	인민해방군이 대만 주변 7개 구역에서 군사 훈련 실시, 그러나 폐쇄 구역 미설정	중국은 로켓 발사 잔해로 인해 대만 북부 공중 및 해상을 폐쇄. 공중 폐쇄는 처음 3일간 예정이었으나 나중에 축소

출처: Lin et al. (2023, 5).

동시에 중국은 대만에 대한 다양한 외교적 조치를 취하였다. 대만 수교국 공략, 인적 제재, 수출 제한, 허위정보 등은 미국과 대만의 관계를 약화시키고 대만의 국제적 고립을 심화시키는 데 집중되었다.

표 4.10 중국의 외교 행동: 2022년 8월 대 2023년 4월

행동	2022년 8월	2023년 4월
외교적 "반조치"	중국은 미중 대화의 8대 주요 부분을 중단	N/A
외교적 동반자 접근	N/A	차이잉원 총통이 미국에 환승하기 며칠 전 온두라스가 대만과 단교하고 중국과 수교
제재	중국은 당시 하원의장 펠로시와 그 가족, 주미대표부 대표 샤오메이친 과 그 가족 및 대만 조직 지도자들을 제재	중국은 허드슨연구소, 레이건도서관, 프로스펙트재단, 아시아자유민주평의회 및 샤오메이친 및 그 가족을 제재
징벌적 체포	중국은 민주운동가 양취위안을 8월 3일 구금	당국이 공식적으로 양취위안을 체포. 대만 소재 출판업자 리옌허도 국가안전 위협 혐의로 체포

행동	2022년 8월	2023년 4월
수출 제한	일부 대만산 과일 및 수산풀 수입 중단 및 대만으로 모래 수출 삭감	중국은 본토 상품에 대한 대만의 무역장벽을 조사하겠다고 발표, 그러나 새로운 금지 조치는 미부과
양안 대화	N/A	전국인민정치협상회의 주석 왕후닝은 대만기업인 대표단과 만나 양안 경제교류를 격려
허위정보	소셜미디어에 게시된 친중 포스트는 펠로시 의장과 대만 주변 중국의 군사훈련에 대한 잘못된 주장을 확산	친중 시위대가 중국의 지원을 받아 미국에서 차이잉원 총통에 시위한 것으로 보도. 중국 네티즌은 이 시위를 증폭시켜 대만이 차이잉원 총통에 상을 주도록 허드슨 연구소에 돈을 주었다는 허위정보를 확산
백서 발간	중국은 대만에 대한 새로운 정부 백서를 발표	N/A

출처: Lin et al. (2023, 3).

중국은 대만의 정치적 분열도 적극적으로 활용하였다(Drun 2022; 허재철 외 2020: 133-140). 2023년 3월 말 대만 전·현직 총통 중 마잉주 전 총통이 국민당 정부가 중국에서 대만으로 철수한 후 74년 만에 처음으로 중국을 방문하였다. 이와 동시에 중국은 브릭스 회원국은 물론 EU 회원국에 대한 외교도 강화하였다. 에마뉘엘 프랑스 대통령은 2023년 4월 방중 직후 프랑스는 미국과 달리 양안 관계에 개입하지 않겠다고 발언하였다.

이런 결과는 대만의 공식 수교국 수 감소로 이어졌다(Stokes et al. 2022). 마잉주 정부에서는 1개국이 감소하였지만, 차이잉원 정부에서는 9개국이나 감소하였다.

표 4.11 대만의 수교국 현황

	국가	마잉주(2008~2016년)	차이잉원(2016년~ 현재)
1	벨리즈		
2	부르키나 파소		2018년 단교
3	도미니카공화국		2018년 단교
4	엘살바도르		2018년 단교
5	스와질란드		
6	아이티		
7	바티칸		
8	키리바시		2019년 단교
9	마셜제도		
10	니카라과		2021년 단교
11	팔라우		
12	파나마		2017년 단교
13	과테말라		
14	노루공화국		
15	온두라스		2023년 단교
16	파라과이		
17	감비아	2013년 단교	
18	산타 루시아		
19	상투메 프린시페		2016년 단교
20	솔로몬		2019년 단교
21	세인트키츠 네비스		
22	세인트빈슨		
23	투발루		

출처: 中华民国外交部(https://www.mofa.gov.tw/).

IV. 반도체 산업: 호국신기 대 깨진 둥지

1. 반도체 제조

대만의 반도체 산업은 대만의 경제안보에 가장 중요한 역할을 담당하고 있기 때문이다. 경제적 차원에서 반도체는 대만의 최대 수출품이다. 전체 수출에서 반도체의 비중은 약 30% 이상을 차지하고 있다. 안보적 차원에서도 대만의 반도체 산업은 전 세계적으로 주목을 받고있다. 2020년 기준 TSMC는 전 세계 첨단 반도체의 92%를 생산하고 있다.

이런 점에서 대만에서는 반도체 산업을 실리콘 방패 또는 호국신기로 부르고 있다. 전 세계에서 대만만 제조할 수 있기 때문에 어느 나라도 대만의 역할을 대체하는 것이 불가능하다는 것이다. 이 논리의 연장선상에서 첨단 반도체 산업을 계속 발전시키는 한 대만의 경제적 번영과 굳건한 안보가 보장된다는 것이다(Cronin 2022).

실제로 대만의 반도체 생산에 차질이 발생할 경우 대만 및 중국 경제는 물론 세계경제 전반에 충격이 불가피하다(Santoro and Cossa 2023). 대만해협이 봉쇄당할 경우 ITC 및 자동차 산업을 중심으로 2조 달러 이상의 피해가 발생할 것으로 추정된다(Vest et al. 2022).

그렇지만 반도체 산업이 만병통치약은 아니다. 먼저 수요의 측면에서 대만이 생산한 반도체의 90% 이상은 해외로 수출된다. 대만 반도체의 최대 수입국은 중국이다. 미국의 반도체 제재에도 불구하고 전자직접회로(HS 8542) 수출은 계속 증가하여 2022년 역대 최고를 기록했다.

따라서 대만에게 중국과 탈동조화는 수출 감소라는 부작용을 수반한다. 중국이 수입을 제한하거나 미국이 수출을 통제하면, 대만은 수출을 다변화해야 한다. 최종 소비 기준으로 세계 24%를 차지하는 중국을 대체할 만한 국가는 당분간 찾을 수 없다.

공급의 측면에서 대만은 미국의 압박에 시달리고 있다. 한편에서 미국은 대만에서 강력한 대중 수출통제 조치를 준수하라고 요구하고

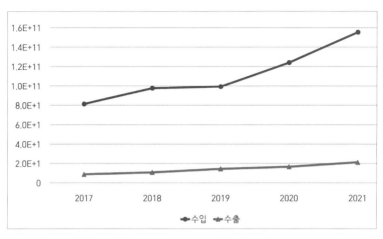

그림 4.1 중국의 대만 상품무역 및 직접회로(HS 8542) 수출입통계: 2017~2021년

*대만은 UN 회원국이 아니라 기타 아시아(Other Asia, not elsewhere specified)로 분류되어 있음(UN Comtrade 2022a).

출처: European Parliament(2022).

있다. 미국이 제안한 수출통제 레짐인 Chip 4는 미국, 일본, 한국 및 대만을 포함하고 있다. 차이잉원 총통은 낸시 펠로시 미국 하원의장이 대만을 방문했을 때 민주주의 반도체(democracy chips)를 주장하면서 Chip 4를 지지하였다. 대중 제재의 강도가 높아지고 범위도 커지면서 대만의 대중 첨단 반도체 수출이 더 어려워지고 있다.

　미중 전략경쟁이 격화되면, 대만이 미국의 요구를 거절할 수 없게 될 것이다. 대만의 반도체 산업은 파운드리에 특화되어 있어 설계 및 제작장비는 미국, 일본, 네델란드에 크게 의존하고 있다. 또한, 파운드리에 가장 많이 주문하는 팹리스는 미국의 애플, AMD, NVIDIA, 퀄컴 등이다. 만약 대만이 미국의 요구를 수용하지 않는다면, 대만 기업과 미국의 장비 및 팹리스 사이의 협력 체제는 붕괴될 것이다(Martin et al. 2023).

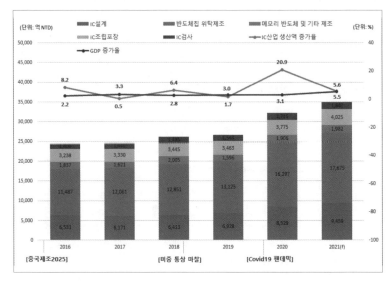

그림 4.2 대만 반도체 산업 분야별 생산 추이
출처: 오윤미(2021, 3).

다른 한편에서 미국은 중국이 대만을 통일했을 경우를 대비하는 깨진 둥지 전략을 고려하고 있다. 미국 육군 전쟁대학에서 발간하는 계간지 *Parameter*에 처음 제시된 이 전략의 근저에는 중국이 대만의 반도체 생산시설을 확보하게 되면 미국과 격차가 축소된다는 우려가 있다. 이런 우려를 해소하기 위해 미국은 중국이 접수하기 전에 대만의 최첨단 반도체 생산시설을 파괴해야 한다는 것이다. 더 나아가 미국은 중국의 침공으로 생산에 차질이 생겼을 경우에 미국 기업이 반도체를 확보할 수 없는 상황까지 걱정하고 있다. 이 문제의 해결방안으로 핵심 인력의 미국 이주가 제시되었다(McKinney and Harris 2021).

깨진 둥지 전략은 대만 기업의 대미 투자를 촉진하는 데 기여하고 있다. TSMC는 비용은 물론 인력 수급에서도 훨씬 불리한 미국에 최첨단 제조공장을 건설하고 있다. TSMC는 2024년 5nm 반도체 제품 양산을 목표로 2021년 애리조나에 120억 달러 규모 공장을 착공하였다. 2022년 11월에는 3nm 반도체를 생산할 수 있는 120억 달러 규모의 생산시설을 추가 건설하겠다고 발표하였다.

　미국과 중국 이외에도 대만 반도체 기업을 유치하기 위해 노력하는 국가는 많다. TSMC는 미국 이외에 일본과 독일에 범용 반도체 생산시설의 건설 계획을 발표하였다(김규판 2021; 서동혁 2021). TSMC는 2022년 4월 일본 구마모토(熊本)현에 70억 달러 규모의 반도체 공장을 소니와 합작으로 착공하였다. 6월에는 이바라키현 쓰쿠바시에 반도체 연구개발센터를 개소하였다. 이례적으로 일본 정부는 총 건설비 1조 1,000억 엔의 거의 절반인 최대 4,760억 엔을 지원하였다. 토요타 자동차의 자동차 부품업체 일본 덴소도 이 공장 건설에 출자하였다. 구마모토 공장은 12nm 및 16nm 이미지센서와 마이크로컨트롤러유닛(MCU)를 생산하는 라인과 22nm 및 28nm 반도체를 생산하는 라인으로 구성될 예정이다(Fukuda 2022).

표 4.12 TSMC 생산시설: 공정 및 지역

지역 구분		공장명	비고
대만	북부 신주	Fab 2, 3, 5, 8, 12A, 12B Fab 20(설립 중)	• 성숙공정부터 초미세공정까지 생산 • 2나노 생산 거점인 Fab 20은 2025년, Fab 22는 2024년부터 양산 시작 • 1나노 공장(공장명 미상)도 북부 지역(타오위안 유력)에 설립
	중부 타이중	Fab 15	
	남부 타이난	Fab 6, 14, 18	
	가오슝	Fab 22(설립 중)	
해외	중국 상하이	Fab 10	• 성숙공정 도입
	난징	Fab 16	
	미국 워싱턴주	Fab 11	• Fab 11은 성숙공정을 생산 • Fab 21은 5나노 미만 초미세공정을 2024년부터 양산
	애리조나주	Fab 21(설립 중)	
	일본 구마모토	Fab 23(설립 중)	• 2024년부터 성숙공정으로 양산
	유럽(미정)		• 차량용 성숙공정 위주(독일 작센주 드레스덴 유력)

출처: TSMC 홈페이지(https://www.tsmc.com/english/aboutTSMC/TSMC_Fabs) 및 유기자(2023).

2. 전자기기 수탁서비스(EMS)

반도체 공급망과 아주 밀접하게 연계되어 있는 전자기기 수탁서비스(EMS)에서도 대만 기업의 다변화는 어려운 상황이다. 세계 EMS 매출 순위를 보면, 1위에서 5위까지 모두 대만 기업이다. 미국의 스마트폰 업체나 일본의 게임기 업체는 모두 대만의 EMS서비스에 크게 의존하고 있다. 대부분의 대만 EMS 기업의 제조기지는 중국에 있다. 신남향정책에도 불구하고 대만 기업은 생산기반을 중국에서 ASEAN과 인도 등으로 이전하지 못했다.

2022년 CSIS가 500명 이상의 대만 기업 간부를 대상으로 한 조사 결과에 의하면, 중국 본토에서 영업을 하고 있는 기업은 약 60%인데, 그 중 25%만 본토에서 그 외 지역으로 생산기지 이전을 시작했다. 33%는 검토하고 있지만 아직 적극적인 조치를 취하지 않고 있으며, 31%는 탈중국을 고려하고 있지 않고 있다. 생산이전 지역(중복 선택)에 대해서는, 동남아시아가 63.1%로 가장 많고, 그 다음이 대만(51.3%), 일본 및 한국을 포함하는 동북아(19.5%), 북미(10.3%) 및 남·중앙아시아(10.3%) 순이었다(Kennedy 2022, 34). 협력 대상으로 중시하는 국가에 대해서는 미국이 46.5%로 가장 많고, 일본 31.8%, 중국 본토 28.4%, 유럽 22.1%, 아세안 19.6%의 순이었다. 즉, 대만 기업은 신남향정책에서 목표로 하고 있는 아세안보다 미국, 일본과의 관계를 중시하고 있으며, 아직도 ASEAN보다는 중국을 더 중요한 협력 상대로 간주하고 있다(Kennedy 2022, 31).

우크라이나 전쟁 이후 중국의 대만 침공 가능성이 높아지면서, 서방의 주요 고객사들은 대만 EMS 업체에게 공급망 다변화를 더 적극적으로 압박하였다. 폭스콘의 창업자이자 국민당 총통 후보 출마자인 궈

타이밍(郭台銘)은 2019년 5월 제안한 동진(東進), 서화(西和), 남탁(南拓), 북접(北接) 전략을 제시한 바 있다. 동진은 미국에 제조거점을 설치, 서화는 중국의 산업구조 전환에 기여, 북접은 일본과의 기술협력을 도모, 남탁은 노동집약적 공정을 ASEAN 등으로 이전하는 것을 의미한다(郭台銘 2019). 이러한 궈타이밍의 전략은 미국과 중국을 동시에 포용한다는 점에서 신남향정책보다 훨씬 더 포괄적이다(みずほ総合研究所 2020).

표 4.13 전 세계 EMS 매출 (2018년)

순위	기업	국적(지역)	매출(억 달러)
1	폭스콘	대만	1,756
2	페가트론	대만	446
3	콴타	대만	341
4	컴팔	대만	302
5	위스트론	대만	295
6	플렉스	싱가포르	254
7	인벤텍	대만	168
8	자빌	미국	124
9	상미나	미국	711
10	라이트온	대만	69

출처: みずほ総合研究所(2020, 7).

대만 EMS의 다변화 전략은 여러 가지 난관에 직면해 있다. 폭스콘은 인도의 베단타와 2022년 9월 구자라트주 아메다바드의 반도체 디스플레이 생산시설 건설에 195억 달러를 투자하기로 합의하였다. 2023년 7월 11일 폭스콘은 이 투자계획을 취소한다고 발표하였다. 폭스콘은 공식적으로 설명하지 않았는데, 인도 기술장관은 내부문제라고 주장하였다(Lahiri and Jie 2023). 이 사례는 생산과 소비에서 모두 인도가 중국을 단기간에 대체할 수 없다는 현실을 잘 보여주었다(Hille and Reed 2023).

중국 EMS인 럭스셰어(立讯精密)의 부상도 폭스콘에게 심각한 위협이다. 애플은 폭스콘에 대한 의존도 축소를 위해 이 기업을 대항마로 키워왔다. 2011년 아이폰, 맥북 노트북용 커넥터를 공급하기 시작한 이 기업은 2016년 베트남 공장 건설, 2019년 인도 모토롤라 공장 인수 등을 통해 애플의 공급망 다변화 전략에 편승하였다. 역설적이게도 애플의 탈중국이 중국 기업을 통해 이뤄지고 있는 것이다. 따라서 서방 기업의 공급망 다변화는 대만 기업에 양날의 칼이 될 수도 있다(Liu 2023).

V. 결론

1990년 이후 대만은 대중 의존도 축소를 위해 남향정책과 신남향정책을 추진하였다. 동남아시아와 인도·태평양을 포괄하는 무역네트워크와 공급망을 구축하려는 대만의 시도는 성공적이라고 평가하기 어렵다. 신남향정책에도 불구하고 대중 무역은 2022년까지 계속 증가했다. 미국의 반도체 제재 속에서도 대만의 대중 수출도 2022년까지 축소되지 않았다. TSMC는 반도체 공장을 신남향국가가 아니라 미국, 일본, 독일에 건설하고 있다. 이러한 결과 때문에 차이잉원 정부가 시도한 신남향정책으로 무역과 투자에서 중국 비중의 축소는 아주 제한적이다. 즉 인도·태평양 국가와 경제교류는 중국을 완전하게는 고사하고 부분적으로도 대체하는 수준으로 발전하지 못했다.

대외관계에서도 신남향정책은 가시적인 성과를 내지 못했다. 미국 및 일본과 관계는 분명하게 강화되었지만, 신남향국가와 교류는 관광과 같은 비정치적 분야에 한정되었다. 오히려 신남향정책은 중국의 강력한 반발로 대만해협과 남중국해 지역의 군사적 긴장을 고조시켰다. 양안관계의 악화가 대만의 지정학적 리스크를 상승시켜 경제안보가 약화되었다.

신남향정책의 경험은 인도·태평양 전략에 세 가지 교훈을 준다. 첫째, 대중 의존도 축소는 단기간에 성취하기 어려운 과제이다. 중국이 반도체의 최대 수입국이자 소비국이기 때문에 대만의 대중 반도체 수출은 미국의 제재와 양안 관계의 긴장 속에서도 꾸준히 상승하였다. 2022년 말부터 하향세로 전환되었는데, 이는 다변화 전략의 효과라기보다는 불경기의 영향으로 보인다. 장기적 차원에서 대중 의존도를 줄이기 위해서는 중국 수출에 연연하지 않는 새로운 주력 산업의 개발이 필요하다.

둘째, 신남향정책은 대내적으로는 정권교체, 대외적으로는 미중 관계에 따라 크게 변화하였다. 중국으로부터 독립을 추구하는 민진당과 중국과 통합을 중시하는 국민당 사이의 입장 차이가 상당히 크다. 2023년 4월 차이잉원 총통이 미국을 방문했을 때 중국은 마잉주 전 총통을 중국에 초청하였다. 또한 미중 관계의 변동은 남향정책/신남향정책에 심대한 영향을 주었다. 역설적으로 "리덩후이 총통 이래 대만은 남향정책을 지속적으로 추진함으로써 중국에 대한 의존도를 감소하고 차이나 리스크를 예방하고자 했으나, 오히려 중국과의 협조적인 관계가 구축되었을 때 비교적 성공적으로 추진되었다"(김선재·김수한 2022, 93).

마지막으로 반도체 산업의 역할도 가변적이다. 한편으로 주력산업으로서 반도체는 막대한 무역흑자와 해외투자를 가능케하는 자산이다. 다른 한편, 깨진 둥지와 같이 반도체가 전략적으로 활용되고 있다. 무역전쟁 발발 이후 미국과 중국은 물론 일본과 독일까지 최첨단 생산 시설을 유치하려고 노력하고 있다. 보조금만 제공하는 독일과 달리, 미중은 외교적 압력을 행사하였다. 해외에 생산시설을 계속 확대할 경우 호국신기 또는 반도체 방패로서 역할이 축소되는 것은 물론 제조업 공동화가 발생할 수도 있다. 이런 점에서 반도체 산업의 과잉안보화를 경계해야 한다.

참고문헌

강준영. 2021. "중국-대만, 양안 무력 충돌 위기의 함의."『한중사회과학연구』20(1).
김규판. 2021. "일본의 반도체전략 특징과 시사점."『오늘의 세계경제』21(13).
김선재·김수한. 2022. "탈중국을 위한 대만 남향정책의 지속과 변화: 균형과 편승의 동학."
　　　『Analyses &Alternatives』6(1).
박기철. 2023. "한·미·일 안보협력과 동북아평화: 중국 대만 갈등 현안을 중심으로."『JPI
　　　PeaceNet』.
서동혁. 2021. "TSMC-일본 반도체산업 제휴의 산업적 의미와 시사점."『KIET 산업경제』.
오윤미. 2021. "대만 반도체 전략의 주요 내용과 전망."『세계경제 포커스』4(47).
유기자. 2023. "2023년 대만 반도체 산업 정보."『KOTRA 해외시장뉴스』4월 14일.
이권호. 2019. "대만 차이잉원 정부 신남향정책의 추진 현황과 평가."『한중사회과학연구』50.
_____. 2021. "대만의 신남향정책과 한국의 신남방정책의 비교 연구."『중국지역연구』8(4).
이혁구. 2019. "한국과 대만의 對아세안 경제정책 비교."『비교경제연구』26.
장영희. 2021. "미·중 패권경쟁시대의 양안관계 현황."『성균차이나브리프』59.
정재흥. 2021. "최근 미중 군사안보 경쟁과 대만해협 위기." 세종연구소.
조형진. 2021. "중국의 비공식 경제 제재."『Analyses &Alternatives』5(1).
최우선. 2022. "대만 군사충돌 시나리오와 한국의 대응." 국립외교원.
허재철. 2022. "미중 전략경쟁 시기의 대만 문제와 한국의 경제안보." 대외경제정책연구원.
허재철 외. 2020. "중국의 일국양제 20년: 평가와 전망." 대외경제정책연구원.
천신싱. 2016. "타이완 정부의 '비중국 요인' 조절과 양대국 사이의 '신남향정책'."『황해문화』.
장영희. 2022. "바이든 시기 양안관계의 지속과 변화." 국립외교원.

行政院經貿談判辦公室. 2017.『新南向政策-旗艦計畫與潛力領域簡報』.
_____. 2019.『新南向政策推動成果』.
行政院經貿談判辦公室/經濟部國際貿易局. 2016.『新南向政策參考資料』.
馬利艶·陳梅蘭. 2018. "臺灣與新南向國家産業合作展望."『貿易政策論叢』第30期.
郭台銘. 2019. 郭台銘的國家發展藍圖: 東進、西和、南拓、北接,台灣要脫胎換骨,經濟起飛.
　　　https://zh-cn.facebook.com/TerryGou1018/posts/640011393138803/ (검색일:
　　　2023.8.17.)

みずほ総合研究所. 2020.「台湾「新南向政策」の前途: 米中摩擦·コロナ肺炎が追い風もEMSの
　　　動向がカギ」.

Cancian, Mark F., Matthew Cancian and Eric Heginbotham. 2023. *The First Battle of
　　　the Next War: Wargaming a Chinese Invasion of Taiwan.* Center for Strategic &
　　　International Studies.

China Power 2022. *Tracking the Fourth Taiwan Strait Crisis*. Center for Strategic and International Studies.

_____. 2023. *Tracking China's April 2023 Military Exercises around Taiwan*. Center for Strategic and International Studies.

Cronin, Richard. 2022. *Semiconductors and Taiwan's "Silicon Shield"*. Stimson Center.

Drun, Jessica. 2022. *Taiwan's Domestic Politics and the Future of Cross-Strait Relations*. Center for Strategic and International Studies.

Fukuda, Madoka. 2022. *Japan-Taiwan Cooperation in the Area of Economic Security: Strengthening Semiconductor Supply Chains*. EU-Asia project. Issue 2022/45.

Gordon, Susan M., Michael G. Mullen, and David Sacks. 2023. "U.S.-Taiwan Relations in a New Era: Responding to a More Assertive China." *Independent Task Force Report* No. 81. Council on Foreign Relations.

Hass, Ryan. 2022. *An American Perspective on the Role of Taiwan in US-China Relations*. Brookings Institute.

Hille, Kathrin and John Reed. 2023. "iPhone Maker Foxconn's Cautious Pivot to India Shows Limits of 'China Plus One'." *Financial Times*, August 14. 23

Hilpert, Hanns Günther, Alexandra Sakaki and Gudrun Wacker. eds. 2022. "Dealing with Taiwan." *SWP Research Paper No.9. Stiftung Wissenschaft und Politik*.

Hsiao, Hsin-Huang Michael. ed. 2022. "Assessing Trends and Demand Signals for Taiwan's New Southbound Policy and Building a US-Taiwan Coordination Mechanism." *TAEF Research Series No.010. Taiwan-Asia Exchange Foundation*.

Hsiao, Hsin-Huang Michael, Alan Hao Yang. 2022. "New Southbound Policy: Strategizing Taiwan's Warm Power Practice." *TAEF Research Series No.007. Taiwan-Asia Exchange Foundation*.

Hsiao, Hsin-Huang Michael, Alan Hao Yang, and Sana Hashmi. 2022. "Strengthening Taiwan-Southeast Asia Relations: Trends and Prospects." *TAEF Research Series No.009. Taiwan-Asia Exchange Foundation*.

Kennedy, Scott. 2022. "It's Moving Time: TTaiwanese Business Responds to Growing U.S.-China Tensions." Center for Strategic & International Studies.

Kennedy, Scott, Matthew P. Funaiole, Derek Mitchell and Bonnie S. Glaser. 2018. "The New Southbound Policy". Center for Strategic & International Studies.

Kuo, Raymond, Christian Curriden, Cortez A. Cooper III, Joan Chang, Jackson Smith, and Ivana Ke. 2023. *Simulating Chinese Gray Zone Coercion of Taiwan: Identifying Redlines and Escalation Pathways*. RAND Corporation.

Lahiri, Tripti and Yang Jie. 2023. "Venture Ended Due to 'Internal Issues'." *Wall Street Journal*, July 11, 23.

Liff, Adam P. and Ryan Hass. 2022. *Japan-Taiwan Relations: A Look Back on 2021 and Look ahead to 2022*. Brookings Institute.

Lin, Bonny. 2022. Enabling ""Patriots" to Be Masters of the Island: Evolution of Xi's

Policy on Taiwan Since 2013." *China Leadership Monitor* 73.

Lin, Bonny, Brian Hart, Samantha Lu, Hannah Price, and Matthew Slade. 2023. *Analyzing China's Escalation after Taiwan President Tsai's Transit through the United States.* Center for Strategic & International Studies.

Liu, Qianer. 2023. "Luxsare's Wins with Apple Make it Foxconn's Biggest Challenger." *Financial Times*, July 31, 23.

Marston, Hunter and Richard C. Bush. 2018. *Taiwan's Engagement with Southeast Asia is Making Progress under the New Southbound Policy.* Brookings.

Martin, Bradley, Laura H. Baldwin, Paul DeLuca, Natalia Henriquez Sanchez, Mark Hvizda, Colin D. Smith, and N. Peter Whitehead. 2023. *Supply Chain Interdependence and Geopolitical Vulnerability: The Case of Taiwan and High-End Semiconductors.* RAND Corporation.

McKinney, Jared M. and Peter Harris. 2021. "roken Nest: Deterring China from Invading Taiwan." *Parameters* 51(4).

Office of Trade Negotiations, Executive Yuan. 2017. "An Introductory Guide to Taiwan's New Southbound Policy."

O'Hanlon, Michael. 2022. *Can China Take Taiwan? Why No One Really Knows.* Brookings Institute.

Santoro, David and Ralph Cossa. 2023. "World After Taiwan's Fall." *Issues & Insights* 23(2).

Stokes, Jacob, Alexander Sullivan and Zachary Durkee. 2022. *Global Island: Sustaining Taiwan's International Participation Amid Mounting Pressure from China.* Center for a New American Security.

Tanner, Murray Scot. 2007. *Chinese Economic Coercion Against Taiwan.* RAND Corporation.

Tsai, Ing-wen. 2021. "Taiwan and the Fight for Democracy: A Force for Good in the Changing International Order." *Foreign Affairs* 100(6).

UN Comtrade. 2022a. Taiwan, Province of China Trade data. https://unstats.un.org/wiki/display/comtrade/Taiwan%2C+Province+of+China+Trade+data (검색일: 2022.7.7.)

_____. 2022b. https://comtrade.un.org/data (검색일: 2022.7.7.)

Vest, Charlie, Agatha Kratz, and Reva Goujon. 2022. *The Global Economic Disruptions from a Taiwan Conflict.* Rhodium Group.

Wuthnow, Joel. 2022. "Xi's New Central Military Commission: A War Council for Taiwan?" *China Leadership Monitor* 74.

제2부   기술동맹의 중견국 전략

제5장 일본과 대만의 반도체 기술협력과 외교전략

오승희(국립외교원)

* 이 글은 서울대학교 국제문제연구소와 한국국제정치학회가 지원한 연구프로젝트의 일환으로 수행되었으며, "실리콘 네트워크: 일본과 대만의 반도체 기술협력과 외교전략"이라는 제목으로 『국가전략』 29(3)에 게재한 내용임을 밝힌다.

I. 서론

이 글은 첨예화되는 미중 기술패권 경쟁 속 기술안보 네트워크 전략의 대표적인 사례로 반도체 산업의 핵심 행위자인 일본과 대만의 기술협력을 집중 분석한다. 코로나 팬데믹과 러시아-우크라이나 전쟁 이후 세계 공급망 불안정으로 각국의 생산역량을 높이는 동시에 전략적 네트워크 연결이 중요해졌다. 세계적 불확실성과 미국의 요구에 대응하기 위해 대표적인 동맹국이자 파트너인 일본과 대만은 정부가 재정적, 제도적으로 적극 지원하며 기술개발과 혁신에 사활을 건 산-관-학-연 연계의 국가전략을 추진하고 있다.

대만의 세계 1위 파운드리 기업 TSMC(台灣積體電路製造股份有限公司, Taiwan Semiconductor Manufacturing Co., Ltd.)는 1987년 대만 정부의 반도체 기술 프로젝트를 모태로 미국 대기업 텍사스 인스트루먼트에서 수석 부사장을 지낸 모리스 창(Morris Chang)이 설립했다. TSMC는 애플, 퀄컴, 엔비디아 등 세계 유수의 IT 기업이 설계한 반도체를 생산하며 성장해 왔고, 현재 세계 반도체 위탁생산의 50%, 10나노미터(nm) 이하 첨단 로직 반도체의 점유율은 90%에 달한다.

대만에서 반도체는 '실리콘 방패'다. 최근 미중 경쟁 속 대만의 지정학적 위기가 고조되는 상황에서 TSMC는 해외 공장을 건설하며 글로벌 입지도 강화해 가고 있다. 미국 애리조나(Arizona)에 첫 번째 공장에 이어 3nm 반도체 생산을 위한 두 번째 공장을 건설할 계획을 발표했다. 일본 구마모토(熊本)에도 두 개의 공장을 건설하기로 하였으며, 독일에 차량용 반도체 공장 건설, 인도 및 멕시코와도 투자를 논의 중이다.

1980년대 반도체 최강국이었던 일본은 반도체 소자를 제조하는

장비와 칩 소재 및 메모리 소자 제조 분야에서 세계 최고 수준의 기술을 보유하고 있다. 일본에서는 2019년경 미국 트럼프 행정부가 중국에 대한 강경한 태도를 강화하면서 '반도체 안정성 확보'에 대한 우려가 커지고 있었다. 2019년 여름, 히가시 데츠로(東哲郎, 전 도쿄일렉트론 회장, 현 라피더스의 회장)는 미국 IBM의 존 켈리 부사장으로부터 2nm 반도체의 '일본에서의 양산화'를 검토해 달라는 부탁을 받기도 했다. 일본 경제산업성은 일본 내 반도체 생산 능력 강화 방안을 모색하는 동시에 대만 측에 TSMC 공장의 일본 내 유치를 타진하기 시작했다(ダイヤモンド編集部 2023).

교섭 끝에 2022년 대만 TSMC는 구마모토에 반도체 공장을 설립하기로 하였고, 일본 정부는 TSMC에 공장 건설 비용의 절반인 4,760억 엔의 보조금을 지원하기로 했다. 특히 소니(SONY)의 참여가 협력을 가속화했는데, 소니는 스마트폰, 컴퓨터, 자동차용 이미지 센서에 특화된 일본 내 TSMC의 최대 고객이다. 구마모토의 첫 번째 공장은 12~28nm 범위의 차량용 반도체 생산을 2024년에 가동을 시작하는 것이 목표이다. 이어 TSMC는 구마모토에 두 번째 반도체 공장을 설립하기로 하였으며, 약 1조 엔을 투자하고 2020년대 말 완공하여 5nm 또는 10nm 제조공정을 적용할 예정이다.

미국과 중국의 패권경쟁이 심화되는 가운데 미국의 중국에 대한 첨단기술 규제를 통한 성장 동력의 제한조치가 이루어지고, 동맹국과의 팹4(Fab 4), 가치동맹, 다자간 협력 체제 모색, 그리고 미국의 기술 패권 강화 방안 등이 다차원적으로 구체화되면서 동맹국과 파트너국에 대한 요구가 강화되고 있다. 미국과의 협력을 유지하면서 동맹국 및 파트너 국가들과 연계하고 동시에 자국의 기술 주권을 확보해 가는 다층적 네트워크 전략이 구축되고 있다.

일본과 대만의 반도체 기술협력에는 양국의 외교안보 전략이 긴밀하게 작동하고 있다. 일본과 대만이 협력을 강화하는 데에는 지정학적인 인접성과 함께 중국의 대만 공격에 대한 위협이라는 공통인식이 존재한다. 적과 동지의 구분과 인식을 통해 군사안보와 경제안보, 기술안보가 연계되어 작동하고 있다. 이에 본 연구는 일본과 대만의 협력 사례를 구체적으로 분석하여, 다양한 이해관계자들의 복합적 중층적 네트워크 구축이 나타나고 있으며, 양국 정부의 네트워크 권력 확보를 위한 적극적인 지원 속에 일본과 대만 우호 관계가 심화되고 있음을 확인한다.

II. 기술협력 네트워크 구축

1. 기술 주권과 기술 민족주의의 강화

미국의 대중 견제는 미국의 동맹국과 파트너 국가들에 대해 뜻을 함께하는 동지국으로서의 협력을 강화하는 동시에 요구도 강화해오고 있다. 미국 바이든(Joe Biden) 정부는 전기차 공급망의 핵심 정책인 인플레이션감축법(Inflation Reduction Act, IRA)을 실시하여 2023년부터 완성차 업체는 북미 제조 배터리 부품(소재)을 50% 이상 써야 보조금을 받을 수 있도록 하였다. 미국은 '반도체 칩과 과학법(CHIPS and Science Act)'을 시행하여 미국의 반도체 경쟁력을 높이고 중국에 대한 우위를 강화하며, 보조금을 통한 글로벌 반도체 생태계의 재편성과 관리를 도모하고 있다. 반도체 생산지원금이 미국의 국가안보를 훼손하는 데 쓰이면 보조금 전액을 반환해야 한다는 '가드레일(Guardrail·안

전망)' 조항 등과 같은 관련 세칙을 마련하여 한국, 일본, 대만을 비롯한 동맹국에 압력을 가하고 있다.

미국의 이러한 움직임은 대만 TSMC의 미국 공장 건설이 확정되면서 더욱 가속화됐다. 대만 TSMC는 지난 2020년 애리조나에 120억 달러 규모의 칩 제조 공장을 건설할 것이라 발표한 후 2023년 8월 1차 칩 설비 건설을 완료했다. 본격적인 생산은 2024년으로 상정했다. 또한 애리조나 공장에 추가 지원을 결정하여 총 400억 달러(약 51조 원)를 투자하였고 2026년부터 첨단 3nm 공정 기술을 활용해 반도체를 생산할 예정이다. 그러나 최근 건설비와 인건비 상승으로 부지 조성과 장비 도입에 어려움을 겪고 있다.

게다가 미국은 초과수익의 공유, 지원금의 배당·자사주 매입 사용 금지, 재무 계획서 제출, 첨단 칩 공정에 대한 접근 등을 제시하고 있어 한국, 대만 등의 반도체 기업에 요구가 과도하다는 지적과 함께, 이러한 흐름은 장기적으로도 미국에 바람직하지 않을 수 있다는 지적이 제기되고 있다(Rattner 2023).

이에 한국을 비롯한 일본과 대만의 경우, 미국과의 협력을 유지하면서 동맹국 및 파트너 국가들과 연계하면서도 동시에 자국의 '기술 주권'을 확보해 가는 다층적 네트워크 전략이 필요한 상황이다. 여기서 기술 주권이란, 어떤 국가가 자국의 복지, 경쟁력에 없어서는 안 될 핵심적인 기술을 직접 공급하거나 다른 경제권으로부터 일방적인 구조적 의존 없이 조달할 수 있는 능력을 의미한다(Edler et al. 2020, 2-3).

일본과 대만의 협력은 미국과의 협력이라는 맥락에서 이루어지고 있지만, 동시에 미국과의 경쟁 및 미국으로부터 자국의 기술 주권을 확보하는 방식으로 이루어지고 있다. 미중 경쟁하에서 미국과 중국과의 관계를 전략적으로 고려해야 하는 중견국 기술 외교의 현황과 한계를 살펴본다.

2. 기술협력 네트워크

마누엘 카스텔(Manuel Castells)과 피터 홀(Peter Hall)은 저서『세계의 테크노폴: 21세기 산업단지 만들기』를 통해 '혁신 환경(innovative milieu)' 개념을 제시한 바 있다. 혁신 환경은 산업단지 내의 연구 및 산업 기능들 사이의 긴밀한 연계를 통한 시너지 발생과 지속적 혁신을 창출할 수 있는 사회적, 제도적, 조직적, 경제적, 공간적 구조를 의미한다(마누엘 카스텔, 피터 홀 2006, 9).

클러스터 구축의 혁신 환경을 이해하기 위해 네트워크 개념을 접목하여 살펴본다. 우선 노드와 링크로 구성된 네트워크 구조에서 중심성(centrality)을 살펴보면, 연결 중심성, 근접 중심성, 매개 중심성으로 나누어 살펴볼 수 있다. 연결 중심성은 다른 노드들과 연결된 링크의 수가 증가하는 것으로 관계 맺기가 이루어지는 형태로 살펴볼 수 있다. 근접 중심성은 최소의 링크로 가장 많은 노드와 소통할 수 있는가를 측정하며 관계의 질적인 거리를 평가하는 데 도움이 된다. 매개 중심성은 다른 노드들의 사이에 놓일 수 있는 정도로 중개 역할을 평가하는 데 도움이 된다(김상배 2012). 노드와 링크의 연계, 허브의 위치와 중심성의 구조를 파악함으로써 클러스터의 작동 방식을 이해할 수 있다.

이에 네트워크를 행위자별로 나누어 다층적으로 살펴볼 필요가 있다. 행위자별 네트워크 구조와 관련하여, Yeung(1994; 1998)의 연구는 기업 내, 기업 외, 기업 간 네트워크로 구분하고 있으며, Hiro Izushi(1997)의 연구는 일본 기업 내외 연계, 연결망의 혁신성 저해 요인을 검토하였다. Markusen(1996)은 지구(地區, district) 내 형성된 기업 간, 기업 관련 기관 간 관계를 구체화하여 지구 내, 지구 외 관계에 주목하였는데, 하나 이상의 지배적이고 외부 지향적인 기업을 중심으로 하는 허브 앤 스포크(Hub-and-Spoke)형 산업 지구, 외부 조직 링크에 포함된 연결되지 않은 지사 공장들의 집합체인 위성 플랫폼(Satellite Platform)형, 하나 이상의 공공 부문 기관에 초점을 맞춘 국가주도형(State-Anchored)형으로 유형화했다(Markusen 1996).

복합 구조 네트워크는 기업들의 전략, 산업구조, 이익 순환, 국가의 우선순위, 지역과 국내정치, 외부와의 관계 등 다양한 요인들에 의해 영향을 받는다(Markusen 1996, 309). 서로 다른 영역에서 서로 다른 정책도구를 사용하며, 이해관계가 어떻게 구성되어 있는가에 따라 서로 다른 대응이 가능하다(민병원 2009, 400). 또한 네트워크 중심적 시각은 양자 간 관계가 제3자 등 외부의 영향을 받는 '내재적(embedded)' 속성을 가진다는 점을 강조한다. 양자 간 관계가 제3자에 의해 영향을 받게 되는 '구조적 내재성(structural embeddedness)'의 속성으로 말미암아 정보의 확산, 명성 등과 같은 거시문화적 변수가 중요해진다(민병원 2009, 402).

이와 관련하여 주의할 것은, 일반적으로 네트워크는 상호의존을 강화하기 때문에 협력을 촉진시키는 구조적 요인으로 간주되지만, 경우에 따라 네트워크로 인하여 갈등과 분쟁이 악화되는 경우도 있다는 점이다(민병원 2009, 398). 카스텔의 최근 연구에서도 지적했듯이 국가, 지배, 기술, 그리고 전쟁과 평화는 항상 밀접하게 관련되어 있다. 그래서 그들은 계속해서 네트워크 사회에 존재하며, 위협 전략을 강화하고 선쟁을 만드는 비인간화를 완성하고 있기도 하다(Castells 2023).

이러한 맥락에서 그래노베터(Granovetter 1985)에 따르면 경제

주체가 행동 방식을 결정하는 데에는 순수한 경제적 동기보다는 경제
행위에 뿌리내리고 있는 사회적 여건, 상호 신뢰에 기초한 개인적 관계
에 의해 좌우된다고 한 점은 주목할 필요가 있다. 클러스터의 성공은
다양한 행위자 간의 수직, 수평적인 협력관계, 생산관계를 가져올 수
있어야 하며 네트워크에 기반을 둔 '상호작용'과 이를 통한 '신뢰 형성'
이 필요하다(임혜란 2007).

　　본 연구는 이상의 네트워크적 접근에 기반하여 일본-대만을 주축
으로 한 클러스터 형성 과정 추적하고, 기술 주권, 가치외교, 지방 창생
논의와 연계되어 나타나는 함의에 주목하고자 한다. 기업 내, 기업 간,
지구 내, 지역 간, 국가주도형 네트워크 구조 등이 다양하게 나타나고
있는 일본과 대만의 클러스터 구축의 초기 형성 과정에 집중하여, 구
축 과정에서 제기되는 문제들과 이에 대응하며 만들어지는 각종 제도
와 논의들을 살펴봄으로써 네트워크 형성의 특징과 한계를 살펴볼 수
있다. 기존의 테크노폴, 클러스터 정책에 관한 연구들에 가치외교와 규
범, 표준과 가치의 논의를 결합하여 바라봄으로써 최근의 국제정세 속
에서의 기술, 경제안보가 대두되는 배경과 특징을 살펴보고, 국제환경
변화 속 반도체 산업 클러스터링 전략 및 생태계 형성 전략에 대해 더
욱 잘 이해할 수 있을 것으로 기대한다.

III. 일본-대만 반도체 클러스터 구축

1. 일본과 대만 내의 반도체 클러스터

TSMC가 왜 일본의 구마모토를 선택했을까? 우선 지리적 요인으

로, 구마모토는 무엇보다 대만에서 가깝고, 지하수가 많아 수자원이 풍부하며, 원자력 발전소 가동과 재생에너지 보급 등 전력 공급이 비교적 안정적이다. 다만, 지진 발생 가능성이 높다는 위험 요인이 상존한다.

둘째, 일본 정부의 전폭적인 보조금 지원도 중요했다. 일본에게 규슈는 반도체 역사에서 중요한 지역이다. 1980년대 반도체 강국이었던 일본 내에서 반도체 공장이 밀집된 곳 중에서도 특히 규슈 지방의 반도체 지구를 미국 실리콘밸리를 따라 '실리콘 아일랜드'라 불렀다. 일본 반도체 제조업체는 세계 시장 점유율의 50% 이상을 차지했지만, 1986년에 발효된 '미일 반도체 협정'[1]의 제약과 이후 대만과 한국 기업의 부상으로 점유율이 약 10%로 하락했다. 일본은 반도체 산업의 '부활'을 위해 적극적인 보조금 정책을 시행하고 있으며, 특히 규슈는 실리콘 아일랜드 부활의 상징적인 장소이다. 일본 정부는 TSMC 구마모토 반도체 공장에 4,760억 엔을 지원하기로 했고, 과거 실리콘 아일랜드의 명성에 맞게 주변에 반도체 관련 기업과 공업 교육의 기반이 남아 있어 반도체 클러스터 형성에 적합하다.

셋째, 더욱 결정적인 이유는 TSMC와 SONY와의 협력이라고 할 수 있다. 보조금 지급이 어느 정도 예상되고 있었지만 협상은 쉽게 타결되지 않았다. 경산성과 TSMC의 협상이 지속되는 상황에서 SONY 반도체 자회사 대표인 시미즈 테루시(清水照士)와 TSMC 부사장 리쥔시엔(李俊賢, 조나단 리)의 사업자 간 협의가 이루어지면서 협상이 급물살을 탔다. 물론 이들의 개인적 친분이 협상 타결에 도움이 되었다

---

1   공식 명칭은 미국 정부와 일본 정부 간의 반도체 무역에 관한 협정(영문: Arrangement between the Government of Japan and Government of the United States of America concerning Trade in Semiconductor Products, 일문: 日本政府と米国政府との間の半導体の貿易に関する取極)이다.

(ダイヤモンド編集部 2022). 그러나 좀 더 근본적인 것은 두 기업 간 이익구조가 서로에게 도움이 되는 부분이 존재했다는 점이다. SONY는 아이폰에 탑재되는 카메라에 들어가는 이미지 센서의 주요 공급자로, 이 때문에 2022년 12월 13일, 미국 애플사의 팀 쿡(Tim Cook) CEO가 기쿠요마치(菊陽町)의 SONY 공장을 방문하기도 했다. 구마모토 기쿠요마치는 SONY의 주요 생산 거점이며, TSMC가 신설 공장에서 12인치 웨이퍼 월 4만 5천 장을 생산하면, SONY가 스마트폰 카메라 등에 탑재되는 이미지 센서에 생산된 반도체를 사용하는 것만으로도 수요-공급 구조가 충분하여 TSMC로는 안정적인 운영을 기대할 수 있다는 계산이다.

TSMC와 SONY의 협력은 일본 내 다른 기업들과의 협력으로도 확장되고 있다. 인접한 제2공장에는 TSMC의 자회사 JASM(Japan Advanced Semiconductor Manufacturing)이 반도체 공장 건설을 추진하고 있는데, JASM에는 SONY와 자동차 부품 대기업인 Denso도 출자하고 있으며, 2024년에는 도요타도 신규 투자자로 합류하기로 했다.

구마모토 이외에도, 반도체 강국으로의 부활을 위한 일본 정부의 적극적인 지원은 일본 전역에서 나타나고 있다. 일본 정부는 일본의 에너지 환경 분야와 신산업 기술 연구를 총괄하는 기관인 '신에너지·산업기술 종합개발기구(New Energy and Industrial Technology Development Organization, NEDO)'에 6,000억 엔 규모의 차세대 반도체 개발 기금을 조성해 첨단 반도체 생산시설 조성 비용을 지원하고 있다.

일본 경제산업성은 대만 TSMC와 자국의 20여 개 기업이 함께 일본 이바라키현(茨城県) 쓰쿠바시(つくば市)에 반도체 연구 거점을 조성하는 방안을 발표했다. 해당 사업에는 총 370억 엔이 투입되며, 이

중 일본 정부는 190억 엔을, TSMC가 나머지 약 180억 엔을 부담한다. 쓰쿠바시 연구개발센터에는 기존의 후공정 기술을 보유한 일본 업체인 이비덴을 비롯해 미세배선 재료 업체 아사히 카세이, 장비 업체 시바우라 메카트로닉스, 키엔스, 디스코, JSR. 스미토모 화학, 세키스이화학공업, 니토덴코, 후지필름, 미쓰이 화학, 도쿄오카 공업, 도쿄대학교, 산업기술종합연구소 등 일본 내 20여 개의 반도체 관련 기업·연구기관이 참여 중이다. 기술안보는 연구개발이 관건인 만큼 산-관-학-연 네트워크 구축이 강화되고 있다.

일본 홋카이도(北海道) 치토세(千歳)에는 일본 기업 간의 협력으로 구축된 '라피더스(Rapidus)'의 공장 건설이 이루어지고 있다. 라피더스는 소니·도요타·키옥시아·NTT·소프트뱅크·NEC·덴소·미쓰비시UFJ 등 일본 8개 대기업이 첨단 반도체의 국산화를 위해 설립한 합작 기업이다. 물과 전기의 공급이 안정적이고, 공항과 항구 등 교통인프라의 접근성이 우수하며 국내외 인재가 쉽게 모일 수 있다는 점이 홋카이도를 선택한 이유로 알려져 있다. 일본 정부가 3,300억 엔을 지원할 계획이다. 일본 미에현(三重県) 욧카이치시(四日市市)에도 일본 반도체 기업 키옥시아(KIOXIA)의 공장 건설이 이루어지고 있으며 일본 정부의 보조금이 지급된다. 일본 자국 기업의 반도체 역량 강화와 지역 거점의 다각화가 이루어지고 있음을 알 수 있다.

또한 미국의 메모리 반도체 기업 마이크론 테크놀로지(Micron Technology Inc.)도 일본 히로시마현(広島県)에 공장을 건설하기로 했다. 마이크론은 히로시마 공장에 약 1,394억 엔을 투자해 반도체 제조 설비를 새로 건설하고, D램(DRAM) 최신형을 양산하기로 했다. 역시 일본 정부가 최대 464억 엔을 지원하기로 했다. 투자 규모는 계속 증가하고 있는데, G7 히로시마 정상회의 개최를 계기로 산자이 메로트라

(Sanjay Mehrotra) 마이크론 CEO는 향후 수년간 일본에 최대 5,000억 엔을 투자해 히로시마 공장에서 차세대 반도체를 생산하겠다고 밝혔다. 일본 정부 또한 2,000억 엔 규모의 보조금을 지급한다. 인근 히로시마대학(広島大学)과 협력하여 인재와 연구·개발 역량을 확보해 나간다.

한편, 대만의 TSMC는 미국, 일본 등의 해외 공장 건설은 물론 자국 내에서도 최첨단 생산 공장을 건설하고 있다. 대만에서 반도체 산업은 나라를 지키는 신의 무기인 '호국신기(護國神器)'다. 대만의 반도체 산업은 수출의 37%, 국가 GDP의 17%를 차지했으며 TSMC는 대만 대학생들에게 '꿈의 기업'이다. 파운드리 분야 3위인 UMC를 비롯해 반도체 설계 분야에서는 미디어텍과 노바텍, 리얼텍과 하이맥스 등 세계 10대 업체 중 네 곳이 대만 기업이다.

TSMC는 자체 사업 없이 주문 받은 물량만 생산하는 파운드리 방식을 채택하여 기술 유출 우려가 없었고, 삼성전자로부터 애플의 애플리케이션 프로세서(AP) 생산 물량을 확보하며 급성장했다. TSMC의 등장으로 반도체 생태계가 설계만 하는 팹리스와 이들의 제품을 양산하는 파운드리로 분리하는 생태계가 만들어졌다. 또한 대만계 기업인들도 세계적으로 활약하며 대만의 영향력을 높이고 있다. 젠슨 황(Jensen Huang) 엔비디아 CEO, 리사 수(Lisa Su) AMD CEO, 빅터 펭(Victor Peng) 전 자일링스 CEO 등 강력한 대만 반도체 인적 네트워크를 구축하고 있다(한국일보 2022).

대만 내에는 북서부의 신주(新竹), 중부, 남부 과학공업단지가 조성되어 있으며 6개 사업지구를 추가로 개발할 예정이다. 이 중 신주공업단지의 바오산(寶山) 제2지구, 타이중(高雄) 제2지구, 남부과학단지의 가오슝(高雄) 제3지구에 반도체 관련 클러스터가 조성될 예정이다

(經濟日報 2023).

이 중에서도 대만에서 가장 대표적인 산업단지는 신주과학단지이다. TSMC가 새 공장을 짓고 있는 신주과학단지에서 남서쪽으로 약 60km 떨어진 롱탄의 한 공터에서 TSMC는 이곳에 건설 중인 4개의 반도체 생산라인을 활용해 2025년까지 최첨단 2nm 반도체를 생산할 계획이다.

또한 TSMC는 대만 남부 가오슝 지역에 약 10년 전에 가동을 중단한 옛 정유공장 부지에 새로운 첨단 반도체 공장을 건설하기로 했다. 남부 가오슝 난즈 산업단지(楠梓産業園區)다. TSMC는 원래 가오슝에 두 개의 팹을 건설하여 각각 7nm 및 28nm 공정을 생산할 계획이었지만, 대만의 자체 설비 투자와 비교하면 28nm 공정은 대만보다 일본에서 더 효율적이라고 판단했다. 스마트폰 및 PC와 같은 소비자 시장의 수요 약세로 인해 고객들이 재고를 계속 조정하여 7nm 용량의 공급 과잉을 초래했다는 점에서 유지하면서 추가로 첨단 공장을 설립하는 것으로 조율하고 있다.

대만에서도 산-관-학-연 연계가 적극적으로 추진되고 있다. 대만 국립중산대(國立中山大學)는 '반도체 및 중점과학기술 연구학원'을 설립하여 반도체 후공정과 정밀전자부품 분야를 전문적으로 육성하며 TSMC에서 현장실습을 실시한다(自由時報 2023c).

2. 구마모토 클러스터 조성 과제와 대응

1) 생산 기술 선정 문제

일본과 대만 간 반도체 기술협력 논의는 인적 네트워크를 기반으로 시작되었다. 2018년 도쿄대 고노카미 마코토(伍神眞) 총장이 대

만을 방문하여 TSMC 모리스 창과 만나 일본-대만 간 협력의 필요
성을 논의했고, 이를 계기로 2019년 9월 10일 도쿄대 디자인연구센
터(d.lab, 디라보)가 발족되고 2020년 8월 첨단시스템기술연구조합
(RaaS, 라스)이 출범했다(太田泰彦 2022, 187).

　TSMC의 일본 내 공장 건설에 관해서는 협력의 의지는 확인되었
으나, 생산할 반도체를 선정하기가 쉽지 않았다. 대만은 기술 유출의
염려로 첨단 하이엔드 반도체의 연구개발과 제조는 대만에 남겨두고
성숙한 공정은 외국과 협력하며 환경 보호, 물과 전기, 토지 확보 문제
를 해결하며 대만 산업의 부가가치를 높이고자 했다. 결과적으로 구마
모토 기쿠요마치 신공장에서 회로선폭 22~28nm와 12~16nm의 로직
반도체를 생산하기로 결정했다.

　일본 내부에서는, 사실상 SONY에서 필요로 하는 반도체 생산에
집중된 구마모토 공장에 왜 정부의 세금이 막대하게 투자돼야 하는가
라는 질문이 제기되었다. TSMC가 SONY의 생산량만으로도 공장 투
자를 안정적으로 검토할 수 있었기에 타결될 수 있었지만, 이후 생산
공정의 다양화와 첨단화가 필요하다는 지적이다. 이에 2021년 11월
에는 22~28nm만 계획했으나, 2022년 2월에 12~16nm를 추가했다.
TSMC의 일본 내 자회사로 공장 건설과 운영을 담당하는 JASM(Japan
Advanced Semiconductor Manufacturing)을 설립하고, JASM에 출자
한 SONY 그룹과 덴소(Denso)에 생산된 반도체를 공급하는 방식으로
진행되었다.

　JASM은 TSMC의 해외 진출 사례 중 드물게 합작회사 형태를 취
하고 있다. 소니세미컨덕터솔루션(Sony Semiconductor Solutions
Group)은 약 20%, Denso는 10% 지분을 취득하고 있다. SONY는
스마트폰 등에 쓰이는 이미지센서의 세계 1위 제조사이고, Denso는

TOYOTA 등 자동차 메이커에 부품을 납품한다. 일본 기업 납품 목적이다 보니 생산 공정은 22~28nm 및 12~16nm로, 5nm 이하 경쟁을 벌이고 있는 최첨단 공정은 아니다. 그러나 일본에 필요한 반도체를 최대한 빠르게 일본 내에서 자급하고, 관련 제도를 정비하며 최대한 빠른 속도로 일본의 경제성장 동력으로 삼겠다는 계획이다(国会会議録検索システム 2022a).

> 니시무라 야스토시(西村康稔) 일본 경제산업상: 이번에 TSMC가 투자하여 구마모토에 JASM가 공장을 건설하고 있습니다만, 미국과 비교해 볼 때 우선 공사 속도가 매우 빠릅니다. 3년 걸리는 곳을 절반 정도로 줄여 지금 건설사가 총력을 기울이고 있고, 보조금 등의 절차도 일본은 작년에 법률을 만들어 올해 보조를 실시하는데, 미국은 얼마 전에 법률이 생겼다는 것과 비교해, 그런 점도 평가를 받고 있습니다.
> 저희로서는 빠른 의사결정과 신속한 대응이 매우 중요한 과제라고 생각합니다. 예산뿐만 아니라 제도 면을 포함해서 GX 등의 과제를 성장의 엔진으로 바꾸어 나가야 합니다. 인재, 스타트업, 경영 개혁은 세계가 엄청나게 빠른 속도로 진행되고 있기 때문에, 이에 제대로 적응할 수 있도록 민간의 투자를 이끌어 낼 수 있도록 이번 예산, 다양한 제도 개혁을 포함하여 계속 신속하게 대응해 나갈 것이며, 기업 측에도 경제계에도 그러한 대응을 촉구해 나갈 것입니다.

비록 최첨단 공정은 아니지만, SONY는 스마트폰 카메라 등에 사용되는 이미지 센서용으로, Denso는 자동차 전자제어장치(ECU)용 마이크로컨트롤러용으로 사용할 수 있다. 2022년 12월 말 양산을 시작한 최첨단 3nm에 비해서는 몇 세대 뒤처지지만, 10~20nm급은 향후 자율주행 자동차 등에 사용될 수 있어 수요가 증가할 수 있다.

일본 정부와 기업은 구마모토 공장 건설 과정에서 문제가 발생할 때마다 관련 제도들을 보완 및 수정하며 대응하고 있다. 무엇보다 10년 걸릴 공사를 2년 반 만에 건설하겠다는 속도전이 이루어지고 있다. 여전히 첨단공정이 아니라는 불만과 우려가 있었지만, 구마모토 제2공장 추가와 쓰쿠바 연구단지에서의 기술혁신을 강조하며 지역 내에서의 인재 육성을 통한 미래 인재 양성 계획도 추가해 나가고 있다. 가바시마 이쿠오(蒲島郁夫) 구마모토현 지사는 "일본이 리더가 될 수 있다는 믿음"이 중요하다고 강조한다. 라피더스 역시 사회적 책임을 강조하고 있다. 과연 국가적 목적과 사회적 책임을 끌어안은 국가주도형 기업과의 협력 모델은 성공할 수 있을 것인지 구마모토 협력 사례에서 나타나는 다양한 문제제기와 수정 및 보완 과정을 살펴볼 필요가 있다.

2) 산업용지 및 주거 지역 문제

구마모토현에 반도체 소재, 장비 기업들이 몰리면서 산업단지 용지가 부족해지자 구마모토현은 조례를 변경하여 산업용 용지를 20만m² 이상 늘리기로 했다. 2022년에는 전국에서 기쿠요마치의 지가가 일본 전국에서 가장 가파른 상승세를 보이기도 했다(熊本日日新聞 2022d).

또한 대만에서 젊고 우수한 엔지니어들이 이주하면서 초등학생 등 어린이를 동반하는 경우가 많아지고 있다. 2023년 7월 기준 구마모토에 거주하는 73만 명의 시민 중 외국 국적을 가진 시민은 7,868여 명으로 집계되었다(熊本市 2023). 앞으로도 구마모토에 대만인 거주자가 많아질 것으로 예상되는 가운데, 구마모토는 2023년 조례 개정을 통해 구마모토 시민의 정의에 "외국 국적을 가진 자"를 포함하고자 했다(熊

熊本日日新聞 2023b).

일본 내 소자화와 고령화로 인한 인구 감소와 중국인, 대만인을 비롯한 외국인 거주자가 증가하는 상황을 고려할 때 구마모토의 조례 개정안은 향후 인구문제에 대한 일본의 대응 측면에서 새로운 시도로 주목받았다. 그러나 개정안 공고 후 선거권과 정치참여에 대한 우려가 제기되며 약 1,888건의 반대 의견이 쇄도했다. 외국인에게 선거권을 부여하는 것이 아니라, 지진 훈련이나 생활상의 협력이 필요하기 때문이라고 설명했지만, 결국 관련 문구를 포함하지 않기로 했다. 의견을 제시한 1,476명 중 주민은 457명으로 구마모토 외부의 의견이 좀 더 많았는데, 외국인 시민과 관련된 제도 변화가 구마모토에 그치지 않을 것이라는 우려 때문이었다(熊本日日新聞 2023b).

그 밖에도 지가 상승 및 고급 인력의 집중으로 인한 단지 역내 네트워크와 역외 네트워크와의 관계에서도 갈등 요소들이 존재한다. 특히 TSMC가 공장 건설을 감안한 이유이기도 했던 구마모토의 풍부한 지하수도 문제가 되고 있는데, 반도체 제조 과정에서 대량의 물을 사용하면서 지역 주민들의 우려가 지속되고 있다. 이에 JASM은 신공장이 하루 1만 2천m^2의 지하수를 채취할 계획이며, 이는 구마모토와 주변 11개 시청촌 취수량의 3% 미만에 해당한다고 밝히며 안심시키고자 했으나, 여전히 물의 재활용 문제와 폐수처리 문제 등에 대한 우려가 상존하고 있다(熊本日日新聞 2022b).

구마모토 지역의 지진과 재해와 관련된 우려도 지속적으로 나타나고 있다. 구마모토 지역에서는 2011년 동일본 대지진과 2016년의 진도 7의 구마모토 대지진으로 반도체 공장 가동이 멈춘 바 있다. 1초만 멈춰도 피해가 막대하기 때문에 공장 분산 계획 및 대체 가동, 보험 등과 관련된 지진과 관련된 조치들을 마련하고 있다. 그 밖에 도로 건

설 및 공항 확장, 국제학교 신설 등 각종 생활 인프라 지원에 대한 논의
도 지속되고 있다.

3) 인력 양성 문제

인재 부족은 공장 건설 이후 반도체 공장 가동에 가장 큰 난관이
될 것으로 전망된다. 구마모토 지역에서도 매년 약 1,000여 명의 인력
이 부족한 것으로 측정된다. JASM은 대만의 TSMC 본사에서 파견되
는 기술자 320명, JASM에 출자한 SONY 그룹에서 파견되는 기술자
200명, 신입 및 경력 신규 채용 약 700명, 아웃소싱(외주) 약 500명 등
총 1,700명 규모를 채용할 예정이다(熊本日日新聞 2022a). 현 내에서
는 최대 7,500명의 신규고용이 가능할 것으로 추산된다(熊本日日新聞
2023c).

특히 JASM은 일본 내부에서 인재 채용에 적극적으로 나서며, 현
지 대졸 기술자의 평균 초임보다 100만 원 가까이 높은 임금을 제시했
다(熊本日日新聞 2022a; 헤럴드경제 2023). 구마모토현이 2021년 4월
종업원 50명 이상의 197개 사업장을 대상으로 조사한 결과 현지 대졸
기술자의 초임은 평균 19만 4,443엔, 500인 이상 대규모 사업장의 경
우 20만 9,730엔으로 나타난다(아시아경제 2022). 구마모토 신공장 급
료는 2024년 기준으로는 약 1인당 28만 엔, 석사졸업자 32만 엔으로
추산하고 있다(熊本日日新聞 2023c). 우수 인재 확보를 위해 서류 작
성 업무가 적고 실무에 집중할 수 있다는 장점을 홍보한다(아시아경제
2022). JASM의 적극적인 인재 채용 계획으로 인해 다른 기업들로부터
인재 쏠림 및 평균임금 상승으로 인한 우려도 제기됐다. 전반적으로 부
족한 반도체 인재 육성을 위해 산업계 차원의 중장기적인 계획이 필요
하다는 지적이다(熊本日日新聞 2022a).

중장기적 대안으로, 산학협력은 인력 부족에 시달리고 있는 반도체 및 기술 분야에 대한 관심을 높이고 관련 분야로의 취업 및 훈련의 계기가 될 수 있다는 점에서 중요하다. JASM은 지역 대학 출신 채용을 중시하며 인재 유출을 방지하고자 한다. 신입사원 예정자 중 지역 내 구마모토대(熊本大學), 소조대(崇城大学) 졸업생들이 포함되어 있고, 이공계는 물론 문과 출신도 모집하고 있다(熊本日日新聞 2022c).

연구 협력과 인재 육성은 중앙정부와 지방정부의 지방 창생 정책과 연결된 복합 네트워크의 구축으로 나타나고 있다. 구마모토현은 8개 고등전문학교에 반도체 제조·개발에 관한 교육 과정을 신설하였고, 구마모토대는 2024년도까지 반도체 학과를 신설하기로 하고, 문부성에 허가를 받아 학제를 재편한다. 또한 구마모토 대학원에 반도체 교육·연구 센터를 신설한다. 신설 반도체 학과 정원 수는 학년당 총 60명 수준으로 커리큘럼은 반도체 설계·생산 교육 과정과 디지털전환

산업계 조직 **JEITA**	교육기관 조직	국가조직 文部科学省 / 経済産業省
JEITA의 반도체 인재육성의 조직 ✓ 전국 반도체인재육성 프로젝트 (특강, 공장견학, 전문고 커리큘럼 책정에 공헌 등) ✓ 국내최대급 IT견본시인 <CEATEC>에서 반도체 인재육성 포럼 개최	전문고, 대학의 반도체인재육성의 조직 ✓ 전문고등학교에서 반도체 기반을 학습하는 커리큘럼 실시(사세보 전문고, 구마모토 전문고) ✓ 대학에서 연구개발을 통한 종래 반도체 산업 인출하는 인재 육성(도쿄공업대, 도쿄대, 도호쿠대 등)	디지털인재육성 추진협의회 (목적) 성장분야의 국제경쟁력을 지지하는 디지털 인재의 산학관연계에 의한 육성 ✓ 산학관 연계에 의한 대학, 전문고의 디지털 인재육성 기능의 강화 검토 ✓ 지별 디지털 인재수요파악 및 검토, 산업육성 촉진 검토

지역단위조직 　※ 금후 간토, 홋카이도에도 전개 예정

규슈 반도체 인재육성 등 컨소시엄	도호쿠반도체·일렉트로닉스 디자인 연구회	중국지역 반도체 관련 산업 진흥협의회	중부지역 반도체 인재육성 등 연락협의회
(산) 소니, JASM 등 (학) 규슈대, 구마모토대 등 (관) 규슈경제산업국 등 고등전문학교의 출전강좌, 교원대상 연수회 실시	(산) 키옥시아 신진 등 (학) 히로시마대 등 (관) 도호쿠 경제산업국 등 반도체산업PR, 반도체강습회, 인턴 등의 조직 검토	(산) 마이크론 등 (학) 후쿠야마대 등 (관) 중국경제산업국 등 커리큘럼고도화, 특별강의, 워크숍 등 조직 검토	(산) 키옥시아 등 (학) 나고야대 등 (관) 중부경제산업국 등 공장견학회, 인턴십, 특별강의 등 조직 검토

연구기관(LSTC)조직 　　 추가

✓ 2020년대 후반에 차세대 반도체 설계, 제조기반의 확립을 향해, 이들을 담당하는 프로페서널, 글로벌 인재육성을 목표로 함
✓ 반도체의 회로설계에서 최첨단 패키징, 양산 프로세스에 이르기까지 꿰뚫는 인재 육성 검토

그림 5.1 빈도체 인재육성 전략

출처: 経済産業省商務情報政策局(2023, 181).

관련 교육과정 등으로 구성되며 TSMC가 요구하는 기술들이 반영될 예정이다. 졸업생들은 향후 TSMC로 취업하는 데 유리하다(매일경제 2022).

일본 정부가 발간한 반도체, 디지털 산업전략에서도 일본의 산업계, 학계, 지역, 국가, 연구기관이 상호 연계되어 조직적으로 인재를 양성하는 방안을 제시하고 있다. 산업계에서는 기업체들과 전자정보기술산업협회(JEITA)를 중심으로 인재 육성 조직을 지원하고, 지역별 전문고등학교와 대학, 문부과학성과 경제산업성, 지방자치단체의 협력을 추진한다. 반도체 공장 및 인프라건설 이후 실제로 이를 운용할 수 있는 인재 확보 및 중장기적 차세대 인재 양성이 향후 반도체 전략의 성공 여부를 결정하는 관건이 될 것이다.

IV. 일본과 대만의 복합 네트워크 전략

1. 국가주도형 다층적 네트워크 연계

구마모토 공장 건설과 관련된 논의 및 협의가 이루어지는 동안 일본은 아베 신조(安倍晋三) 내각에서 스가 요시히데(菅義偉) 내각, 그리고 기시다 후미오(岸田文雄) 내각으로 변경되었다. 아베는 사망하였지만, 아베의 중국과 대만에 대한 인식 그리고 자유롭고 열린 인도태평양(FOIP)으로 대변되는 글로벌 지역구상과 일본의 역할에 대한 인식은 지속되고 있다.

미중 경쟁이 심화되고 코로나19로 인해 공급망 위기가 나타나면서 반도체를 포함한 첨단기술과 관련된 국가전략 마련이 긴요해졌다.

아베의 경우 2018년 중일 관계 개선의 분위기가 조성되었으나, 코로나 19로 인해 추동력을 상실했다. 반면 아베 전 총리는 친대만파임을 표출하였고, 자민당 내에서도 아베를 포함한 당시 호소다파와 아소 다로(麻生太郎) 부총리를 포함한 아소파는 중국 대륙보다는 친대만파적 성향을 가지고 있다고 할 수 있다. 한편 자민당 간사장이었던 니카이 도시히로(二階俊博)는 중국과 소통할 수 있는 파이프라인으로 인식되고 있었으며, 친중국파적 성향을 가지고 있었다.

이는 하나의 중국 문제, 중국과 대만의 관계에 대한 인식과도 밀접하게 연결된다. 아베 전 총리는 대만 차이잉원(蔡英文) 총통과 가까운 사이임을 온·오프라인 교류를 통해 지속적으로 발신하였다. "대만 유사(有事)는 일본 유사이고 미일 동맹의 대상"이라는 발언은 대만과 일본의 우호의 메시지로 활용되었고, 대만 문제는 일본에도 안보상 중요한 문제임을 각인시켰다. 대만 정부는 2022년 갑작스런 총격으로 사망한 아베 전 총리에게 조의를 표하며 타이베이 101에 추모 메시지를 올리기도 했으며, 가오슝에 아베 총리 동상을 만들어 '일-대 우호' 메시지를 전달하고 있다.

중국과 대만에 대한 일본 정부의 인식은 하나의 중국을 이해하고 존중한다는 것이 기본입장이지만, 2022년 스가 총리와 바이든 대통령의 공동선언에서 대만에 대해 중국과 별개의 존재로 인식하는 표현들이 등장하고 있었다. 특히 대만을 국가로 구분하는 것에 대한 논란이 제기되었다.

2022년 8월 낸시 펠로시(Nancy Pelosi) 하원의장이 대만을 방문하고, 차이잉원 총통이 미국을 경유하면서 미국 주재 대만 정부 기관을 방문하고, 케빈 매카시(Kevin McCarthy) 하원의장과 회동한 것에 대해 중국의 불만이 고조되었다. 일본의원연맹은 미국보다 더욱 빈번하게 대만을 방문하여 대만 지도부와 만나왔다. 일본과 대만은 외교관계를 맺고 있지는 않지만, 일본은 대만이 WHO 총회 옵저버(observer)로 참여하도록 돕고자 하였고, 미국보다는 자유롭게 의원들과 주요 관료들의 왕래가 이루어지고 있다.

2023년 8월 8일 아소 자민당 부총재는 대만을 방문하여 대만해협의 평화와 안정의 중요성을 강조하며 "일본, 대만, 미국을 비롯한 모든 국가는 매우 강력한 억지력을 발휘할 준비가 되어 있어야 한다. 싸울 준비가 되어 있다"고 발언했다. 중국은 엄중한 교섭을 제기하며 강력히 항의했다. 일본주재 중국 대사관은 대만 문제는 중국 내정으로 "일본 일부 사람들이 중국 내정과 일본의 안보를 연결하려 한다면 일본을 다시 한번 잘못된 길로 이끌게 될 것"이라고 경고했다.

일본과 대만의 관계에서, 개인의 역할과 인적 네트워크가 산-관-학-연 관계 강화를 견인해왔다. 정치계에서 아마리 아키라(甘利明)는 일본 자민당 중의원인 세키 요시히로(関芳弘), 고바야시 다카유키(小林鷹之), 야마기와 다이시로(山際大志郎) 등과 '반도체전략추진의원연맹'을 설립하여 TSMC로의 거대한 보조금 지급이 가능하도록 법률 개정을 이끌었다. 경제산업성의 노하라 사토시(野原諭), 수상관저의 아라이 마사요시(荒井勝喜) 총리비서관, 학계에서는 도쿄대학의 고노카미 마코토(伍神真) 총장과 구로다 다다히로(黒田忠広) 교수, 산업계에서는 라피더스에 참여를 결정한 기업 최고결정자들이 대만과의 협력 강화 및 네트워크 구축에 주요한 역할을 담당했다(ダイヤモンド編集部 2023).

2. 기술 주권 확보와 상호보완

반도체를 비롯한 첨단 과학기술과 산업에 대한 주요 국가들의 보조금 지원이 이전에 없던 규모로 대폭 증가되고 있다. 정부 주도의 지원이 불가피한 상황에서 기술민족주의적 대응(techno-nationalist responses)과 국가중심적인 특징이 나타나고 있다. 기술 주권론과 관련된 논의들을 접목하여 핵심 기술을 선정하고 지원하는 방식, 선정 분야, 다른 행위자들과의 관계 흐름의 특징을 통해 새로운 차원의 클러스터 구축과 협력 모델로 방안을 모색하고 있다.

일본은 1980년대 '실리콘 아일랜드 규슈'를 필두로 반도체 산업에 앞서 있었다. 일본의 반도체 산업 붕괴 과정에서 미일 반도체법이 중요했으며, 향후 일본 반도체 산업의 부활 가능성도 미국과의 관계에 주목해서 살펴볼 필요가 있다. 일본은 과거 반도체 선진국이었으나 1985년 미국 반도체산업협회(SIA)의 무역제소, 1986년 제1차 미일 반도체 협정, 1991년 제2차 미일 반도체 협정 체결 등으로 일본 기업은 미국에 대한 저가 반도체 수출을 중단하고 미국 내 반도체 시장 점유율을 절반 이하로 유지하며 일본 내 반도체 업체 점유율을 높여야 했던 역사가 있다. 이후 1990년 중반부터 시장지배력이 약화되었고, 1997년 동아시아 금융위기와 2000년대 초반 실리콘 사이클 하강 국면으로 구조조정되면서 일본 반도체 쇠락을 경험한 바 있다.

일본이 현재 반도체 분야의 선도주자인 대만과 협력하여 다시 반도체 산업의 부활을 모색하고 있는 것도 미중 경쟁과 미국과의 협력이라는 기회를 활용할 수 있다는 데 기인한다. 또한 일본은 대만과의 협력을 둘러싸고 제기되는 다양한 문제들을 해소하기 위한 방안으로 미일 협력과 라피더스를 적극 활용하고 있다. 기업 간 네트워크를 내세

운 일본 정부의 반도체 강국 부활 시도로 첨단 반도체 개발과 대만 문제에 대한 우려, 미일 협력의 강조로 대응하고 있다. 2022년 5월 미일 정상회담을 통해 정부 간 반도체 협력의 기본 내용에 합의하였고, 당시 경제산업상이었던 하기우다 고이치(萩生田光一)가 미국을 방문해 IBM의 올버니 연구소를 시찰했고, IBM의 다리오 길(Darío Gil) 리서치 수석 부사장도 일본을 방문하여 기시다 총리를 면담하는 등 미일 간 다층적 협력이 전개되었다(ダイヤモンド編集部 2023).

또한 라피더스는 홋카이도에 차세대 반도체 공장을 건설하여 인재를 모으고 2nm 공정의 반도체를 2027년부터 양산하겠다는 계획을 발표했다. 5조 엔을 투자하며 자국의 기술 주권 강화를 위한 기업 간 네트워크 구축 방안을 모색하고 있다. 대만은 미국 애리조나 공장 건설에 400억 달러를 투자하고 있으나, 높은 생산비와 인력 부족으로 공장 가동을 2025년으로 1년 늦추기로 했다. 대만 자국 내에도 신규 공장 3개를 건설하며 핵심 기술 개발을 강화해 나가고 있다.

이와 같이 일본과 대만은 미국과의 협력을 기반으로 개별 국가의 기술 경쟁력을 강화해가고 있다. 중국으로부터의 의존도 감소와 미국의 제약으로부터 자율성을 확대하는 기술 주권 확보 및 확대가 전략적으로 중요해졌다. 이 가운데 일본과 대만의 협력은 상호보완적 기술 보완으로 협력이 가능한 구조를 형성하고 있다. 미중 모두로부터의 기술 주권 강화라는 공통의 과제를 해결하기 위한 공동 노력이 가능한 부분이기도 하다.

일본은 반도체 소재, 부품, 장비 및 낸드 플래시 메모리 제조 분야에서 국제적인 경쟁력을 갖추고 있다(Lim 2023, 50-51). SONY는 2020년 세계 시장 점유율 47.6%를 기록한 세계 최고의 이미지 센서 회사이고, 특히 일본은 백엔드 공정(웨이퍼 절단, 전극에 칩 연결, 폴리머 패키징 등)에 강점이 있다. TSMC는 로직 반도체 생산, R&D, 웨이퍼의 회로 패턴 및 생산 기술 분야를 선도한다. TSMC는 1997년에 일본에 자회사를 설립한 이래로 일본의 반도체 생태계에서 오랜 역사를 가지고 있으며, 2019년에는 글로벌 고객에게 서비스를 제공하기 위해 TSMC 일본 디자인 센터를 설립하고 이바라키에 위치한 일본 3DIC 연구 개발 센터와 첨단 패키징 기술 분야에서 협력하고 있다.

일본은 칩을 최종 제품 기술과 통합하는 데에도 강점을 가지고 있다. 특히 일본 자동차 산업은 일본과 대만의 협력을 가능성과 확장성을 보여준다. 미쓰비시 전기는 전기 자동차용 반도체 수요 증가에 대응하기 위해 구마모토현의 새로운 웨이퍼 공장에 1,000억 엔을 투자할 것이라고 밝혔다. 새로운 공장은 기쿠치시(菊池市)에 있는 미쓰비시 전기의 기존 제조 시설에 위치하며 2026년 4월에 개장할 예정이다. 이 공장은 배터리 차량용 전력 반도체와 다양한 에너지 절약 및 탈탄소화 기술을 생산할 것이다.

일본 정부는 경제안보 관점에서 스마트폰에서 로켓 발사에 이르기까지 모든 것에 사용될 수 있는 칩의 안정적인 공급을 보장하기 위해 다양한 영역에서 움직이고 있다(自由時報 2023a). 일본과 대만의 협력은 첨단기술, 에너지 전환, CPTPP, 지역 평화 차원에서 상호보완적이면서 자국의 주권 및 영향력을 강화해 가는 방향으로 나아가고 있다.

3. 산-관-학-연 복합 네트워크 전략

일본과 대만의 기술협력 과정에서 무엇보다 연구기관과 학교가 인적 네트워크를 바탕으로 중요한 역할을 담당했다는 점은 주지할 필

요가 있다. TSMC는 대만의 산업기술연구소(ITRI)의 연구를 바탕으로
출발하였으며, 이번 일본-대만 협력의 초기 구상도 2018년 도쿄대 고
노카미 총장과 TSMC 모리스 창의 초기 접촉에서 시작되었다(太田泰
彦 2022). 2019년에 마크 리우(Mark Liu) TSMC 회장과 도쿄대 총장이
협약을 체결한 후 일본 학술기관과의 기존 협력을 더욱 강화했다.

둘째, 기업 간 네트워크는 TSMC와 SONY를 중심으로 일본 대기
업 8개 사가 공동으로 합작한 라피더스를 중심으로 대만과 일본 그리
고 미국을 연결하는 네트워크가 구축되고 있다. 분야별 강점을 고려하
고 제조 공정 및 기술을 분산하여 결정하였으며, 이 과정에서 상호의존
심화와 기술-경제-산업 연계가 나타났다. 지정학적 위험을 고려한 위
험 분산과 기술 개발이 기업의 필요와 목적에 맞춰 진행되고 있다.

셋째, 지역 간 협력도 증가하고 있다. 구마모토 지사는 타이베이를
방문하여 구마모토 항공 노선 개통을 논의하였고, 또한 가오슝 시장은
구마모토를 방문하여 지역 간 우호 협력을 다지고 있다. 천치마이(陳其
邁) 가오슝 시장은 기업 유치를 위해 대표단을 이끌고 도쿄와 규슈를
방문하여 글로벌 첨단 반도체 소재 제조업체인 미쓰이화학그룹[2]과 만
나 가오슝에 대한 추가 투자를 모색하고 남부 반도체 생태계를 강화하
기 위해 노력했다.

일본 구마모토 지역은 향후 특히 지방 정부 간의 교류도 활성화되
면서 생활권을 형성해 가고 있다는 점도 주목할 필요가 있다. 소자고령
화와 지방 창생 관련 사회적 과제에 대한 문제의식과 협력에 대한 새
로운 사례들도 만들어지고 있다.

---

2   미쓰이화학은 자동차, 의료 재료, 정보통신, 반도체 산업에서 100년의 역사를 가지고 있
     으며, 실리콘 웨이퍼의 후면 연마에 사용되는 표면 보호 테이프 분야에서 ICT 관련 산업
     에서 세계 최대 시장 점유율을 차지하고 있다.

넷째, 국가 간 네트워크는 대만과 일본 모두 네트워크 권력을 강화하는 방식으로 나타나고 있다. 대만은 보다 많은 국가들과 링크로 연결되기(링크드화)를 원하고 있으며, 일본은 국제사회에서 보다 중심성을 높이며 '허브화'를 추구한다. 이러한 네트워크 권력 강화는 국제질서 네트워크 차원에서 미국과의 연계를 추구하면서도 각국의 기술 주권을 확보해 나가려는 방식으로 나타난다.

그러나, 대만의 국제적 지위 및 하나의 중국 문제는 일본과 중국의 갈등 요인이 될 수 있다. 일본은 대만에 대해 자유민주주의, 기본적 인권, 법의 지배와 같은 기본적 가치를 공유하고, 긴밀한 경제 관계를 가지는 지극히 중요한 파트너로 규정하고 있다(国会会議録検索システム 2022b). 대만은 일본과의 관계를 바탕으로 국제사회에서의 입지를 강화해 나가고자 한다. 특히 일본이 주도하고 있는 CPTPP 가입 신청 문제를 반도체 협력에 이어 연계해 나갈 수 있을 것으로 기대했으며, 일본은 대만의 요구를 인지하고 있었다(国会会議録検索システム 2022b)

시미즈 다카유키(淸水貴之) 일본유신회 참의원: 이것도 대만 측에서 많이 나온 이야기입니다만, 경제적인 연결고리라는 것도 매우 중요시하고 싶다는 것입니다. 예를 들면 반도체라는 게 대만이 지금 정말 세계적으로 힘을 가지고 있는 생산품이 됩니다. 구마모토의 TSMC 같은 것도 일본에도 생겨나고 있고, 이러한 경제적인 연결이 이것이 생기면 군사적인 연결도 물론 중요하지만, 경제적인 연결에 따라 대만 측에서 보면 대만이라는 것은 역시 필요한 파트너라고, 중요한 무역 상대라고, 파트너라고 생각하게 함으로써 다양한 국제사회의 지원도 얻을 수 있지 않을까 하는 것도 이미 많이 들었습니다. 그중 대만 측에서 대만의 CPTPP 가입, 이를 꼭 뒷받침해 달라는 이야기도 나왔습니다. 이렇게 경제적으로 연결됨으로써 대만의 존재가치를 높인다는 국제사회와의 연계를 강화해 나갈 것이라는 대만 측의 생각입니다만, 이 CPTPP에 대한 견해를 들려주실 수 있을까요.

하야시 요시마사(林芳正) 외상: 일본에 있어서 대만은, 자유민주주의, 기본적 인권, 법의 지배, 이러한 기본적 가치를 공유하고, 긴밀한 경제 관계를 가지는 지극히 중요한 파트너입니다. 대만은 오래전부터 CPTPP 가입 신청을 위한 다양한 대응, 이를 공개적으로 해오고 있는 것으로 알고 있으며, 그러한 대만이 가입 신청을 제출한 것을 우리나라로서 환영하고 있는 중입니다. 가입 신청을 제출한 이코노미의 취급에 대해서는 다른 CPTPP 참가국과도 잘 상담할 필요가 있습니다만, 우리나라로서는, 가입 신청을 제출한 대만이, 이 CPTPP 협정의 높은 레벨, 이것을 완전히 충족시킬 수 있을지에 대해서 우선은 확실히 판별하는 것과 동시에, 전략적인 관점, 또 국민의 이해, 이런 것도 근거로 하면서 대응해 오고 싶다고 생각하고 있습니다.

대만의 기대에도 불구하고, 불안정한 국제관계 속에서 대만의 국제적 입지 강화는 쉽지 않을 전망이다. 2024년 12월 1일 대만과 중국의 CPTPP 가입은 불발되었다. 중국과 대만 모두 2021년 가입 신청을 했으나, 회원국 간 합의가 이루어지지 않았다. 대만은 깊은 유감과 실망을 표현했지만, 모든 회원국의 동의가 필요하다는 점에서 중국을 지지하는 국가들의 찬성을 얻기는 어려운 상황이다.

이에 앞서 2024년 1월에는 나우루가 대만과 단교하고 중국과 수교했으며, 2024년 12월 현재 대만은 12개국과 외교관계를 수립하고 있다. 12개 수교국은 마셜제도, 투발루, 팔라우, 과테말라, 파라과이, 바

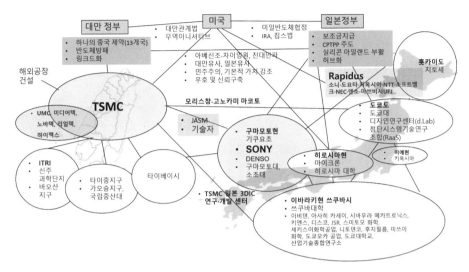

그림 5.2 일본-대만 실리콘 네트워크: 국가주도형 위성형 복합 네트워크
출처:필자 작성.

티칸시국, 벨리즈, 에스와티니, 아이티, 세인트키츠네비스, 세인트루시아, 세인트빈센트 그레나딘이다. 수교국을 지키기 위해 대만의 라이칭더(賴淸德) 총통은 미국 하와이를 경유하여 남태평양의 수교국들을 방문하고, 해저 케이블 설치 및 대출 지원 등의 협력 과제들을 논의했다.

한편 일본은 아베 신조 내각에서부터 FOIP 지역개념을 적극적으로 구상하고 확산시켰으며 민주주의와 기본 가치와 신뢰를 강조하며 멤버십을 확인하고 규칙 설정하는 룰 메이커로서의 역할을 강화하며 네트워크 중심성을 높이고자 시도하고 있다.

미국 바이든 행정부 시기 일본과 대만의 접근은 가치외교와 신뢰 구축을 강조하며 기술보호주의적 움직임을 정당화하고자 했다. 특히 FOIP와 동지국(like-minded country)과 같은 표현은 미국, 일본, 대만의 협력을 가능하게 하는 키워드였다. 글로벌 연대와 기술민족주의, 자유 시장경제와 보조금 정책, 보편적 가치와 동지국가의 딜레마가 나타나는 가운데, 민주주의와 기본적 가치의 추구는 대만과의 연대를 강화하며 중국에 대한 경계와 배제의 수사적 담론으로 활용되었다. 경제, 기술, 가치, 안보가 연계되고 산-관-학-연의 다양한 행위자 간 연결이 나타나고 있다. 향후 트럼프 2기 행정부에서도 복합 네트워크에 기반한 상호작용과 협력이 심화될 수 있을지, 구마모토 지역의 일-대만 간 협력 양상과 변화 과정을 추적할 필요가 있다.

V. 결론

본 연구는 일본과 대만의 반도체 클러스터를 중심으로 기술협력의 가능성을 살펴보고 직면하게 된 문제점들과 협력 과정을 추적하였다. 반도체를 둘러싼 국가들의 경쟁이 치열해지는 가운데, 일본과 대만의 협력 사례는 그 자체의 협력 모델로도 중요하며, 또한 경쟁자인 한국과의 관계에도 중요한 함의를 갖는다.

한국에서도 여러 지역에서 반도체 산업 클러스터 조성이 이루어지고 있다. 2023년 7월 한국 정부는 반도체·이차전지·디스플레이 등 핵심 전략산업의 초격차 확보를 위해 용인평택·구미(반도체), 청주·포항·새만금·울산(이차전지), 천안아산(디스플레이) 7곳을 '국가첨단전략산업 특화단지'로 지정했다(연합뉴스 2023). 특히 경기도 용인과 평택은 삼성전자와 SK하이닉스가 2042년까지 약 562조 원을 투자하는 등 반도체 최대 생산거점으로 구축된다. 네덜란드 반도체 노광장비업체 ASML도 2,400억 원을 투입하여 화성 동탄에 첨단 노광장비 재제조 시설과 트레이닝 센터를 포함한 반도체 클러스터를 건설할 계획이며,

ASM도 화성에 1,300억 원을 투자하기로 했다.

기술안보의 중요성이 강화되면서, 국가적 지원과 글로벌 민간 기업의 협력을 바탕으로 첨단 기술 연구와 인재 육성까지 연계하는 클러스터 조성 경쟁이 나타나고 있다. 한국 역시 일본, 대만과의 협력 전략 마련이 필요한 가운데, 일본 구마모토 공장이 본격적으로 가동하는 2024년을 전후로 클러스터의 역할과 기능, 개선 방안에 대한 법적, 제도적, 신뢰 구축 방안 등이 어떻게 마련되고 보완되어 가는지 주목할 필요가 있다. 기술, 경제, 안보, 가치가 연계된 복합 기술안보 전략의 가능성과 발전 방향, 한계점과 보완 방안 등을 확인하고 시행착오를 줄일 수 있을 것이다.

2023년 G7과 안보리 비상임이사국 의장 등 국제사회에서 리더십을 발휘하며 허브로서 네트워크 권력을 강화해 나가고 있는 일본은 인구 감소, 재난재해, 환경문제 등 사회적 과제들을 협력하여 풀어나갈 수 있는 인간 중심의 기술을 강조하고 있다(內閣府 2019; 2022a; 2022d; 2022g 등). 급변하는 사회만큼이나 아직 공백으로 남겨진 법과 제도, 규범 등에 국제사회의 룰메이커의 역할이 필요한 시점에서 일본의 행보를 주시할 필요가 있다.

기술안보와 경제안보가 최우선 과제로 나타나고 있는 가운데, 일본과 대만은 국경을 넘어선 구마모토 현지 협력 모델을 다각적으로 발전시켜 나가면서 기술표준과 디지털전환 분야, 일상생활에서 나타나는 각종 제도와 규범의 표준을 마련해 가며 글로벌 입지를 강화해 나가고자 한다.

대만의 '실리콘 방패'와 일본의 '실리콘 아일랜드' 부활이라는 전략적 목표는 양자 간 협력을 통해 달성할 수 있을 것인가? 그 성패 여부는 향후 국제정세, 기업들의 전략, 산업구조, 이익 순환, 국가의 우선

순위, 국내 정치 등 다양한 요인들에 의해 영향을 받을 것이다. 2024년부터 본격 가동되는 '실리콘 네트워크'의 성과와 한계 등을 평가하고, 한국과의 협력 가능성을 모색하는 동시에 경쟁 전략을 마련하기 위한 중장기적 추적 분석이 필요하다.

참고문헌

강준영. 2022. "대만의 반도체 산업 발전과 한·대만 협력." 『대만연구』 21, 9-30.

권석준. 2022. 『반도체 삼국지: 글로벌 반도체 산업 재편과 한국의 활로』. 서울: 뿌리와 이파리.

권영화. 2015. "반도체 기업들의 초기국제화 배경과 국제화 과정에 대한 비교사례 연구: 대만, 미국, 한국과 일본 반도체 기업을 중심으로." 『전문경영인연구』 18(3): 37-64.

_____. 2016. "글로벌 반도체 기업들의 혁신을 위한 국제 전략적 제휴와 파트너 선정 배경에 대한 비교 사례연구: 미국, 한국, 대만과 일본 반도체 기업들을 중심으로." 『한국창업학회지』 11(3): 182-212.

김상배. 2011. "네트워크로 보는 중견국 외교전략: 구조적 공백과 위치권력 이론의 원용." 『국제정치논총』 51(3): 51-77.

_____. 2018. "미중 플랫폼 경쟁으로 본 기술패권의 미래." 『*Future Horizon*』 36: 6-9.

_____. 2021. "디지털 플랫폼 경쟁의 국제정치경제: 미중 기술패권 경쟁의 진화." 『국제·지역연구』 30(1): 41-76.

_____. 2022. 『미중 디지털 패권경쟁: 기술·안보·권력의 복합지정학』. 파주: 한울아카데미.

마누엘 카스텔, 피터 홀. 2006. 『세계의 테크노폴: 21세기 산업단지 만들기』. 강현수·김륜희 역. 파주: 한울.

매일경제. 2022. ""반도체 강국 명성 되찾을래"...일본, TSMC와 손잡았다." https://www.mk.co.kr/news/business/10489383

민병원. 2009. "네트워크의 국제관계." 『국제정치논총』 49(5): 391-405.

배영자. 2016. "미중 패권 경쟁과 과학기술혁신." 『국제·지역연구』 25(4): 31-59.

_____. 2021. "과학기술의 세계정치 연구: 현황과 전망." 『국제정치논총』 61(3): 157-187.

백서인 외. 2022. "미·중·EU의 국가·경제·기술안보 전략과 시사점." 『STEPI Insight』 300.

백서인·박동운·조용래 외. 2022. "글로벌 기술패권 경쟁에 대응하는 주요국의 기술주권 확보 전략과 시사점." 『*STEPI Insight*』 285.

사공목. 2021. "글로벌 반도체 산업환경 변화와 일본·대만간 협력 확대. 『월간 KIET 산업경제』 271: 64-76.

서울경제. 2023. "대만 무기 공장과 미중 갈등." https://www.sedaily.com/NewsView/29OBR7NROU

아시아경제. 2022. ""인재 유출될지도"...대만 TSMC 품는 日규슈의 고민." https://www.asiae.co.kr/article/2022061014162706142

아주경제. 2021. "일본 "2000억 내더라도 TSMC 잡아야"...쓰쿠바에 '반도체 연구단지' 조성." https://www.ajunews.com/view/20210601134725228

연합뉴스. 2023. "용인 등 7곳 첨단전략산업 특화단지...614조 민간투자 이끈다." https://www.yna.co.kr/view/AKR20230720101600003?input=1195m

오승희. 2023. "초불확실성 시대 일본의 게임체인저 전략: 아베 독드린, 인보 넥시스, 가치 네트워크." 『일본비평』 15(1): 268-300.

오타 야스히코. 2022.『2030 반도체 지정학』. 강유종·임재덕 역. 서울: 성안당.

윤정현. 2023. "기술지정학 시대의 반도체 공급망 재편과 대응전략."『INSS 연구보고서』. 2022-15.

은진석·이정태. 2022. "국제관계의 맥락과 네트워크 중심성: 중국의 전략외교 사례를 중심으로."『국제정치연구』25(1): 67-88.

이승주. 2022. "기술과 국제정치: 기술패권경쟁시대의 한국의 전략."『한국과 국제정치』 38(1): 227-256.

이왕휘. 2022. "글로벌 금융위기 이후 중국 발전모델의 변화: 반도체 산업정책 사례." 『아시아리뷰』12(2): 107-134.

_____. 2022. "아시아 패러독스(Asian Paradox)와 인도태평양전략: 상업적 평화론 대 상호의존의 무기화."『통일과 평화』14(2): 241-274.

이정환. 2022. "일본 경제안보정책 정책대립축의 이중구조: 외교안보적 수렴과 성장전략 방법론 논쟁의 잠복."『일본연구논총』55.

임혜란. 2007. "한국, 일본, 대만의 사회적 자본에 관한 비교연구: 클러스터에서의 신뢰를 중심으로."『한국정치연구』16(2): 105-135.

중앙일보. 2023. "대만 반도체 놓칠라…G7유일 中일대일로 참여 이탈리아 이탈 조짐." https://www.joongang.co.kr/article/25156552

최해옥. 2022. "경제안보를 위한 일본의 전략기술 확보전략 및 시사점."『STEPI Insight』307.

한국일보. 2022. "'상전 모시듯' 전 세계가 대만 반도체 회사 유치에 사활 건 까닭은." https://www.hankookilbo.com/News/Read/A2022053115280000925?did=NA

헤럴드경제. 2023. "대만·일본 갈수록 '반도체 밀월'…한국만 외톨이 되나." http://news.heraldcorp.com/view.php?ud=20230126000704

ダイヤモンド編集部. 2022. "ソニーだけが高笑い!血税4000億円で誘致した半導体TSMC熊本工場の「大矛盾」." https://diamond.jp/articles/-/293258

_____. 2023. "国策半導体会社ラピダス設立とTSMC誘致の舞台裏, 暗躍した日米台「黒幕30人リスト」全公開." https://diamond.jp/articles/-/317100

経済産業省商務情報政策局. 2023.『半導体·デジタル産業戦略』. https://www.meti.go.jp/press/2023/06/20230606003/20230606003-1.pdf

国会会議録検索システム. 2022a. "第210回国会 参議院 経済産業委員会." 第5号 令和4年12月6日.

_____. 2022b. "第210回国会 参議院 政府開発援助等及び沖縄·北方問題に関する特別委員会." 第3号 令和4年12月7日.

内閣府. 2019. "科学技術イノベーション創造推進費に関する基本方針(改正案)." https://www8.cao.go.jp/cstp/siryo/haihui042/siryo1-2.pdf

_____. 2022a. "総合科学技術·イノベーション会議の概要." https://www8.cao.go.jp/cstp/gaiyo/index.html

_____. 2022b. "日本学術会議の在り方についての方針." https://www8.cao.go.jp/cstp/gaiyo/yusikisha/20221222_2/siryo1.pdf

_____. 2022c. "ムーンショット目標." https://www8.cao.go.jp/cstp/moonshot/target.html

_____. 2022d. "経済安全保障重要技術育成プログラム." https://www8.cao.go.jp/cstp/anzen_anshin/kprogram.html

_____. 2022e. "経済安全保障重要技術育成プログラム研究開発ビジョン." https://www8.cao.go.jp/cstp/anzen_anshin/program/3kai/siryo2-2.pdf

_____. 2022f. "経済安全保障重要技術育成プログラム研究開発ビジョン(第一次)(概要)." https://www8.cao.go.jp/cstp/anzen_anshin/1_vision_gaiyou.pdf

_____. 2022g. "統合イノベーション戦略2022." https://www8.cao.go.jp/cstp/tougosenryaku/2022.html

_____. 2022h. "国家安全保障戦略について." https://www.cas.go.jp/jp/siryou/221216anzenhoshou/nss-j.pdf

山崎朗, 友景肇. 2001. 『半導体クラスターへのシナリオ-シリコンアイランド九州の過去と未来』. 福岡: 西日本新聞社.

首相官邸. 2023. "岸田内閣総理大臣令和5年年頭所感." https://www.kantei.go.jp/jp/101_kishida/statement/2023/0101nentou.html

熊本市. 2023. "統計情報室." https://tokei.city.kumamoto.jp/content/ASP/Jinkou/default.asp

熊本日日新聞. 2022a. "TSMC進出「採用活動に影響」49%-熊本県内の主要企業、人材獲得競争の激化懸念　熊日・地方総研調べ." https://kumanichi.com/articles/627669

_____. 2022b. "TSMC、菊陽町進出で「水」大丈夫?　1日1・2万トン採取　地下水の循環利用など対策." https://kumanichi.com/articles/730090

_____. 2022c. "24年春の新卒採用、2割以上増へ　熊本・菊陽町のTSMC半導体新工場." https://kumanichi.com/articles/901818

_____. 2022d. "熊本県内の基準地価、3年ぶり上昇　TSMC進出する菊陽町の工業地、上昇率全国1位." https://kumanichi.com/articles/796881

熊本日日新聞. 2023a. "「TSMC」交流の呼び水に　経済界、関係づくり精力的〈台湾ー熊本　商機到来〉." https://kumanichi.com/articles/923814

_____. 2023b. "「外国人も市民」明文化、熊本市が懸念　自治基本条例改正案の文言を削除　意見公募の結果踏まえる." https://kumanichi.com/articles/1120118

自由民主党. 2020. "提言『「経済安全保障戦略策定」に向けて." https://www.jimin.jp/news/policy/201021.html

朝日新聞クロスサーチ. https://xsearch.asahi.com/top/

太田泰彦. 2022. 『2030半導體の地政學: 戰略物資を支配するのは誰か』. 東京: 日本経済新聞出版.

經濟日報. 2023. "科學園區新用電大戶國科會嚴管." https://money.udn.com/money/story/7307/7078689

高自旺. 2021. "台湾地区资讯电子工业的全球价值链双边嵌套利益尖系研究." 『经济研究导刊』(10): 137-140.

刘江永. 2021. "21世纪以来日本国家战略的演进及对中日关系的影响." 『当代世界』(5): 58-64.

自由時報. 2023a. "新建熊本晶片廠三菱電機斥資232億元." https://ec.ltn.com.tw/article/breakingnews/4243694

_____. 2023b. "半導體做為外交經貿投資資源重分配." https://talk.ltn.com.tw/article/paper/1575392

_____. 2023c. "聯手台積電 中山大學新設創新半導體製造研究所今起招生." https://news.ltn.com.tw/news/life/breakingnews/4265508

Armstrong, Martin. 2023. "Taiwan's Thinly Woven Diplomatic Web." https://www.statista.com/chart/27912/countries-with-diplomatic-relations-with-taiwan/

Buchholz, Katharina. 2021. "Chip Production Shifts Away From Traditional Strongholds." https://www.statista.com/chart/25552/semiconductor-manufacturing-by-location/

Castells, M. 2009. *The Power of Identity*. Malden, MA: Wiley-Blackwell.

_____. 2010. *The Rise of the Network Society*. Chichester, West Sussex; Malden, MA: Wiley-Blackwell.

_____. 2021. "From Cities to Networks: Power Rules." *Journal of Classical Sociology* 21(3-4): 260-262.

_____. 2023. "The Network Society Revisited." *American Behavioral Scientist* 67(7): 940-946.

CSIS. 2022. "Semiconductors and National Defense: What Are the Stakes?" https://www.csis.org/analysis/semiconductors-and-national-defense-what-are-stakes

Edler, J., Blind, K., Frietsch, R., Kimpeler, S., Kroll, H., Lerch, C., Walz, R. 2020. "Technology Sovereignty: from demand to concept." Fraunhofer Institute. https://www.isi.fraunhofer.de/content/dam/isi/dokumente/publikationen/technology_sovereignty.pdf

Fukuda, M. 2022. *Japan-Taiwan cooperation in the area of economic security*. 2022/45, European University Institute(EUI).

Granovetter, M. 1985. "Economic Action and Social Structure: The problem of Embeddedness." *American Journal of Sociology* 91(3): 481–510.

Hatch, Walter. 2001. "Regionalizing Relationalism: Japanese Production Networks in Asia." *MIT Japan Program Working Paper* 01.07: 1-34.

Hayama, S. 2008. "Integration of Organizational and Individual Ethics in Taiwan Semiconductor Manufacturing Company." *Journal of Japan Society for Business Ethics Study* 15: 65-71.

Lim, Tai Wei. 2023. "Japanese Semiconductor Industry's Collaboration with Taiwan Semiconductor Manufacturing Company." *East Asian Policy* 15(1): 47-59.

Markusen, A. 1996. "Sticky Places in Slippery Space: A Typology of Industrial Districts." *Economic Geography* 72(3): 293-313.

Miller, C. 2022. *Chip War: The fight for the world's most critical technology*. New York: Scribner.

Rattner, Steven. 2023. "America's Must-Win Semiconductor War." *Washington Post*. https://www.nytimes.com/2023/01/16/opinion/america-biden-semiconductor-tsmc.html

TIME. 2022. "The Chips That Make Taiwan the Center of the World." https://time.com/6219318/tsmc-taiwan-the-center-of-the-world/

Yeung, H.W.C. 1994. "Critical Reviews of Geographical Perspectives on Business Organizations and the Organization of Production: towards a Network Approach." *Progress in Human Geography* 18(4): 460-490.

_____ 1998. "The Socio-spatial Constitution of Business Organizations: a geographical perspective." *Organization* 5: 101–128.

_____. 2022. *Interconnected Worlds: Global Electronics and Production Networks in East Asia*. Stanford, California: Stanford University Press.

제6장 　　　인도·태평양 지역 정보협력의
　　　　　　　군사안보적 의미와 한국의 외교

　　　　　　　송태은(국립외교원)

I. 문제제기

현재 군사, 경제, 기술뿐 아니라 정치체제와 가치, 이념의 모든 차원에서 심화되고 있는 미중 패권경쟁 속에서 미국과 중국을 중심으로 한 양 진영이 구사하는 지정학적(geopolitical), 지경학적(geoeconomic) 전략은 인도·태평양(Indo-Pacific) 지역에서의 주도권을 놓고 충돌하고 있다. 세계 GDP의 62%, 무역의 46%, 해양 운송의 절반을 차지하며 전 세계의 번영과 안보를 견인하는, 양 진영 세력경쟁의 직접적인 영향을 받고 있는 인태지역은 미중 경쟁의 승패를 좌우할 수 있는 무게중심(center of gravity)이자 핵심 영향권(spheres of influence)이기 때문이다.

이러한 강대국 세력경쟁의 직접적인 영향권 속에 있는 인태지역 대부분의 국가들은 중국, 러시아와도, 미국을 비롯한 서방과도 긴밀한 외교, 군사, 경제적 관계를 유지해온 경우가 대부분이다. 그런데 2022년 2월 시작된 러시아-우크라이나 전쟁으로 인해 인태지역 국가들은 양 진영 중 한편의 위치에서 자국의 외교적 입장을 위치시켜야 하는 상황을 다양하게 경험하고 있다. 이 지역 국가들은 자국의 안보와 번영을 동시에 추구하기 위한 외교전략을 구사하는 데에 있어서 과거와 같은 전략적 모호성을 견지하는 것이 점점 더 어려워지고 있는 상황에 반복적으로 놓이고 있는 것이다.

최근 미국과 유럽연합(European Unions, EU)은 인도·태평양 지역에서 역내 국가들과의 협력을 위한 소다자 협의체나 역내 지역기구와의 다양한 분야에서의 협력을 촉진하기 위한 새로운 사업과 이니셔티브를 적극적으로 가동하고 있다. 특히 미국, 호주, 일본, 인도 4개국으로 구성된 쿼드(Quadrilateral Security Dialogue, QSD)는 2017년 첫

실무급 회담을 시작으로 하여 2021년 1월 바이든 행정부는 쿼드를 정상급 회담으로 격상시켰다. 최근 쿼드는 인태지역에서 다양한 합동 군사훈련을 수행하고 있다. 2021년 4월 인도 동부 벵골만에서는 프랑스 해군과는 '라페루즈 훈련(La Perouse exercise)'을, 8월에는 괌 인근 해역에서 '말라바르 21(Malabar exercise)' 훈련을 수행했고, 11월에는 인도양에서도 처음으로 합동 군사훈련을 수행했다. 이러한 일련의 해상훈련은 2022년과 2023년에도 연례적으로 지속되어 쿼드의 인태지역에서의 군사안보 협력은 본격적으로 제도화되고 있는 양상을 보이고 있다.

인태지역에 대한 경제적 투자와 개발협력에 있어서 지리적으로 원거리에 있는 EU도 최근 인태지역에 경제협력을 넘어 군사안보 차원에서 최근 다양한 협력을 추구하고 있다. EU는 중국의 이 지역 해양에 대한 강압적인 태도와 주변국과의 잦은 군사적 갈등이 유럽의 이익을 심각하게 침해하는 것으로 인식하고 있다. EU는 중국으로 인해 인태지역 해양에서 증대되는 군사적 긴장이 유럽의 무역과 투자를 위한 개방적이고 공정한 환경, 규범에 기초한 국제질서(rules-based international order)를 훼손한다고 인식하고 있다.

이러한 상황에서 최근 미국과 유럽이 쿼드와 EU 차원에서 인도, 호주, 일본, 아세안(ASEAN)과 한국 등 인태지역의 주요 국가들과 해양안전과 안보 및 해양 환경 관련 이슈를 중심으로 다양한 정보공유 협력을 위한 이니셔티브를 취하는 일련의 행보를 취하고 있다. 서방의 이러한 움직임은 앞으로 본격적으로 강화될 수 있는 인태지역에서의 군사안보 협력을 위한 가장 근본적이고도 중요한 기초를 다지는 활동이다. 특히 해양안보와 관련된 인태지역에서의 미국이 주도하는 정보공유 협력 의제들은 인태지역에서의 중국에 의한 군사적 충돌 가능성을 염두에 둔 군사협력이다. 이 지역 해양 관련 동맹 및 우호국 간 정보·감시·정찰(Intelligence·Surveillance·Reconnaissance, ISR) 자산을 공유하는 움직임이 본격화되고 있는 것이다.

또한 최근 2023년 1월 중국의 정찰풍선이 미 영공에 진입하자 미국이 2월 스텔스 전투기를 동원하여 이를 격추시킨 사건으로 근우주(near space)에서의 국가 감시정찰의 군사안보적 가치도 주목받고 있다. 따라서 근우주를 포함한 항공과 우주공간에서 수집되는 다양한 감시정찰자산(ISR)은 앞으로 인태지역에서 전략적 가치가 더욱 높아질 것이다.

같은 맥락에서 2021년 9월 EU가 발표한 'EU의 인도·태평양 지역 협력전략(EU Strategy for Cooperation in the Indo-Pacific)'은 앞으로 EU가 경제와 안보 및 가치에 관한 다양한 인태지역의 현안에 적극적으로 관여할 것을 선언한 의미가 있다. EU는 앞으로 이 지역에서 다자주의, 규칙에 기반한 국제질서, 인권과 민주주의 가치 수호, 다극체제 등 그동안 EU가 중시해 온 원칙과 접근법을 계속 적용할 의지를 재확인했다. 이 전략서는 EU가 인태지역 국가들과 '파트너십 협력 협정(Partnership and Cooperation Agreements, PCA)'을 맺고, 인태지역의 해상교통로 및 항행의 자유를 보호하며, 인태지역 파트너 국가의 해양안보 역량 증진 및 인태지역에의 EU 해군 진출, 어업 관리·불법 조업 대응 등 역내 해양 거버넌스에 적극적으로 개입하고 협력을 강화할 것을 밝히고 있다(EU 2022).

인태지역에서 서방과 아시아 태평양 국가들과의 협력이 점차 강화되고 있던 와중에 일어난 이번 러우전쟁은 인태지역의 뇌관이라 할 수 있는 대만에 대한 중국의 영향력 행사가 미중 간 군사적 충돌로 나타날 수 있는 상황에 대한 이 지역 국가들의 잠재된 우려를 크게 자극했다. 미 전략국제문제연구소(Center for Strategic & International Studies, CSIS)가 2023년 1월에 공개한, 2026년 중국의 대만 침공을 가정한 워게임(war game)인 '다음 전쟁의 첫 번째 전투(The first battle of the next war)' 시뮬레이션은 그러한 우려를 가설적 시나리오를 통해 보여주며 크게 주목받았다. CSIS가 공개한 이 시뮬레이션은 미국, 일본, 대만, 중국 모두 큰 피해를 겪으며 궁극적으로는 미국의 승리를 예견하고 있지만 이 시뮬레이션이 던지고자 한 메시지는 '전쟁 승리'가 아닌 '강력한 억지'의 중요성이다.

　이러한 맥락에서 이 글은 인태지역에서 최근 활발하게 시작된 군사정보를 포함한 국가 간 정보공유 협력의 의미를 살펴보고 인태지역 안보협력에 있어서 한국의 전략을 도출하고자 한다. II절은 NATO의 정보공유 협력 사례를 통해 국가 간 정보협력의 군사안보적 효과를 검토한다. 이 글의 IV절은 최근 인태지역에서 미국 및 EU가 인태지역의 주요 국가들과 추진하고 있는 ISR 자산 공유를 포함한 해양, 사이버, 우주 영역과 관련된 정보협력의 다양한 이니셔티브와 협의체의 활동을 살펴본다. 마지막으로 V절 결론은 인태지역에서 미국 및 EU가 주도하는 다양한 정보협력이 인태지역에서의 한국의 정보협력에 주는 함의를 간략히 논하는 것으로 이 글을 마무리한다.

II. 국가 간 정보협력의 의미와 효과: NATO의 사례

　국가가 갖는 한정된 정보 자원의 한계를 극복하고 초국가적으로 발생하는 다양한 안보위협에 효과적으로 대응하기 위해서는 동맹과 같은 양자 혹은 다자 차원에서 이루어지는 정보공유 협력의 필요가 발생한다. 즉 일국의 군사작전이 성공적으로 수행되기 위해서는 국내 다양한 부처 간 정보협력뿐 아니라 동맹이나 우호국 간 원활한 정보협력이 뒷받침되어야 한다. 특히 자국 영토를 벗어나 해외에서 군사작전을 효과적으로 펼치기 위해서는 다양한 초국가적 정보자산을 최적으로 사용, 운용할 수 있는 능력이 필요하다. 또한 국가는 그러한 정보활동에 있어서 국내 및 국제적 정당성(legitimacy)과 정치적 지지를 확보할 수 있어야 한다(Soeters & Goldenberg 2019).

국가 간 군사협력을 위한 가장 기본적인 협력의 시작은 정보의 공유이고, 또한 국가 간 군사정보를 공유하는 일은 동일한 상황인식(situational awareness) 및 위협인식을 촉진하여 군사협력의 범위를 확대하고 협력의 강도를 증진시키는 효과를 가져온다. 또한 정보공유는 국가의 정보역량을 증대시키고 그만큼 전력을 증강시킬 수 있으며, 협력국 간의 신뢰구축을 촉진하며, 협력국 간의 상호지원 범위도 확대시킨다. 더불어, 정보공유는 유사시 공동의 군사작전 전개를 가능하게 하는 등 정보공유에 참여하는 협력국에 다양한 유익을 가져온다.

하지만 군사정보를 포함하여 국가가 가진 고유의 정보를 공유하는 일이 반드시 국가 안보 차원에서의 이익만을 발생시키는 것은 아니다. 정보협력국 간의 기밀 유지 등 상호신뢰가 충분히 구축되어 있지 않을 경우 정보공유는 오히려 국가안보를 위협할 수 있다. 따라서 협력 상대와의 공통된 위협인식, 공유하는 군사안보적 이익의 수준과 범위, 혹은 협력국의 기밀유지 관리 역량이나 사이버 보안 기술의 수준 및 국내 정치 상황 등에 따라 공유할 수 있는 군사정보 및 첩보의 차원이나 공유 방식 등이 영향을 받을 수 있다.

다국적 군사정보 공유 협력의 대표적인 사례는 NATO의 정보공유 시스템인 '합동정보감시정찰체계(Joint Intelligence, Surveillance and Reconnaissance, JISR)'를 들 수 있다. 2012년 시카고에서 개최된 NATO 정상회담에서 NATO 회원국들은 전략적 의사결정에 필요한 눈과 귀, 즉 지속적이며 항구적인 JSIR 자산이 제공되는 방안을 논의했다. 그러한 논의 결과 2014년 웨일즈 NATO 정상회담에서 회원국들은 JSIR의 중요성을 재확인했고, 2016년 2월 NATO 국방장관 회담은 NATO와 회원국 간의 '연결성(connectivity)'을 증진시키고 'NATO 대응부대(Response Force, NRF)'의 상황인식 역량을 증진시키는 내용을 담은 JSIR의 '초기작전역량(Initial Operational Capability, IOC)'을 발표했다. 이렇게 회원국 간 공유했던 문제의식은 그 다음 단계의 한층 발전된 협력을 가져왔다. 2020년 10월 NATO는 빅데이터와 인공지능(Artificial Intelligence, AI) 및 자율시스템 등 신기술(emerging technologies)을 활용하여 NATO 회원국 간 무기체계의 상호운용성(interoperability) 및 정보역량을 증진시키기 위한 새로운 전략과 실행계획을 채택했다(NATO 2023).

　　벨기에, 불가리아, 캐나다, 핀란드, 프랑스, 그리스, 헝가리, 이탈리아, 룩셈부르크, 네덜란드, 노르웨이, 폴란드, 루마니아, 스페인, 튀르키예, 영국, 미국 17개국에 초청국 스웨덴이 추가로 참여하고 있는 JISR은 육·해·공과 사이버 및 우주공간에 대한 정확한 상황인식을 NATO 회원국에 제공함으로써 회원국의 시의적절한 의사결정과 군의 작전수행을 돕는다. JISR은 NATO의 다양한 정보시스템으로부터 '동맹지상감시시스템(Alliance Ground Surveillance, AGS)'이나 '항공경고통제시스템(Airborne Warning & Control System, AWACS)' 및 회원국의 광범위한 ISR 자산을 통해 정보를 수집한다. 이러한 정보는 지상군이 가시적으로 확인할 수 있는 정보와 함께 인공위성, 무인비행체, 지상의 센서와 해양선박 등이 제공하는 전자정보를 포함한다(NATO 2023).

NATO는 2023년 2월 핀란드와 스웨덴의 이니셔티브로 우주정보 자산을 체계적으로 관리하기 위한 '아퀼라(Aquila)'로 불리는 '동맹우주지속감시시스템(Alliance Persistent Surveillance from Space, APSS)'을 구축한 바 있다. NATO의 야심찬 우주정보 서비스인 APSS는 국가와 민간 소유 위성으로부터 대규모 정보를 통합하여 회원국들에게 제공하는 서비스이다. 우주로부터 지구를 관측하는 이 위성정보 시스템은 지구에서 우주를 관측하는 NATO의 정보시스템인 '전략우주상황인식시스템(Strategic Space Situational Awareness System, 3SAS)'과 함께 NATO의 우주정보 역량 강화에 크게 기여할 것으로 보인다(NATO 2023).

국가 간 정보협력을 어렵게 하는 변수는 자국 안보에 대한 고려 외에도 국내 제도의 절차적 문제나 기술적 제약을 포함한다. NATO는 회원국 간 정보협력을 방해하는 다양한 어려움을 극복하기 위해 JISR의 목적이 "알아야 할 필요(need to know)"보다 "공유해야 할 필요(need to share)"의 개념에 집중할 것을 강조한다. 따라서 JISR 시스템은 NATO 회원국이 모든 정보를 자동적으로 공유하는 것보다도, 정보공유를 촉진할 수 있는 절차와 기술을 지원하고 동시에 데이터와 네트워크의 보호와 같이 정보공유에 대한 보안조치를 제공하는 것을 강조하고 있다. NATO는 이러한 방식의 정보공유를 통해 NATO 회원국들이 어떤 위기가 발생하든 위기를 종합적으로(holistic) 분별하고 그러한 통합적인 상황인식을 통해 시의적절하고 올바른 의사결정을 할 수 있도록 지원하려는 것이다(NATO 2023).

NATO의 군사정보 협력에서 흥미로운 것은, JISR 역량을 회원국들이 모여 특정한 작전환경 속에서 실제로 훈련해 보는 시간을 갖는 것이다. 예컨대 12개 회원국에서 250명 이상의 육·해·공과 우주 분야 전문가들이 참석한 2020년 6월 '통합비전(Unified Vision)' 행사에서 회원국들은 특정한 작전환경 상황에서 대규모의 첩보를 공유하고 이를 분석하는 훈련을 진행했고, 2023년에도 동일한 훈련이 예정되어 있다. 최근 NATO가 군사정보 협력을 한층 더 강조하게 된 데에는 이번 러시아–우크라이나 전쟁이 지대한 영향을 끼치고 있다. 육·해·공과 사이버 공간과 우주에서 수집되고 파악되는 전장에 대한 통합적이고 정확한 상황인식이 효과적인 작전을 수행하는 데에 얼마나 중요한지 우크라이나를 지원하는 NATO 회원국들이 가장 분명하게 확인했기 때문이다(NATO 2023).

JISR 시스템은 ① 교육과 훈련, ② 교리(doctrine)와 절차(procedures), ③ 네트워크 환경 세 개 분야로 구성된다. JISR 시스템의 교육과 훈련 프로그램은 NATO 인력이 ISR 관련 최고 수준의 역량을 보유하도록 지원하고, NATO의 JISR 교리와 절차는 상호운용성, 효율성(efficiency), 통일성(coherence), 효과성(effectiveness) 증진을 추구하며 전략적 사고로부터 기술적 절차에 이르기까지 지속적으로 검토되고 발전되고 있다. 또한 JISR 시스템은 NATO 회원국 간에 ISR 데이터, 상품과 어플리케이션을 공유하고 효율적으로 협력할 수 있도록 하는 네트워크 환경을 지원하고 있다(NATO 2023).

NATO 회원국 간 정보공유를 위한 이와 같은 다양한 프로그램과 2012년 이후의 JISR 시스템 운용을 위한 회원국 간의 일련의 공조 과정은 인태지역에서 동맹국이나 우호국 간, 양자 및 다자 차원에서의 정보협력에도 적용될 수 있다. 국가 간 정보공유는 상호 간의 신뢰구축과 외부 환경에 대한 동일한 인식과 이해를 촉진시키므로 이후의 발전된 형태의 군사안보 차원에서의 협력에 기여하게 된다.

미중경쟁과 진영 갈등이 본격적으로 표출되고 있고, 다양한 국가

전략과 지속적으로 변화하는 이해가 서로 충돌하고 있는 인태지역에서의 국가 간 정보협력은 다양한 안보 위협에 대한 동질적인 이해를 공유하고 있는 NATO 회원국 간의 협력과는 거리가 있을 수 있다. 그럼에도 불구하고 최근 미국과 유럽의 인태지역에서의 정보협력은 인태지역에서 중국이 빈번하게 구사해 온 '회색지대(gray zone) 전술'이나 북한의 핵·미사일 도발 및 사이버 위협, 그리고 역내 감염병을 비롯한 보건, 기후, 환경 등 다양한 위기와 재해, 재난 등 다양한 지정학적 위기와 비전통적 안보 위협에 대응할 수 있는 기반과 근거를 마련해 주는 효과를 가져올 것으로 전망된다.

III. 인태지역 군사정보 협력

1. 쿼드의 인태지역 정보공유체계

쿼드는 인태지역에서의 안보협력을 이끌며 쿼드 4개국 간 안보협력을 이 지역에서의 다자안보협력으로 넓혀나가려 한다. 따라서 쿼드 국가 간 정보협력의 성격은 이 지역에서의 다양한 우호국 간 정보협력의 목표와 형태를 미리 예측하게 한다. 인태지역에서 쿼드가 정보공유체계의 구축을 도모한 시기는 아주 최근이다. 2022년 쿼드 정상회의에서 참여국들이 발족시킨 '인도·태평양 해양영역인식 파트너십(Pacific Partnership for Maritime Domain Awareness, IPMDA)'은 4개국의 실시간 감시체제를 통해 수집한 정보를 역내 국가들과 공유하자는 계획을 담은 합의이다.

2022년 개최된 두 차례 정상회담에서 참여국 정상들은 해양영역인식을 공유하는 협력에 합의했고, IPMDA는 해상 상황에 대한 실시간 통합 정보를 역내 파트너 국가들에 제공하는 것을 목표로 한다. 이러한 계획에 따라 쿼드 국가들은 5년간의 투자와 지역 정보융합센터들과의 협력을 통해 인도양, 남중국해, 남태평양에서의 환적, 불법 조업, 재난, 기후변화 등에 대한 정보를 공유하기로 했다. 선박의 송수신 장치, 즉 '자동식별장치(Automatic Identification System, AIS)'를 끈 채로 감시를 피해 불법으로 조업하는 어선을 추적하기 위해서는 해상의 모든 물체를 추적, 감시하는 해양영역인식체계(Maritime Domain Awareness, MDA)가 필요하다. 이러한 MDA 구축을 위해서는 인공위성, 유무인 함정, 항공기, AIS 등 다양한 정보자산과 정보공유 조직 및 플랫폼을 필요로 한다. 요컨대 IPMDA는 인태지역 해양에 대한 국가 간 정보공유 시스템 구축을 위해 필요한 비용, 기술, 거버넌스를 쿼드 4개국이 역내 국가들에게 제공하겠다는 정보협력 이니셔티브이다.

　IPMDA를 통해 쿼드는 인태지역 국가들과 인도양, 동남아시아, 태평양 섬나라의 지역정보융합센터를 지원하고 싱가포르(남중국해), 인도(인도양), 바누아투·솔로몬제도(남태평양)에 실시간으로 해상을 감시할 수 있는 위성기반 시스템을 만들고자 한다. 쿼드는 실시간으로 해상 정보를 제공하는 각국의 상업용 위성기반 추적 서비스와 협력하기 위해 자금을 지원하기로 했다(문병기 2022). 2022년 5월 일본 도쿄에서 열린 정상회의에서 쿼드 국가들은 4개국이 보유한 위성 정보를 인태지역 국가에 제공하는 것을 포함한 우주 분야에서 협력을 강화하기로 했다. 쿼드 국가들은 기후변화, 재난대비 및 대응 등과 관련된 지구관측 위성자료를 공유하고 지구관측 기반 감시 및 지속가능개발 프레임워크의 설립, 각국의 위성자료에 대한 링크를 통합해 제공하는 '쿼드 위성자료 포털(Quad Satellite Data Portal)'을 구축할 것을 제안했다.

특히 인태지역 불법 조업의 95%가 중국 어선에 의한 것이므로 쿼드는 이러한 정보공유 시스템을 통해 중국의 남중국해, 동중국해에서의 불법조업과 회색지대 전술을 이용한 도발에 대비하고자 한다. 그러한 일례로, 2021년 3월 필리핀의 배타적 경제수역에서 불법조업을 하던 중국 어선은 필리핀 어선을 고의적으로 충돌하여 침몰시킨바 있다. AIS를 끈 채로 불법조업을 하는 중국 어선은 소위 '암흑선단(dark fleets)' 혹은 '검은배(black ships)'로 불리기도 한다(Citowiki 2022). 30만 명으로 추산되는 중국의 퇴역 군인들로 구성된 '해상민병대(maritime militia)'는 2014년 우크라이나를 침공한 러시아가 명찰이나 소속부대를 표기하지 않은 녹색의 군복을 입은 군인들을 통해 작전을 수행하면서 '리틀 그린맨'으로 불린 것처럼 '리틀 블루맨(little blue men)'으로 불리고 있다(Tisdall 2016).

중국 정부는 2020년부터 수백 척의 해상민병대 어선을 동중국해와 남중국해 및 서해에 보내 적국 함대의 이동 감시, 정보수집, 항해 방해, 군수품 수송과 같은 군사활동과 산호초와 암초 매립, 군사기지 건설, 타국 어선 조업 방해 등 비군사 활동을 지시해 왔다. 중국 군의 지휘체계에 놓여 있는 이러한 해상민병대는 2015년 10월 미 해군 이지스 구축함 라센함이 남중국해 인공섬 12해리 내에 진입하여 초계작전을 수행했을 때 수백 척으로 미국을 압박했고, 외형상 군함이 아닌 어선에 대해 미 해군함정은 그러한 공격에 대응하는 데에 한계가 있었다(이장훈 2022).

2022년 5월 정상회의에서 쿼드 정상들은 "동중국해와 남중국해에서 일방적인 힘에 의한 현상 변경 시도를 용납할 수 없다", "분쟁지역의 군사화, 해안경비함들과 해양민병대의 위험한 활동을 강하게 반대한다"는 주장을 담은, 중국의 해양 활동에 대한 비판을 담은 공동성명을 채택했다. 궁극적으로 쿼드의 이러한 성명과 인태지역에서 수행하려는 정보·감시·정찰 활동은 중국의 해상활동에 대한 감시 및 해상패권 추구를 차단하려는 목적을 갖는다. 하지만 쿼드의 이러한 활동은 평시에는 국가의 안전과 환경보호를 위한 활동을 지원하므로 중국의 반발을 상쇄하는 명분으로 작동할 수 있다. 즉 쿼드는 IPMDA를 통해 해상에서 발생할 수 있는 이와 같은 중국의 회색지대 전술을 포함한 다양한 형태의 위기를 관리하며, 항행의 안전, 재난구호, 환경보호, 어족자원 보호 등 다양한 지역 목표를 달성하고자 한다.

현재 쿼드는 이러한 방식으로 실용적인 지역 공공재의 제공에 중점을 두는 의제를 추진하고 있지만 앞으로 협력 사안들을 확대시키면서 안보적 함의가 강한 협력을 점차 확대, 강화할 가능성이 크다. 특히 우주와 해양영역인식 분야에서 쿼드 참여국 간 협력은 현재 민간 정보의 통합과 공유에 초점을 두고 있지만, 향후 이러한 정보공유 협력은 참여국들의 정보 융합 능력을 강화하고 정보·감시·정찰 능력을 증대시킬 것으로 보인다. 인도의 경우 인도양에 진출하려는 중국 해군력을 견제하기 위해 장거리 투사 능력의 증대를 위해서 해양 정보 능력의 강화가 필요하고, 이러한 안보적 필요는 쿼드 국가들과의 협력을 촉진시킬 것이다.

2. 미국 주도 태평양 도서국과의 정보협력

인태지역에서 미국이 주도하는 개방된 형태의 경제·안보 협의체인 '푸른 태평양 동반자(Partners in the Blue Pacific, PBP)'는 2022년 6월 24일 우방 4개국, 즉 일본, 호주, 뉴질랜드, 영국과 출범시킨 비공식 기구이다. 중국이 태평양 지역 일부 국가와 군사협정을 맺고 병력과 군함을 파견하며 군사적 영향력을 확대하는 도전에 대응하기 위해 설립한 PBP에 2022년 9월 독일과 캐나다가 합류했고 한국도 11월 참여의사를 밝히고 2023년 1월 합류했다. 피지, 파푸아뉴기니 등 태평양 도서국들이 주축이 되어 설립한 '태평양제도포럼(Pacific Islands Forum, PIF)' 회원국들은 부속 기관을 PBP에 파견했고, EU, 인도, 프랑스는 옵서버(observer) 자격으로 참석하고 있다.

태평양 도서국가의 PIF와 긴밀하게 공조하고 있는 PBP는 태평양 도서국의 태평양 지역주의(Pacific regionalism)를 지원하고 이 지역에서 국가 주권, 투명성(transparency), 책임성(accountability)의 원칙이 작동하도록 지원하고 있다. PBP는 또한 PIF 및 태평양 도서국들과 기후위기, 연결성, 교통, 해양안보와 해양보호, 보건, 경제발전, 교육 등의 영역에서의 다양한 협력을 논의하고 있고, PIF가 제시한 태평양 도서국들의 장기 발전 전략인 '2050 푸른 태평양 대륙 전략(2050 Strategy for the Blue Pacific Continent)'을 지원하고 있다(White House 2022).

PBP에서 논의되는 해양영역인식체계(MDA)는 동중국해와 남중국해에서 중국의 군사도발을 견제하고 해양 분쟁을 차단하기 위한 정보공유 시스템이다. 미국은 PBP의 MDA를 통해 인공위성, 무인기, 자동식별 시스템 무선 주파수 기술 등 활용한 실시간 감시체계를 구축하고 동맹국이 수집한 정보를 공유하고자 한다. 이러한 감시 및 정보공유 시스템은 인태지역에서의 인도주의 사태, 자연재해, 불법 어업에 공동 대응하려는 목적을 위한 것이다. 2023년 1월 24일-26일 미국 하와이에서 열리는 PBP의 첫 워크숍에는 파트너 국가들과 태평양 도서국들이 참여했고, 한국도 파트너 국가로서 외교부 실무자급이 참가했다. 이 워크숍은 불법·비보고·비규제 어업(Illegal, Unreported and Unregulated Fishing, IUUF)과 MDA에 대한 참가국 간의 상호 이해를 증진하기 위한 방안을 논의했다.

3. 유럽의 인태지역 정보협력

최근 유럽의 주요 국가들은 인도·태평양 지역에의 관여와 이 지역 국가들과의 협력을 강화하기 위한 다양한 국가 전략을 내놓고 있다. 2021년 9월, EU는 인도·태평양에서의 협력을 위한 전략을 내놓았다. 프랑스, 독일, 네덜란드도 EU 차원을 넘어, 자체적인 인태전략을 발표했고, 영국도 '인도·태평양 편향(Indo-Pacific tilt)' 전략을 발표한 바 있다. 현재 EU는 '인도양핵심항로협력(Maritime Cooperation through the Critical Maritime Routes Indian Ocean, CRIMARIO)'을 통해 인태지역의 파트너 국가들과 정보공유 협력을 도모하고 있다. 이 정보공유체계를 통해 인태지역 국가들과 인도양에서의 해적행위, 마약거래, 불법 어업 행위 등에 대응하고 있고, 현재 CRIMARIO는 서인도양을 넘어 남아시아와 동남아시아로 확대되고 있다. CRIMARIO는 필리핀을 포함하여 한국, 베트남 등 아시아 국가들과 정보공유, 역량강화(capacity building) 및 합동 군사훈련 등 다양한 협력을 통해 MDA를 증진시키고 개방된 규칙기반의 역내 해양질서를 구축하는 노력을 펼치고 있다.

EU는 2021년 발표한 '인도·태평양협력전략(Strategy for Cooperation in the Indo-Pacific)'과 2022년 발표한 '안보방위전략지침(Strategic Compass for Security and Defense)'에 더하여 2023년 3월 10일 2014년 이후 처음으로 해양안보전략(Maritime Security Strategy)을 발표했다(Pejsova 2023). EU는 인태전략에서의 정보공유를 활성화하기 위해 '인도·태평양 지역 정보공유 플랫폼(Indo-Pacific Regional

Information Sharing, IORIS)'을 구축하여 남중국해를 포함한 인태지역 해역에서 한국과 아세안 국가를 포함한 여러 유사입장국들과 MDA를 강화하는 협력을 추구하고 있다.

IV. 한국의 인태지역 정보협력과 군사외교

살펴본 바와 같이 최근 인태지역에서 본격화되고 있는 국가 간 정보공유, 해양에서의 재난, 위기 및 불법적 활동에 대한 공동 대응 등 미국을 비롯한 서방 국가들과 아시아 태평양 국가들 간 다양한 협력은 이들 국가 간 향후 군사안보 협력의 중요한 토대를 만들고 있다. 인태지역에서의 중국의 군사적 부상과 해양에서의 회색지대 전술의 빈번한 사용, 그리고 러우전쟁이 보여준 첨단 정보커뮤니케이션 기술을 이용한 정보전이 전세에 끼치는 위력을 고려할 때, 정보협력은 가장 먼저 수반되어야 하는 안보협력으로서 본격화되고 있다. 인태지역에서의 이와 같은 서방과 아시아 태평양 국가 간 광범위한 정보공유 협력은 앞으로 해양과 우주 영역에서의 한층 진전된 군사안보 협력으로 발전될 것이다.

현재 나토(NATO) 회원국뿐 아니라 영국, 호주, 일본, 인도 등 쿼드(QUAD)와 오커스(AUKUS) 회원국, 그리고 한국을 비롯한 아세안 회원국들이 우크라이나에 대해 군사적, 재정적, 인도적 지원을 제공하는 것은 앞으로 '힘을 통한 현상의 변경'에 반대하는 이들 국가의 집단적 목소리이며, 이는 곧 인태지역에서의 중국의 유사한 행동에 대한 경고의 메시지가 될 수 있다. 특히 러시아로부터 오랫동안 무기 수입을 비롯하여 우호적인 협력관계를 유지해 온, 약소국의 집합체인 아세안 회원국들의 러우전쟁에 대한 적극적인 입장 표출도 같은 맥락에서 이해할 수 있다. 아세안 회원국 중 싱가포르와 필리핀은 러시아에 대해 우크라이나에 입힌 피해 배상금을 요구하는 결의안을 지지했다. 러시아의 오랜 우방인 캄보디아는 2022년 10월 유엔(UN)에서 러시아의 불법 병합을 규탄하는 결의안에 찬성하고 우크라이나 난민을 수용하겠다고 선언하며 아세안 순환 의장국으로서 이번 전쟁에 대한 아세안의 단합된 여론을 이끌어내려는 리더십을 보여주었다(대외경제정책연구원 2022).

인태지역의 정보공유 협력에 있어서 한국은 북한의 핵과 미사일 도발이나 사이버 공격 및 첩보활동 관련 정보 제공 등 북한과 관련된 정보 제공을 통해 인태지역에서의 다양한 정보공유 협력 협의체에 참여하고 기여할 수 있다. 최근 한국은 미국, 일본과 한미일 미사일 정보 공유체계를 도입하기로 합의했다. 2022년 11월 13일 한미일 정상회의에서 북한 미사일 발사 지점과 발사 방향, 탄착 지점, 미사일 기종 등 북한 미사일 경보 정보를 실시간 공유하기로 합의했다. 또한 2022년 4월 14일 3년 만에 열린 제13차 한미일 안보회의(Defense Trilateral Talks, DTT)에서 3국은 북한이 발사한 미사일 경보 정보를 실시간 공유하기 위해 미 국방부를 매개로 3국이 정보를 공유하는 한미일 정보공유약정(Trilateral Information Sharing Arrangement, TISA)을 포함하여 기존의 정보체계를 최대한 활용하기 위한 방안을 논의했다.

한국과 일본은 군사훈련 상황이 아닌 평시 이러한 정보를 실시간으로 공유한 사례가 부재했으므로 기존의 TISA를 개정하거나 새로운 정보공유체계를 구축하는 방안을 모색할 수 있다. 한미일은 2023년 6월 싱가포르에서 열린 제20차 아시아안보회의(Asia Security Summit/ Shangri-La Dialogue)에서도 재차 그동안 논의한 북한 미사일 경보정보(발사 추정지점, 비행궤적, 예상 탄착지점)의 실시간 공유 체계를 구축할 것을 합의했다. 이러한 한미일 간 북한 관련 정보공유 협력은 인태지역의 안보에도 기여할 것이고 쿼드 및 EU가 추진하고 있는 다양한 정보공유체계와 연계시킬 수 있다.

이 밖에도 현재 우리 공군은 영국 우주사령부와 우주물체 정보 교환, 호주와는 한반도 상공과 남반구의 위성정보 교환을 추진하고 이들 국가와의 협의체 구성을 계획하고 있으며, 일본 항공자위대도 북한의 핵·미사일 정보 공유를 위해 공군 우주센터를 방문한 바 있다. 또한 우리 국방부는 2023년 5월 30일 프랑스 국방부와 '국방우주협력을 위한 의향서'를 체결하고, 우주영역인식 정보공유, 우주연습·훈련, 전문성 함양을 위한 인력교류 확대 등 국방 우주력 향상을 위한 협력을 증진시키기로 했고 프랑스 주관 국제우주연습 참가, 우주정책 공동연구 등의 협력을 계획하고 있다.

한국이 인태지역에서 미국과 유럽이 주도하고 있는 다양한 정보공유 협력 이니셔티브에 적극적으로 동참해야 하는 가장 큰 이유는 자유로운 항행과 규칙 기반의 질서, 안정적인 무역항로와 공급망 유지, 국제법, 특히 국제해양법(United Nations Convention on the Law of the Sea, UNCLOS)의 준수 등 한국은 인태지역 국가들이 추구하는 이해와 가치를 공유하고 있고, 중국의 이 지역에서의 공격적 군사력의 투사에 대한 우려를 공유하기 때문이다. 더불어, 한국에 대한 군사적 위협은 북한의 핵과 미사일 외에도 해상과 근우주에서의 북한이나 중국의 회색지대전술이나 하이브리드 위협같이 불명확하고 복잡하며 조악한 형태로 다가올 수 있다. 2022년 12월 우리 영공에 북한의 조악한 드론이 진입했다 돌아간 사건은 소형의 비행체에 대한 우리의 공중 정찰능력과 대응태세의 취약성을 드러낸 사건으로서 이러한 형태의 위협은 북한의 회색지대전술 혹은 하이브리드 위협으로 볼 수 있다. 따라서 인태지역의 다양한 영역과 관련된 국가 간 정보공유 협력은 우리의 국가 안보와 직결되는 사안이다.

앞서 언급한바, 국가 간 정보공유는 상호 간 신뢰구축과 외부 환경에 대한 동일한 인식과 이해를 촉진시키고 이후의 발전된 형태의 군사안보 차원에서의 안보협력에 기여하게 된다. 따라서 한국은 현재 활발하게 진행되고 있는 인태지역의 위성정보를 비롯한 다양한 정보공유 이니셔티브 및 우주관련 TTX와 군사훈련 등에 적극적으로 참여해야 한다. 또한 앞으로 한국은 향후 발전시킬 한국형 MDA 체계 구축 및 미국이 이끄는 쿼드와 EU와 다양한 정보공유체계와 우리의 MDA 체계의 연동을 추구할 수 있다. 더불어, 우리의 ISR 자산 공유와 정보 제공, 해군·해경 장비의 인태지역에의 공여 확대와 합동 해상훈련 참가 등 우리의 정보역량과 해군역량을 활용하여 인태지역에서의 정보협력과 군사협력에 참여하고 인태지역의 안보 증진에 기여할 기회를 창출해야 한다. 특히 미국이 주도하고 있으며 우리도 2022년 11월에 가입한 PBP를 통해 위성정보를 포함한 다양한 감시정찰 정보 공유 시스템에 협력하고, 해상에서의 합동 군사훈련에 적극 동참하며, 인태지역 우주협력 의제를 발굴, 제시할 수 있어야 한다.

미국의 2022년 국방수권법안(National Defense Authorization Act)은 한국의 평택 미군기지에 인도·태평양 지역 거점 정보융합센터(Information Fusion Cell)를 설치할 것을 권고한 바 있다. 우리 정부는 미국과 동 센터의 설치를 추진할 방안을 검토하고 센터가 다룰 위협정보에 우주 관련 정보를 포함한 인태지역의 다양한 위협정보의 융합 계획을 마련하는 방안도 고려해야 한다. 특히 미래 우리 군의 효과적인 우주작전은 우주 분야 정보가 지상, 해상, 항공과 사이버 공간의 정보와도 융합되어 더 종합적인 정보체계를 구축해야 한다. 또한 정부는 민간과도 우주 분야의 체계적 정보공유 시스템을 마련할 필요가 있다.

더불어, 인태지역 정보공유와 군사협력을 도모하는 다양한 협의체에의 한국의 참여와 적극적인 군사외교는 비전통 안보 분야에서도 우리에게 다양한 이익과 기회를 제공할 수 있다. 이 지역에서의 우리의 군사협력 외에도 현재 진행되는 인태지역의 다양한 협의는 해양안전과 해양환경 보호 및 재난 대응 및 등 비전통 안보 이슈와 관련된 다양한 협력의 영역을 포함한다. 따라서 우리의 인태지역에서의 역할과 위상 증진을 위한 노력은 다양한 이슈영역에서 전방위적으로 혹은 포괄적으로 이루어져야 한다. 더욱이 이 지역에서의 국가 간 다양한 정보협력은 앞서 언급한 해적행위, 마약거래, 불법 어업뿐만 아니라 평시 재난과 재해 대응과 사이버 공간·우주공간에서 발생할 수 있는 다양한 초국가적 범죄와 위협에 대한 대응에 있어서도 유용하다.

한국은 일본, 호주, 인도 등 쿼드 국가들과 비교할 때 이 지역에서의 양자 및 다자 안보협력에 많이 뒤처져 있다. 한국은 이들과의 협력을 진전시킬 뿐 아니라 아세안, 유럽 및 태평양 도서국 등과 해양, 항공, 사이버, 우주 및 ICT를 비롯한 신기술과 방산 협력 등 광범위한 영역에서의 정보협력 및 안보협력 의제를 발굴하고 활발한 군사외교를 전개해야 한다. 더불어, 이러한 분야에서의 한국의 참여와 협력의 시너지를 배가하기 위해 우리 정부는 다양한 정부 부처와 민간 주체에 이러한 분야에의 참여와 협력의 기회를 제공해야 한다. 군사안보적 성격이 강한 이슈의 경우에도 특히 사이버, 우주, 신기술 분야와 해당 분야의 정보협력은 단순히 외교안보 부처뿐 아니라 관련 민수부처와 민간 전문가 및 산업계의 공조와 협력을 동반하는 경우가 대다수이기 때문이다.

참고문헌

대외경제정책연구원. 2022. "러-우크라전 장기화에 아세안 각국과 러시아 간 관계 악화."
　　https://www.kiep.go.kr/aif/issueDetail.es?brdctsNo=340969&mid=a30200000000
　　&systemcode=03
문병기. 2022. "쿼드 정상들, 中해군 겨냥 "남-동중국해 실시간 감시.""『동아일보』. 5월 25일.
　　https://www.donga.com/news/Inter/article/all/20220525/113601875/1
이장훈. 2022. "동·남중국해 무법자 中 해상민병 막아라… 쿼드 해상감시체제 구축 본격화."
　　『동아일보』. 6월 25일. https://weekly.donga.com/List/3/06/11/3467935/1

Citowicki, Philip. 2022. ""Black ships", the Quad and space." May 26. https://www.
　　lowyinstitute.org/the-interpreter/black-ships-quad-space
EU. 2022. "EU Strategy for Cooperation in the Indo-Pacific." February 21. https://www.
　　eeas.europa.eu/eeas/eu-strategy-cooperation-indo-pacific_en
NATO. 2023. "Joint Intelligence, Surveillance and Reconnaissance." April 11. https://
　　www.nato.int/cps/en/natohq/topics_111830.htm
Pejsova, Eva. 2023. "The EU's Maritime Ambitions in the Indo-Pacific." *The Diplomat.*
　　March 14. https://thediplomat.com/2023/03/the-eus-maritime-ambitions-in-the-
　　indo-pacific/
Soeters, Joseph & Irina Goldenberg. 2019. "Information sharing in multinational
　　security and military operations. Why and why not? With whom and with whom
　　not?" *Defence Studies* 19, Issue 1. https://www.tandfonline.com/doi/abs/10.1080/
　　14702436.2018.1558055
The White House. 2022. "Statement by Australia, Japan, New Zealand, the United
　　Kingdom, and the United States on the Establishment of the Partners in the Blue
　　Pacific (PBP)." June 24. https://www.whitehouse.gov/briefing-room/statements-
　　releases/2022/06/24/statement-by-australia-japan-new-zealand-the-united-
　　kingdom-and-the-united-states-on-the-establishment-of-the-partners-in-the-blue-
　　pacific-pbp
Tisdal, Simon. 2016. "Little blue men: the maritime militias pushing China's claims." *The*
　　Gaurdian. May 16. https://www.theguardian.com/world/2016/may/16/little-blue-
　　men-the-maritime-militias-pushing-chinas-claims-in-south-china-sea

제7장   인도·태평양 지역의 세력권 경쟁과
동맹체제의 전환

윤대엽(대전대학교)

I. 문제제기

2022년 한미연합훈련이 재개되고 북한이 강경하게 대응하면서 남북 간의 군사적 긴장이 고조되고 있다. 북한 인민총참모부는 자주권과 인민의 안전을 수호하기 위해 '강화된 대응조치'를 밝힌 데 이어 공세적 군사대응이 이어지고 있다. 2022년 한미연합훈련 기간 중에는 ICBM을 포함해 미사일 40여 발을 발사하고, 150여 대의 군용기를 동원해 공중도발을 감행했다. 10월 한미연합공중훈련 기간 중에는 휴전선 인근 지역에 대한 의도된 도발을 감행하여 '9·19군사합의'를 무력화하고 '대남군사작전 일지'를 공개하기도 했다. 2023년에는 다종화, 고도화된 전략무기체계를 과시하고 있다. 화살-1(KN-27) 및 개량형인 화살-2 순항미사일, 핵 어뢰로 발표한 해일-1, 2에 이어 고체연료를 사용하는 새로운 단계의 화성-18호 미사일을 공개했다.

남북의 군사적 긴장이 동북아의 군비경쟁 시대(era of arms race)와 결부되어 있다는 점에서 우려가 높다. 남북 군비경쟁은 미중경쟁, 동북아의 군비경쟁이라는 구조적, 체제적 안보환경에서 진행되고 있다. 동북아 전후체제의 구조변동은 2012년을 전후로 중국의 시진핑 체제, 일본의 아베 내각, 북한의 김정은 체제, 그리고 푸틴 3기가 출범하면서 시작되었다(윤대엽 2022b). 2012년 권력교체를 전후로 공세적 중국(assertive China) 논쟁을 불러일으킨 시진핑 체제는 미중경쟁, 안보위협을 이념화하고 3연임을 결정하면서 '부상 이후 중국문제'가 장기적, 체제적 문제로 전환되었다. 트럼프-시진핑 시기 본격화된 미중경쟁, 핵무장한 북핵 위협이 한국은 물론, 일본, 대만의 안보딜레마를 심화시키면서 동북아의 군비경쟁이 본격화되었다.

미소 냉전이 종식된 이후에도 동북아의 상대적 방위비 비중은 큰

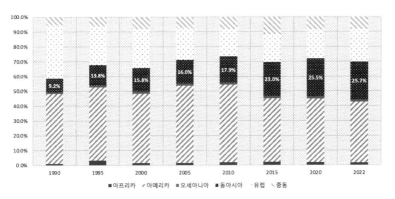

그림 7.1 지역별 방위비 비중, 1970-2022 (단위: %)
출처:SIPRI Defense Expenditure 2022(Current USD) 참조 저자 작성.

폭으로 증가해왔다. 1970년 69%로 세계방위비에서 압도적인 비중을 차지했던 미국은 2020년 44.3%, 같은 기간 서유럽 국가의 비중이 18.9%에서 14.2%로 감소한 반면, 동북아 5개국(중국, 일본, 한국, 대만, 북한)의 방위비 지출비중은 1990년대 6.2%에서 2020년 18.7%로 증가했다. 동북아 방위비의 약 70%를 점유하는 중국(2020년 기준 2,532억 달러) 방위예산의 증가와 함께, 2000년대 이후 한국의 방위비도 매년 6.4%씩 증가했다. 북핵 위협이 고도화되면서 2017년 40조 원이었던 한국의 방위비는 2022년 57조 원으로 45%나 증가했다. 아베 내각 이후 전후 방위규범의 변경, 전후구속을 폐지한 일본은 2022년 선제공격능력의 보유와 함께 방위비를 GDP 2%로 증액하는 국가안보전략을 발표했다.

2012년 이후 본격화된 동북아의 군비경쟁이 양적 경쟁을 넘어 전략적, 구조적, 기술적 비대칭에서 비롯되는 안보딜레마를 심화시키고 있다. 첫째, 전략적 비대칭(strategic asymmetry)이다. 핵무장한 북한과 중국, 러시아의 협력은 핵무기를 보유하지 않은 한미일의 전략적 비대칭을 심화시킨다. 중국과 러시아가 공세적 핵전략을 명시한 데 이어, 2022년 북한도 '핵무력정책법'을 제정하고 핵무기의 선제적, 적극적, 임의적 사용을 명시했다. 시진핑 체제가 발표한 적극방어 전략은 1차적으로 기계화, 정보화(2025), 현대화(2035)를 거쳐 2049년까지 세계 일류군대를 육성하는 전략이다. 이에 따라 방어, 자위, 후발제인(後發制人)을 원칙으로 하는 핵 억제, 방어, 반격능력을 고도화하는 군사전략을 추진하고 있다. 중국은 2027년까지 700개, 2030년까지 1,000개의 핵단두를 보유하게 될 것이며(DoD 2021, 90), 북한도 2030년까지 200여 개의 핵탄두를 보유할 것으로 평가되고 있다. 핵을 보유하지 않은 동맹국인 한국과 일본에게 확장억지(extended deterrence)를 제공해야 하는 미국은 북중러의 핵 위협을 동시에, 하지만 상이한 전략으로 억지해야 하는 3자 핵 역학에 직면하게 되었다.

둘째, 구조적 비대칭(structural asymmetry)이다. 아래에서 세부적으로 검토하는 바와 같이 남북 군비경쟁은 '핵무장한 약소국'인 북한과의 경쟁이다. 방위비는 물론, 경제력, 기술적, 구조적 비대칭에서 비롯되는 군비경쟁과 전략적 비대칭이 상호 결부되면서 안보딜레마를 심화킨다. 더구나 미중 간의 군사적 경쟁도 구조적 비대칭을 상쇄하는 군비경쟁이 진행되고 있다. 중국이 영토, 주권, 발전 등의 핵심이익에 대해 미국과의 물리적인 충돌을 감수해야 한다면 그 공간은 동북아와 인도-태평양 지역이 될 것이다. 미국패권에 도전하는 중국의 반패권전략은 핵심이익이 결부된 지역에서의 균형(local balancing)이라면 이미 미중 간의 군사적 균형은 전환점을 맞고 있다(Montgomery 2014). 장거리에 군사력을 투사해야 하는 미국에 대해 지리적 비대칭(geographic asymmetry)을 가진 중국은 반접근·지역거부(A2/AD)의 고도화를 통해 미국의 군사력을 거부하고 보복할 수 있는 능력을 가지게 되었다.

전략적, 구조적 비대칭에 수반되는 안보딜레마는 동맹체제 전환의 원인이자 결과로 작동하고 있다. 전후 집단안보를 위한 다자협력이 제도화된 유럽과 달리 동아시아에는 미국에 의존하는 양자동맹(bilateral alliance)이 구축되었다. 그런데, 미중경쟁이 본격화된 이후 냉전시기 구축되어 탈냉전 이후에도 지속된 미국 중심–바퀴살 동맹체제(hub and spoke alliance system)가 동맹 네트워크로 전환되고 있다. 아베구상에서 시작되어 아베–트럼프 시기 다자안보협력으로 구체화된 인–태 전략은, 바이든 행정부의 쿼드 플러스로 계승되어 미국 주도의 동맹 네트워크로 재편되고 있다. 동맹 네트워크 전략은 동맹 이외 공식, 비공식 협력국이 참여하고, 경제–안보가 연계된 다층적, 다원적 협력을 목적으로 하지만, 미국에 대한 비대칭적 안보의존을 탈중심화(decentering)하고 있다는 점에서 전환적 성격을 가진다.

미중경쟁, 분단체제의 갈등이 동북아의 군비경쟁을 심화시키고 있는 가운데 동맹협력의 목적과 체제는 어떻게 변화되고 있는가? 동맹, 비동맹을 포괄하는 다층적, 다원적 안보협력의 네트워크화를 촉진시키는 요인은 무엇인가? 본 연구는 미국이 주도하여 전환되고 있는 동맹체제의 성격을 동맹협력의 네트워크화, 또는 '네트워크 동맹'으로 개념화하고 그 원인이 (1) 구조적 측면, (2) 군사적 측면, 그리고 (3) 복합적 상호의존의 무기화에 수반되는 체제적 측면에 있음을 분석한다. 그리고 동맹 네트워크의 목적이 군사적 세력권(military sphere of influence)뿐만 아니라, 경제, 기술, 제도, 규범 등 포괄적 세력권(comprehensive sphere of influence)을 구축하여 중국에 대해 포괄적인 억지력을 행사하는 '네트워크 억지(deterrence by network)'에 있음을 설명한다. 마지막으로 미국 중심 양자동맹의 네트워크 동맹으로의 변화가 한국의 안보전략 및 동북아의 안보질서에 대한 함의를 분석한다.

II. 동북아의 동맹체제: 구조, 쟁점과 접근시각

미국 주도 동맹체제(alliance system)는 전후 동아시아의 평화와 안보질서에서 필수불가결한 요인이었다. 동맹은 생존과 상호이익을 전제로 참여국의 협력이 일정 기간 지속되는 선언적, 제도적, 무엇보다 군사적 관계를 의미한다(전재성 2004, 65). 동맹이 다자제도, 지역통합, 경제조약과 차별화되는 본질적인 특징은 명시적 또는 잠재적 적대국을 명시하고, 안전보장을 위한 군사협력을 목표로 하기 때문이다. 1947년 3월 트루먼 독트린, 마셜 플랜 이후 반공과 봉쇄를 위한 냉전경쟁에서 미국 주도 동맹체제는 분단체제의 체제경쟁, 진영협력과 안전보장에서 중심적인 안보체제였다. 미국 의존 동맹체제가 탈냉전 이후에도 지속된 것은 동아시아 안보체제의 미국 중심성과 함께 탈냉전 이후 두 개의 차이나, 두 개의 코리아 등 분단체제의 갈등이 심화되었기 때문이다(윤대엽 2022c). 미소 냉전경쟁을 위해 구축되어 탈냉전기 지속된 미국 중심 동맹체제는 양자동맹, 비대칭성, 그리고 전후 일본의 특별한 위상에 그 특징이 있다.

동북아의 미국 주도 동맹체제는 냉전경쟁을 위한 미국의 동아시아 전략이었던 샌프란시스코 체제(San Francisco system)의 하위질서로 구축되었다. 미소냉전에 분단체제의 갈등(양안)과 전쟁(남북)이 중첩되었던 동아시아의 냉전체제가 형성되자 미국은 샌프란시스코 강화조약을 통해 전후체제를 구축했다(윤대엽 2022c; 김숭배 2019). 그러

나, 전후 체제의 구축을 위해서는 평화헌법에 구속된 일본, 일본의 재
무장을 우려하는 지역 국가의 문제를 해결해야 했다(Cha 2016). 미국
은 샌프란시스코 강화협상과 동시에 필리핀, 호주, 뉴질랜드 등과 안
전보장문제를 협의했고, 미국-필리핀, 미국-호주, 뉴질랜드 삼각방위
조약을 제도화되었다. 반면, 미소냉전의 최전선에 있었던 분단국가와
의 동맹협력은 다른 맥락에서 진전되었다. 1953년 체결된 한미동맹은
미국의 안보전략과 사전계획이라기보다 이승만 정권의 적극적인 의
지의 결과물이다. 미국은 한국의 중립국화 방안을 포함하여 휴전협상
을 진전시키려 했지만 이승만 정부는 휴전에 반대했다. 본토수복을 공
언하며 양안 간의 긴장을 고조시키는 장개석 정부도 미국의 동아시아
전략에 부담이었다. 한국, 대만과의 동맹협력은 공산진영의 위협에 대
응하는 적대국 간 게임(adversarial game)뿐만 아니라, 분단체제의 갈
등을 관리하기 위한 동맹국의 관리수단이었다(Cha 2016). 미소냉전은
일본의 비무장화와 전후 구축을 위한 미국의 동아시아 전략을 냉전전
략으로 전환시켰고, 일본(1951), 한국(1953), 대만(1954)과 상호방위
조약을 체결하면서 미국과의 동맹협력에 의존하는 미국 중심 안보체
제가 구축되었다. 1954년에는 동남아조약기구(Southeast Asia Treaty
Organization, SETO)가 샌프란시스코 동맹에 합류했다(박재적 2012).
동남아에서 공산주의 팽창을 막기 위해 출범한 SETO는 미·영·프·호,
뉴질랜드, 파키스탄 등 6개 역외국가 이외 역내국가는 태국, 필리핀 등
2개국만 참여했고, 1977년 공식 해체되었다. 그러나, SETO의 군사협
력을 위해 체결된 동남아집단방위조약(또는 마닐라조약)은 미국-태국
동맹협력으로 지속되고 있다.

　　미국 주도 양자동맹은 안보전략과 자원을 전적으로 미국에 의존
하는 비대칭 동맹(asymmetric alliance)이다. 평화헌법에 구속되어 있

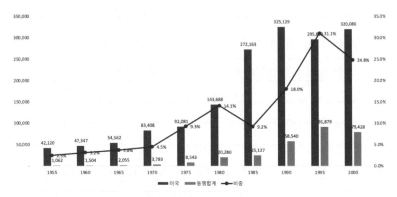

그림 7.2 미국 및 7개 동맹국 방위비(좌)와 비중(우), 1955-2000(백만 달러, %)*
* 1955-1985년 기간 중 대만 방위비 지출액 미포함.
출처:SIPRI, SIPRI Military Expenditure Statistics 참조.

는 일본과 분단체제의 경쟁이 지속되는 동북아의 동맹국은 자력에 의한 군비증강이 제한되었다. 더구나 체제적 진영경쟁의 구조에서 동맹국의 안보전략은 미국에 의존할 수밖에 없었다. 1955년부터 2000년까지 한국, 일본, 대만, 태국, 호주, 필리핀, 뉴질랜드 등 7개 동맹국의 방위비의 미국 대비 비중은 〈그림 7.2〉에서 보는 바와 같다. 닉슨독트린과 미중데탕트 이전[1]까지 7개 동맹국의 방위비는 미국 대비 4.5%에 불과했다. 1975년 이후 동맹국의 방위비 비중이 상승하는 것은 미중데탕트 이후 동아시아 주둔 미군감축에 따라 자주국방(한국) 또는 자력방위(일본) 등의 목적에서 방위지출이 증가했기 때문이다. 그러나, 주둔하고 있는 미군뿐만 아니라 방위장비를 미국에 의존하는 동맹국은 전략적, 작전적, 기술적 상호운용성(interoperability)에 구속되었다.

---

1   동아시아의 냉전체제는 유럽과는 다른 역사적인 전환을 경험했다. 냉전초기(1947-1972) 미국진영, 공산진영의 전쟁, 갈등이 지속되었다면 미중데탕트(1972)를 계기로 미중-러 삼각관계가 변화되면서 동아시아 주둔 미군이 감축되고 군사적인 긴장이 완화되었다. 관련 논의는 윤대엽(2022c)의 논의 참조.

　　동맹협력의 의존성은 유럽과 달리 동아시아에서 집단안보 (collective security) 또는 공동안보(common security)의 제도화를 제한한 요인이다. 동아시아에 내재된 전략적, 구조적, 역사적 요인은 미국에 의존하는 양자동맹을 지속시켰다. 우선, 동맹협력을 주도한 미국은 유럽과 달리 다자안보체제를 선호하지 않았다. 유럽의 동맹국을 동등한 협력 상대로 인식한 것과 달리, 미국은 아시아의 동맹국을 하위 공동체(inferior community)로 인식하는 집합적 정체성(collective identity)을 가지고 있었다(Hemmer and Katzenstein 2002, 575-600). 다자적인 안보협력을 주도하는 능력의 부재와 격차도 중요한 요인이다. 박정희 정부와 장개석 정부는 아시아·태평양이사회(ASPAC) 등 반공진영협력을 추진했지만 미국은 이를 지원하지 않았다(윤대엽 2022c). 국력, 체제, 종교, 인종적인 다양성을 가진 동아시아 국가들은 안보협력에 대한 공유된 정체성을 가지고 있지 않았다(Acharya 2009). 더구나, 서구제국의 식민지배를 경험하고, 자립적인 근대화를 경험하지 못했던 동아시아 국가들은 교류와 협력의 경험도 부재했다. 미국을 제외하면 안보협력을 주도할 수 있는 능력을 가진 유일한 국가는 일본이었지만, 평화헌법에 구속된 일본의 전후 안보전략 역시 전적으로 미일동맹에 의존했다.

　　탈냉전은 냉전경쟁을 위해 구축되어 지속된 미국 의존 양자동맹을 정치화시켰다. 첫째, 동맹협력의 양자성이다. 구소련연방이 해체되고 진영경쟁이 해소되면서 양자적인 안보협력의 다자화에 대한 논의가 촉발되었다. 특히, 양자동맹을 냉전체제의 유산이라고 비판하는 중국은 안보의제가 포함된 다자적인 관여를 통해 미국 중심 지역질서에 진입하고 세력권을 확대했다(Shambaugh 2004). 둘째, 동맹협력의 의존성이다. 공동의 안보위협이 소멸된 탈냉전 이후 동맹국은 안보지원을 축소하는 미국의 동아시아 전략에 따라 자주적인 안보전략을 추진했다. 탈냉전 이후 경제적 지위와 군사적 능력이 분리되어 있는 전후 일본의 '구조적 아노말리(structural anomaly)'는 단지 정치적 선택의 문제였을 뿐이다(Waltz 1993, 67). 부상하는 중국과의 복합적인 상호의존이 심화되었음에도 불구하고 경제-안보가 분리된 동맹체제의 폐쇄성은 전략적 모순을 심화시켰다. 한편으로 동맹국의 대중관계는 미중협력 또는 갈등과 연루(entrapment)되었다. 다른 한편으로 영토, 주권, 발전 등 핵심이익에 대한 중국의 강제력에 방기될 수 있다는 우려를 수반했다. 그런데, 탈냉전 이후에도 지속되었던 미국 주도 양자동맹 체제가 미중경쟁이 본격화된 트럼프-시진핑 이후 체제적인 변화가 진행되고 있다.

트럼프-시진핑 시기 본격화된 미중경쟁 이후 미국이 주도하여 재편하고 있는 동맹체제의 특징은 크게 세 가지로 요약할 수 있다. 첫째, 양자동맹이 동맹국은 물론 비동맹국을 포함하는 다자적인 네트워크 동맹으로 확장되고 있다. 트럼프-아베 시기 추진된 인태전략을 쿼드 플러스(Quad Plus)로 계승하고 확대했다. 미국이 인태지역의 국가임을 명시한 바이든 행정부가 추진하는 목적은 (1) 자유롭고 개방된 지역질서를 목표로, (2) 전통적인 동맹뿐만 아니라 협력국, 파트너와 집합적 능력(collective capacity)을 강화함으로써, (3) 지역적, 글로벌 현안에 공동으로 대처하고, (4) 지역안보 및 초국가적 위협에 대한 회복력을 구축하는 것이다(The White House 2022a). 2022년 발표된 바이든 행정부의 국가안보전략(NSS)는 포괄적 네트워크를 기반으로 하는 변혁적 협력(transformative cooperation) 전략이 제시되었다(The White House 2022b, 16-18). 우선, NATO, 전통적인 동맹국은 물론 AUKUS, 정보동맹(five eyes), 쿼드 플러스 등 동맹과 동맹을 상호

표 7.1 국가안보전략(NSS)의 변혁적 협력 전략

구분	세부 협력목표와 비전
NATO	• 러시아의 침략을 억지하기 위한 단결 • 2022 마드리드 정상회의, 중국의 체제적 도전과 사이버, 기후변화 대응
US-EU 무역기술위원회	• US-EU 경제, 기술, 무역 협력 강화 • 민주적 가치에 기반 글로벌 기술, 경제, 무역의 규칙 구축
AUKUS	• 인도-태평양의 방어와 기술통합을 위한 안보 파트너십
Five Eyes	• 미국 주도 호주, 캐나다, 뉴질랜드, 영국 정보 거버넌스
Quad Plus	• 인도-태평양 지역의 안정, 기후변화, 사이버 안보, COVID-19 등의 대응 • 동맹국과의 정보협력은 기술경쟁의 전략적 자산
G7	• 인도-태평양과 유럽의 동맹국의 통합 및 협력 확대 • 인도, 아르헨티나, 인도네시아, 세네갈, 남아공, 우크라이나 등 일치한 목표를 가진 국가들의 참여 확대(2022년)
민주주의 동맹	• 민주주의 동맹(democratic allies)과 파트너와의 협력 • 인권, 가치, 민주주의 체제의 수호 및 평화, 안보, 번영 촉진

연계하고 민주주의 동맹(democratic allies)은 체제적인 이해를 공유하는 국가를 포용한다.

둘째, 네트워크 동맹은 경제-안보가 결부된 구속력을 가진 제도뿐만 아니라, 포괄적 의제에 대한 비공식적 제도로 구성된다. 냉전경쟁을 위해 구축된 동맹체제는 안보는 물론, 외교, 경제, 무역, 기술 협력을 구속했다. 반면, 체제, 종교, 인종, 가치 등 동아시아의 다원성과 격차는 다자적인 안보협력을 제한했던 지역적인 요인이었다. 탈냉전 이후 미국 중심 동맹협력은 안보협력이 배제된 상호의존과 공존했다. 그런데, 미중경쟁이 본격화되면서 상호의존에 구조화된 민감성과 취약성을 관리해야하는 경제안보전략(economic statecraft)은 새로운 전환점을 맞았다. 그러나, 경제안보전략은 탈냉전기 경제-안보가 분리되어 심화되어 온 '상호의존의 상호의존'의 복합적 이해와 이익의 변화를 수반해야 한다(윤대엽 2022a). 비대칭적 상호의존에 수반되는 민감성과 취약

성은 안보적인 현안이지만, 반대로 탈동조화(decoupling)에 수반되는
이익구조의 변화 역시 안보 현안이다. 아울러 상호의존의 무기화하는
경제안보전략이 영향력을 행사하기 위해서는 양자관계는 물론, 소다
자, 다자적 상호의존의 제도적 기반이 구축되어야 한다. 동아시아의 복
합적인 이해관계를 포괄하는 협력의 진전을 위해서는 다층위·다원적
제도기반이 설계되어야 한다.

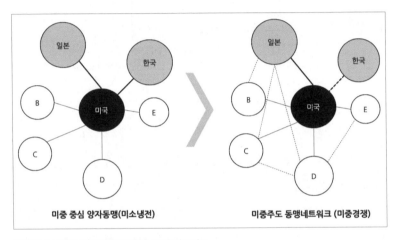

그림 7.3 동북아 동맹체제의 전환: 동맹 네트워크

　셋째, 이 때문에 동맹과 비동맹국을 회원으로 공식 또는 비공
식 제도를 통해 협력을 증진시키는 네트워크 동맹은 미국의 중심성
(centrality)에 차이가 있다. 전통적인 양자동맹체제는 미국 중심으로
구축, 관리되었다. 그러나, 네트워크 동맹의 미국 중심성은 두 가지 이
유 때문에 과거와 다르다. 앞서 지적한 바와 같이 네트워크 동맹이 협
력의제와 회원국을 확대하고, 구속력이 다른 공식, 비공식적 제도기반
은 협력의 구심력을 약화시켰다. 동맹국의 역할도 미국 중심성을 변화
시킨다. 특히, 일본, 호주 등은 미국과의 동맹협력을 강화하는 한편, 다

양한 안보협력 네트워크를 통해 미국 의존성을 다각화하고 잇다. 아베 내각 이후 일본의 경우 전후 방위정책을 구속했던 평화헌법의 해석 변경, 무기수출 3원칙을 폐지한 이후 미국 이외 국가와의 안보대화, 군사교류, 공동훈련뿐만 아니라 군사기술 협력을 통해 안보부문의 자주적인 역량을 확대는 것은 물론, 양자동맹의 네트워크화를 주도하고 있다(Midford 2018). 미국 이외의 동맹국이 공식, 비공식적 안보협력의 역할을 확대하면서 미국 중심 양자동맹은 집합적 동맹(collective alliance), 또는 연방방위(federal defense)로 전환되고 있다(Hughes 2018; Hemming 2020). 아래에서는, 미국 중심 양자동맹이 네트워크 동맹으로 전환을 촉진하는 요인은 무엇인지 (1) 구조적 요인, (2) 군사적 요인, (3) 상호의존 전략 요인을 검토하고, 체제적, 장기적 요인으로 복합적인 세력권의 확대를 목표로 하는 미중경쟁에서 동맹 네트워크 전략이 가지는 전략적 함의를 검토한다.

III. 구조적 비대칭과 동맹 네트워크

중국 논쟁의 본질은 중국이 파워(power)를 어떻게 활용할 것인가의 문제다. 미국의 세기가 시작된 20세기 중반 이후 도전국과의 경쟁문제는 미국의 세기(American Century)와 공존해 왔다. 소련은 미국의 세기에 도전한 첫 번째 경쟁국이다. 핵 혁명(nuclear revolution)을 수단으로 하는 군비경쟁과 진영경쟁은 냉전체제를 구조화했다. 그러나 전쟁 없이 냉전체제가 붕괴된 이후 소련이 과장된 경쟁자였음이 밝혀졌다. CIA의 정보실패였을 뿐, 냉전시기 소련의 GDP는 미국의 50% 수준에 불과했고 방위비는 미국의 25%를 넘지 못했다(Holzman

1990). 미국과 비교하여 GDP 대비 소비(28.6%)나 생활수준은 비교할 수 없이 낙후되어 있었다(Bergson 1991). 냉전체제 붕괴 이후 체제경쟁을 대체하여 미국에게, 또는 미국이 인식한 경쟁자는 일본과 유럽이었다(Thurow 1993; Waltz 1993). 1960년대 일본의 GDP 및 1인당 GDP는 미국 대비 각각 9%, 17%에 불과했지만 1995년에는 각각 73%, 154% 수준으로 성장했다(Jameson 1995).[2] 경제적 성장에도 불구하고 미국에 의존했던 '아노말리 일본'이 한때 미국의 경쟁자로 인식되었지만, 동맹국이자 협력자로 남았다.

중국은 20세기 미국이 마주하게 된 세 번째 도전자다. 1972년 미중데탕트를 계기로 시작된 미중관계는 1978년 덩샤오핑의 개혁개방정책으로 진전되었다. 1980년대 후반 냉전갈등이 완화되고 독일통일로 동구권의 체제전환이 진전되었지만 중국공산당은 천안문 사태(1989)를 무력으로 진압하고 중국공산당의 일당지배를 지속했다. 1991년 12월 구소련 연방의 붕괴 이후 사회주의 시장경제라는 모순적인 체제전환을 실험하는 중국문제는 중국위협(China threat) 담론을 촉발시켰다. 그러나, 자유주의 국제질서에 대한 낙관론은 미국의 관여가 중국을 사회화시킬 수 있을 것이라고 생각했다(Campbell and Ratner 2018). 군사력, 기술력에서 미국의 우위가 지속될 것이며, 중국역시 미국패권에 도전하는 명백한 의도가 없다는 것이다. 중국의 발전을 위해 협력적, 수용적 미중관계를 중시할 것이라는 낙관적 자유주의가 미중관계를 뒷받침했다(Keller and Rawski 2007). 그런데, 시진핑체제 이후 '부상 이후 중국문제'가 본격화되면서 미중경쟁이 본격화되었다. 시진핑 체제 이후 부상 이후 중국문제는 세 가지로 요약할 수 있

2   미국 대비 일본의 GDP의 최고점으로 엔화절상 효과가 반영되었음.

다(윤대엽 2017). 첫째, 대외관계 중심의 통치이념이 제시되었다. 장쩌민 이후 10년 주기의 권력교체가 제도화되고 체제특성에 따른 통치이념이 제시되어 왔다. 덩샤오핑의 '사회주의 시장경제', 장쩌민의 '삼개대표론', 후진타오의 '과학적 발전관'은 모두 발전문제에 집중했다. 그런데, 시진핑 체제 이후 '신형대국관계', '일대일로' 등은 대외관계 중심의 통치이념이라는 점에서 과거와 다르다. 둘째, 핵심이익이 결부된 주변문제에 공세적으로 대응하고 있다. 2013년 주변관계공작소조를 구성하고, 국가안전위원회를 개최하는 한편, 주권, 영토 등과 결부된 주변분쟁에 공세적으로 대응했다. 셋째, 시진핑 3연임이 대변하듯 권력체계를 중앙집권화하고 중국공산당 중심의 집권체제를 강화했다. 30년간 이어진 격대지정의 권력승계 관행을 폐기하고 장기집권을 결정한 것은 미중경쟁, 주변분쟁과 국내문제를 이념화한 것으로 미중경쟁은 장기적, 체제적 문제로 전환되었다(조영남 2023).

중국은 이전의 도전국과는 차원이 다른 문제다. 패권이론이 설명해 온 바와 같이 패권경쟁과 패권쇠퇴 등 패권질서의 이행은 역사적으로 반복되어 왔다. 미중경쟁은 500여 년간 16번에 걸쳐 반복된 패권국의 부상과 쇠퇴에 이어진 17번째 패권이행(hegemonic transition)이다(앨리슨 2018). 모델스키와 톰슨(Modelski and Thompson 1998)에 따르면 미중경쟁은 19번째 세계생산체제의 장기 순환에서 발생하는 10번째 패권이행이기도 하다. 그러나 중국은 미국이 상대했던 도전국과는 물질적 파워 측면에서 상이하다. 미국의 패권은 독일, 일본, 영국, 구소련, 프랑스 등의 경쟁국을 압도했다(Brooks and Wohlforth 2015). 미국 GDP의 70%를 초월하는 중국은 일본에 이어 아시아의 두 번째 도전자다. 그러니, 일본은 물론 EU, 독일, 영국, 프랑스 등의 국가와의 경쟁은 민주주의 체제를 공유하는 국가 간의 이익경쟁이었을 뿐 미국이 주도하고 관여하여 구축한 국제질서의 변경을 추진하지 않았다.

중국의 반패권 전략의 의지와 능력에 대해서는 낙관적, 비관적 시각이 경합한다. 비관론은 미국패권에 도전하는 중국성장의 한계를 (1) 체제요인, (2) 대외요인, (3) 구조요인으로 설명한다. 체제적 시각은 국가자본주의가 가진 한계에 주목한다. 개혁개방 이후 중국의 부상은 국가, 노동, 외자라는 요인이 결합한 결과였다. 역설적이게도 지방정부 간의 경쟁을 촉진한 분절화된 권위주의(fragmented authoritarianism) 역시 개방을 통한 성장과 비교우위에 의한 발전을 촉진했다(윤대엽 2017). 그런데 경제성장에 수반하여 국영기업 중심의 성장전략이 가진 비효율성이 누적되고, 지역 간, 산업 간, 도농 간의 불균형이 심화되면서 비교우위에 의한 성장을 제약한다(Liu and Tsai 2020). 더구나, 미중경쟁이 심화되고 상호의존의 무기화가 심화되면서 대외의존 성장의 제약과 함께 내적 혁신에 의한 성장도 지체될 것이라는 것이다. 개혁개방 이후 심화된 산업 간, 지역 간 격차를 해소하고 혁신을 주도하는 중국공산당의 국가자본주의가 강화되면 내적으로 자원배분의 비효율과 외부효과에 대한 불만이 누적되고, 대외적으로 의구심과 견제가 심화되면서 성장을 제약한다(Liu and Tsai 2020). 반대로 낙관론은 미중관계의 인식적 쟁점이 아닌 부상하는 중국이 구축한 구조적 파워(structural power)의 존재적 특성에 주목한다. 중국은 양적으로 미국과 경쟁하는 도전국일 뿐만 아니라, 구조적으로 미국의 전후 경제적 세력권(economic sphere of influence)에 영향을 미치고 있다. 특히, 글로벌 가치사슬(GVCs), 시장 지배력, 지적재산권과 상업화, 첨단기술의 기술표준에서 중국은 미국을 추격하는 유일한 경쟁자가 되었다(Malkin 2020).

미국에 도전하는 중국의 반패권 전략의 미래논쟁이 희망적 사고에 달린 문제라면, 지역패권(local hegemony)은 이미 현실화되었다. 중국의 부상은 필연적으로 전후 미국이 주도하거나 또는 개입하여 구축된 지역질서에 진입해야 하는 전략적인 과제를 수반한다. 부상 이후 중국의 1차적인 과제가 세계패권(global hegemony)이 아니라 지역패권의 문제라면 미중경쟁의 구조적 비대칭은 이미 현실화되고 있다.

첫째, 전후 동아시아의 지역질서에 개입해 온 미국은 존재적, 체제적으로 역외국가(offshore state)이다. 역외국가라는 지정학적 조건은 곧 개입 의지와 능력이 전략적인 이익과 국내정치라는 체제적 조건에 의해 결정될 수 있음을 의미한다. 역사적으로 미국의 동아시아 전략은 동아시아 동맹국의 이익과 갈등을 초래했다. 베트남전 철수를 공약으로 당선된 닉슨 행정부의 전략은 동아시아 동맹국의 안보전략에 전환점이 되었다. 닉슨 독트린 이후 동아시아 주둔 미군병력 감축은 한국, 일본의 안보전략과 갈등을 초래했고 박정희 정부의 자주국방, 그리고 일본이 '기반적 방위력' 구축을 추진하는 계기가 되었다. 탈냉전 이후 동아시아 주둔 미군병력의 감축 역시 한국과 일본의 안보전략의 전환점이 되었다. 미중경쟁 시기 미국이 역내개입을 지속할지, 역외균형자로 역할을 축소할지 역시 이익과 정치의 문제에 달려 있다. 지역질서의 유지를 위해 개입하고 비용을 분담한 것은 국내정치의 동의가 있었기 때문이다(Musgrave 2019). 만약, 중국의 군사력이 증강되면서 대만 또는 동아시아 안보분담 비용이 이익을 초과하는 경우 역외균형자로 역할이 축소될 수 있다. 미국이 치러야 하는 비용이 이익보다 크다면, 미국 우위의 세계질서, 경찰국가로서의 개입을 축소하고 미국문제에 집중해야 한다는 시각은 이미 현실화되었다(Mearsheimer and Walt 2016). 이는 두 가지 과제를 수반하는데 관여이익을 확대하거나, 관여비용을 분담하는 것이다. 네트워크 동맹은 인-태 지역에서 미국의 경제적 이익을 보호, 확대하고 관여비용을 분담하는 전략이다.

표 7.2 미국, 중국, 러시아, EU의 국력비중 (단위: %)

구분	미국	중국	러시아	EU
GDP(Real, 2021)	24.1	18.5	2.9	14.8
GDP(PPP, 2021)	15.4	18.2	3.4	14.9
무역비중(수입, 2020)	13.5	10.1	1.9	13.6
무역비중(수출, 2020)	8.2	15.5	1.7	14.6
방위비(2021)	38.1	14.0	3.1	17.2(NATO)

자료: GDP: World Bank 통계자료, 무역비중: WITS 통계자료, 방위비: SIPRI 방위비 통계자료 참조. EU 방위비는 미국을 제외한 NATO의 방위비 비중임.

둘째, 미국의 구조적 지위도 축소되었다. 〈표 7.2〉에서 보는 바와 같이 동북아와 유럽에서 역내균형을 위한 미국의 지위에는 큰 차이가 있다. 러-우전쟁 이후 명시적 위협으로 전환된 러시아에 대해 EU는 GDP(구매력 포함), 무역 및 방위비 등의 물리적 파워에서 미국의 개입 없이도 균형 또는 우위를 가지고 있다. 그러나, 중국에 대한 미국의 상대적 파워의 우위는 축소되었다. 바이든 행정부는 2024년 방위예산으로 8,420억 달러를 요청하면서 2023년 2,248억 달러로 평가되는 중국보다 우위에 있다. 실제 중국의 방위비가 공식발표보다 1.1-2.0배 이상 될 것이라는 평가를 고려하면, 방위비의 격차도 축소되고 있다(DoD 2021). 미국을 제외한 7개 동맹국의 2020년 방위예산 총액은 중국 방위비의 58.9% 수준에 불과하다.[3] 무역의 경우 중국이 오히려 우위에 있다. 2020년 기준 주요국의 미중 무역비중(%)은 한국(13.0 : 23.3), 일본(15.5 : 21.3), 호주(7.5 : 32.8), ASEAN(10.5 : 18.0), 대만(15 : 42, 홍

3   SIPRI(2021), Military Expenditure by Country 통계자료 참조. 한국, 일본, 태국, 호주, 필리핀, 뉴질랜드 및 대만 등 7개 안보협력 국가 포함.

콩 포함)으로 중국에 대한 구조적 의존이 높다. 2018년 트럼프-시진핑 시기 미중 무역갈등이 본격화되고, 한중 간의 사드제제, 차이잉원 정부 이후 양안관계 악화, 아베 내각 이후 일중관계의 변화에도 불구하고, 주요국의 중국에 대한 무역의존이 오히려 심화되었다(윤대엽 2022a; 2022b).

셋째, 더구나 중국의 지역 세력권(regional sphere of influence) 확대를 위한 전략이 전통적 양자동맹협력을 약화시키고 있다(Keller and Rawski 2007). 시진핑 체제는 이전까지 선린우호를 원칙으로 했던 접경안보 전략을 변경하여 적극적 관여전략을 추진하고 있다. 일대일로는 정책, 물류, 문화, 통화, 경제 등 포괄의제를 대상으로 주변국과의 협력을 심화하는 제도국가책략(institutional statecraft)이다(Ikenberry and Lim 2017). 접경국은 물론 부상 이후 중국의 전략적 이해가 결부되어 있는 지역국가를 대상으로 추진되는 세력권 전략은 미국의 동맹국 또는 협력국이 포함되어 있다. 중국의 제도국가책략이 비군사적 경제협력을 강조하고 있는 것은 미국의 동맹체제와 상이하다. 미국 주도의 동맹협력이 잠재적 위협을 대상으로 위계적 비대칭성을 특징으로 했다면, 중국이 추진하는 파트너십 네트워크는 구조적 비대칭에도 불구하고 공존이라는 가치를 표방한다는 점에서 상이하다. 무엇보다, 동맹과 달리 강제성의 제도화 수준이 약하다(Zhou 2017, 3-4). 경제, 기술, 번영 등을 목적으로 일대일로를 플랫폼으로 확대되는 디지털, 기술적, 사이버, 통화적 세력권은 상호의존 구조, 다자협력 제도, 비강제적 가치 등을 표방하는 포괄적 네트워크에서 중국의 구조적 중심성을 확대함으로써 상대국의 인식, 선호, 선택에 영향력을 확대하고 있다(Pang ct al. 2017).

IV. 군사적 비대칭과 동맹 네트워크

중국특색의 비대칭 전략은 이미 지역 차원에서 미중의 억지력을 변화시키고 있다. 시진핑 체제 출범 이후 인민해방군(PLA)의 전력증강을 위한 국방개혁이 본격 추진되는 한편 핵심이익이 결부된 영토와 주변지역에 군사력을 투영할 수 있는 능력을 증강하고 있다. 시진핑 2기가 시작된 2019년 19차 당 대회에서 시진핑은 2035년까지 중국군의 현대화를 완료하고, 2049년까지 세계 수준의 군대를 건설하는 목표를 발표했다(DoD 2021, 36-37). 세계 수준의 강군 육성을 위한 중국의 군사력 증강은 세계 차원에서 미국과 동등하게 경쟁하는 것이 아니다. 영토주권을 수호하고 접경안보를 관리하는 중국의 지역균형(local balancing) 능력은 이미 인태지역에서 중국의 군사적 일방주의를 억지할 수 있는 군사적 균형을 변화시키고 있다(Montgomery 2014).

첫째, 중국은 중국 특색의 비대칭 전략(asymmetric strategy)을 군사전략으로 추진하고 있다. 부상 이후 중국안보의 핵심과제는 전통적인 접경안보의 문제와 함께 대만, 남중국해, 동중국해 등 국제화된 주권, 영토 등의 핵심이익을 수호하는 것이다. 중국이 미국이 관여하는 지역분쟁을 감수해야 한다면 그 공간은 접경지역과 인도-태평양이라는 공간이 될 것이다. 시진핑 체제의 3연임을 통해 이념화된 핵심이익을 수호하는 것이 최우선 과제라면 지역균형을 위한 군사력 건설이 최우선 현안이다. 군사적 억지와 균형을 위해 원거리에 군사력을 투사해야 하는 미국에 비해 중국은 지리적 비대칭(geographic asymmetry)의 우위를 가지고 있다. 주일미군, 주한미군 이외 중국과의 경쟁을 위해서는 인태사령부의 전력과 함께 추가전력의 지원이 필요하다. 원거리 전력투사를 해야 하는 미국에 대해 중국은 반접근·지역거부(A2/

AD)능력을 증강해 왔다. A2/AD 전략의 핵심 목적은 원정작전을 위해 군사력을 전개해야 하는 미국에 대한 거부력을 증강하고, 전방배치 부대에 대한 공세력을 통해 미국의 관여비용을 증가시키는 것이다(Montgomery 2014, 129). 동아시아 주둔미군의 생존력을 위협하고, 원정작전을 위해 전개되는 부대를 거부할 수 있다면 역내 분쟁에서 중국의 전략적 이익을 관철할 수 있기 때문이다. 미국의 개입 의지와 군사작전을 억지할 수 있는 중국의 A2/AD 전력은 급격하게 진전되어 왔다.

중국은 미소 핵 군비경쟁의 회색지대에서 핵 전력을 증강해 왔다. 미소는 보유해야 하지만 사용할 수 없는 핵 억지력을 위해 모순적인 규제에 합의했다. 1972년 미소는 탄도탄요격미사일(ABM)조약을 체결했다. 탄도미사일 방어능력의 고도화가 공포의 균형을 붕괴시키지 않도록 방어체계의 범위와 배치를 규제했다. 1978년에는 중거리핵전력(INF)조약을 체결하고 5,500km 이하 지상발사 중장거리 미사일을 폐기하고 정밀성이 향상된 근거리 배치 탄도미사일로 인한 안보딜레마를 관리하기 위해서였다. 그러나, 중국이 ABM조약과 INF조약에 참여하지 않으면서 A2/AD를 위한 중장거리 탄도미사일 전력을 고도화할 수 있었다. 1990년대 제1도련선에 그쳤던 중국의 중장거리 탄도미사일 전력은 2000년대 괌 외곽인 제2도련선으로 확장되었다. 중국은 1980년대 전력화한 DF-5(둥펑)를 정밀화하고 다탄두미사일(MIRVs)로 개량한 DF-5B/C를 실전 배치했다. 최고 속도가 마하 25에 달하는 것으로 알려진 DF-41은 최대 10개의 탄두를 운반할 수 있는데, 지상 배치 핵탄두의 수가 미국을 초월한다. 그리고 중국이 전력화한 준중거리(MRBM) DF-21C과 중거리(IRBM) DF-26은 제2 도련선에서 항모와 미군 기지를 정밀타격할 수 있는 핵전력이다. 2018년 이전까지 INF

조약에 구속된 미국은 중국의 준중거리와 중거리 영역의 미사일에 대
응할 전력이 부재했다. 더구나, 중국의 A2/AD 작전 영역 안에 위치하
고 있는 동아시아 주둔 미군기지의 생존성 역시 취약하다. 중국의 비
대칭 전력에 따라 미중 간의 억지불균형이 심화되고 있음을 의미한다
(Montgomery 2014, 131-134). 더구나 중국의 공세적 핵전략에 따라
중국은 2027년까지 700개, 2030년에는 1,000개의 핵탄두를 보유하게
될 것이다(DoD 2021, 90).

Scorecard	Taiwan Conflict				Spratly Islands Conflict			
	1996	2003	2010	2017	1996	2003	2010	2017
1. Chinese attacks on air bases								
2. U.S. vs. Chinese air superiority								
3. U.S. airspace penetration								
4. U.S. attacks on air bases								
5. Chinese anti-surface warfare								
6. U.S. anti-surface warfare								
7. U.S. counterspace								
8. Chinese counterspace								
9. U.S. vs. China cyberwar								

그림 7.4 동아시아의 미중 군사력 스코어
자료: Heginbotham et al.(2017, XXIX) 재인용. 진한 색은 절대우위, 옅은 색은 균형, 흰색은 열세(dis-advantage)를 의미함.

둘째, 전력의 비대칭은 미국의 군사적 관여 의지를 약화시킬 수 있
다. 중국의 비대칭 전력이 고도화되는 한편, 시진핑 3연임 체제 이후
핵심이익 관련 분쟁의 이념화와 정치화가 강화될 것이다(Blanchette
and DiPippo 2022). 중국의 전략적 의지와 능력은 동북아에 대한 미
국의 개입 의지와 비용에 영향을 미친다. 주지하는 바와 같이 전후 동
북아에 대한 미국의 관여전략은 국내정치에 따라 변화되었다. 중국의
영향력 확대에 대응하여 안보비용을 분담하고 개입하는 것 역시 국내

정치에 달려 있다(Musgrave 2019). 비용합리적 시각에서 본다면 미국의 관여는 중대한 전환점을 맞게 될 것이다. 시진핑 3연임은 곧 '하나의 중국문제'를 타협할 수 없는 정체성으로 고정했다. 양안통일은 치욕의 역사를 극복하는 중국공산당의 정치이자, 중진국의 함정을 벗어나는 성장의 수단이며, 군사적 우위를 가질 수 있다. 반면 대만방어를 위한 미국의 관여를 제약하는 부정적인 요인이 증가하고 있다. 미어샤이머(Mearsheimer 2014)는 대만 비극의 원인을 세 가지로 설명한다. (1) 우선 A2/AD 등 중국 군사력이 증강되면서 미국의 우위가 약화되었다. 랜드(RAND) 평가에 따르면, 1990년대 대부분의 전력에서 우위에 있던 미군전력은 2017년 균형 또는 열세로 전환되었다(Heginbotham et al. 2017). (2) 더 중요한 문제는 대만 수호가 핵무기를 동원해야 하는 분쟁비용을 감당할 만큼 미국에게 이익인가의 문제다. 동맹으로 결속되어 있는 한국, 일본문제와 달리 대만은 회색동맹일 뿐이다. 이에 따라 대만문제에 대한 미국의 개입은 국내정치에 따라 타협해야 하는 유동적인 현안이 되었다(Mearsheimer and Walts 2016).

더구나, 러-우전쟁 이후 미중러 삼국관계의 구조변동은 전후 동북아에서 미국이 행사했던 군사적 영향력을 본질적으로 변화시키고 있다. 냉전시기 미중러 삼각관계는 동아시아 안보질서를 재구조화했다. 진영대립의 경쟁자였던 미국과 중국이 1972년 화해하면서 일중관계가 복원되고 동아시아 주둔 미군이 감축되는 등 동아시아의 데탕트로 이어졌다(윤대엽 2022c). 미중경쟁이 본격화된 가운데 러-우전쟁이 시작되면서 미중러의 전략적 삼각관계도 변화되었다. 군사적 균형의 구조적, 전략적 변화는 군비경쟁의 안보딜레마를 심화시킨다. 우선, 지역 차원의 군사적인 불균형이 심화되어 왔다. 인태지역에서 미국과 중국의 군사적 균형의 붕괴는 미국, 일본은 물론 동북아에서 중국문제를 안보화시키는 핵심 요인이다. 〈그림 7.5〉에서 보는 바와 같이 인태사령부는 1990년대 미국 우위의 군사력이 2025년 압도적인 중국 우위로 전환될 것으로 우려했다(Kristensen 2020). 인태지역에서 미중 간의 군사적 불균형에 대응하는 유일한 방법은 한국, 일본, 호주 등의 동맹협력이 유일한 수단이다. 미중경쟁이 본격화된 가운데 우크라이나 전쟁이 시작되면서 미국은 핵 혁명 이후 처음으로 중러의 핵위협을 동시에, 하지만 상이한 전략으로 억지해야 하는 '3자 핵 역학(three-party nuclear dynamic)'에 직면하게 되었다(Geller 2022). 2030년까지 200여 개의 핵탄두를 보유할 것으로 예상되고 있는 북핵문제를 고려하면 동북아에서 미국이 대응해야 하는 전략적 불균형은 악화될 것이다.

장기적으로 미국의 억지력과 비용을 분담해야 하는 동맹국의 사정 역시 낙관할 수 없다. 미국의 주요 동맹국인 한국, 일본, 호주의 저출산·고령화가 심화되고 있다. 2020년 한국, 일본, 대만의 중위연령은 40대 중반을 넘어섰고 2050년대에는 50대 중반으로 상승할 것이

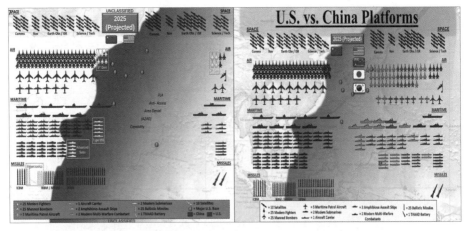

그림 7.5 미중의 인도-태평양 지역 군사적 균형 전망
자료: Kristensen(2020) 재인용.

다(Oros 2021). 한국의 저출산·고령화는 더욱 빠른 속도로 진행되어 2021년 합계출산율이 0.81까지 하락했고, 이와 같은 추세가 지속되는 경우 2050년 전체인구는 4천만 명, 고령인구 비중은 40%로 급증할 것이다. 인구감소가 군사력과 동맹협력에 어떤 영향을 미칠지는 일본을 통해 살펴볼 수 있다. 일본은 30년간 약 247,000명 규모의 자위대 병력을 유지해 왔다. 그럼에도 불구하고 2010년에서 2020년까지 자위대 정원의 91.8%만 충원했다. 자위관의 충원율이 낮아지면서 2018년 지원가능 연령을 18-27세에서 18-33세로 상향했지만 미충원 비율이 증가하고 있다. 미국 동맹국에서 진행되고 있는 인구구조 변화는 병력자원의 동원뿐만 아니라 경제성장, 복지지출, 정부재정에 영향을 미침으로써 동맹협력의 쟁점이자 억지균형을 약화시키는 구조적인 쟁점이될 수 있다(Oros 2021).

V. 상호의존 전략과 동맹 네트워크

그러나 복합적인 상호의존, 그리고 상호의존에 구속되어 있는 중간국(in-between powers)의 이해가 미중경쟁의 체제적, 이행적 조건이라는 점에서 미중경쟁은 미소냉전과 다르다. 인권, 체제, 규범, 기술, 무역, 환율, 군사 등 전 부문에 걸친 미중경쟁은 상호의존의 이익을 조정하고 변경해야 한다. 탈냉전 이후 중국의 WTO 가입과 함께 미중은 물론 미중 양국에 의존하는 중간국의 복합적인 상호의존이 심화되어왔다. 트럼프–시진핑 시기 무역관계의 불균형이 정치화되며 무역분쟁이 악화되고, 적대직인 관계로 전환되었지만 상호의존 구조에는 영향을 미치지 못했다. 적대적인 미중관계로 전환된 트럼프–시진핑 시기

(2017-2020) 미중무역, 투자의 가시적인 변화가 없었을 뿐만 아니라, 바이든 행정부가 출범한 2021년 대중 수출과 수입은 전년대비 각각 21.6%, 16.7% 증가했다(윤대엽 2022a). 상호 20%에 달하는 보복관세가 부과되었음에도 양국 교역은 최대치를 경신한 것이다. 같은 시기 사드체제 이후 한중, 차이잉원 정부 이후 양안, 중국문제가 안보화된 아베 내각 이후 일중 상호의존 구조에 변화도 없었다(윤대엽 2022b). 기술, 무역 등 상호의존의 무기화를 통해 현안이 된 포괄적인 경제국가전략(economic statecraft) 경쟁, 보호뿐만 아니라 협력전략도 결부되어 있다.

첫째, 비대칭적 상호의존과 경쟁우위를 위한 전략이다. 탈냉전 이후 미중관계가 쟁점이 된 것은 비대칭적 상호의존에서 비롯되는 '상대적 이익(relative gain)' 문제 때문이다(Nye 2020). 2021년 기준 미국의 대중 수출액은 1,514억 달러였지만, 무역적자는 3,530억 달러로 수출액의 두 배에 달한다. 비교우위 등의 경제논리에 의해 진전된 미중관계의 불균형이 심화되면서 보조금, 환율조작 등으로 정치화되었다. 특히, 트럼프 대통령은 러스트 벨트지역(Rust Belt)의 경기침체와 실업문제를 정치화하고 비대칭적 상호의존을 전략적 과제로 전환시켰다. 전후 미국이 구축한 자유주의 세계질서를 후퇴시킨 도전자는 역설적이게도 베이징이 아닌 워싱턴에 있었다(Drezner 2019, 531). 대칭적인 상호의존을 위한 우선 과제는 경쟁우위를 확보하는 것이다. 더구나 신흥기술의 무기화(weaponization of emerging technology)는 미중경쟁의 핵심 결정요소가 될 것이다. 우선, 인공지능, 빅데이터, 사물인터넷 등 4차 산업혁명 기술의 무기화는 기술적 억지를 위한 선결과제다. 신흥기술의 무기화(weaponization of emerging technology)를 위한 전략은 2015년 전후 세 번째로 추진되는 '제3차 상쇄전략'으로 추진되고 있다(Chin 2019). 3차 상쇄전략은 인공지능을 활용한 학습기계(learning machine), 인간-기계의 협동, 보조, 전투조합, 자율무기(autonomous weapon) 등 기술주도의 군사혁신을 추진하고 있다. 바이든 행정부는 중국에 대한 경쟁우위 전략을 제도화했다. 초당적인 합의로 '미국혁신경쟁법'을 제정하고 첨단기술의 연구개발 및 외교, 군사, 경제 등의 경쟁우위를 위해 향후 5년간 2,000억 달러를 투자하는 경쟁전략을 가결했다. 특히, 첨단기술의 혁신을 위한 민군협력이 정부주도로 추진되고 있다는 점에서 전환적 특징을 가진다. 2018년 미국 국방전략서(NDS) 방위산업 기반(defense industrial base), 군사기술 혁신(RMT)의 개념을 통합, 확장하여 국가안보혁신기반(National Security Innovation Base)으로 정의했다(DoD 2018). 군사적 우위를 위해서는 군사기술의 연구개발은 물론 방위산업의 육성을 위한 장기 전략이 필수적이라는 것이다. 백악관 역시 2020년 안보우위를 위한 20개 핵심기술을 선정하고 민군협력 및 동맹협력의 과제를 명시했다(The White House 2020). 아울러 중국공산당이 주도하는 중국의 민군융합 모델과 경쟁하기 위해 2019년 국가안보혁신네트워크(NSIN)를 개편하여 17개 지역에 지역사무소를 설치하고 71개 대학과 협력하고 있다.

둘째, 상호의존의 탈동조화(decoupling) 또는 관리된 상호의존(managed interdependence)을 통해 미국의 기술과 이익을 보호하는 것이다. 트럼프정부 시기 쟁점화된 비전통 산업스파이(non-traditional espionage) 문제는 중국이 핵심지식과 정보를 탈취, 모방하고 있다는 의구심을 대변한다. 더구나 반도체, 배터리, 디지털 부문 등 첨단기술 기술패권은 국가, 기업 간의 경쟁에 국한되는 것이 아니라 '디지털국가책략(digital statecraft)', '우주국가책략(space statecraft)', '사이버 국

가책략(cyber statecraft)' 등 '플랫폼의 플랫폼(platform of platforms)'
을 둘러싼 다층적이고 복합적인 경쟁이다(김상배 2021). 미국은 물론
중국이 기술, 투자에 대한 규제를 강화되고 경쟁국으로의 이전을 관리
하는 공급망 전략을 추진하는 것은 기술적 우위와 이에 결부되어 있는
전략적 이익을 보호하기 위해서다. 그러나, 플랫폼의 플랫폼을 보호하
기 위한 미중전략은 중간국의 이해와 중첩되어 있다. 즉, 중간국의 이
익, 전략을 유도, 설득하고 보상할 수 있는 능력에 따라 탈동조화의 구
조와 속도가 결정될 것이다. 상호의존의 탈동조화는 미국이 이익, 제
도, 규범 등의 회복력(resilience)을 관리하거나 중국이 미국패권을 대
체하여 기회비용을 보상할 수 있는지의 능력에 달려 있다(Li 2016).

셋째, 상호의존의 무기화는 경쟁, 보호뿐만 아니라 협력전략도 포
함한다. 상호의존은 체제적, 전략적, 구조적 갈등에서 비롯된 미중경
쟁의 교착상태에 영향을 미치는 유일한 수단이다(Nye 2020). 자유주
의가 주장해온 바와 같이 상호의존을 통한 이익의 공유와 확대는 체제
적, 이념적 갈등을 완화시켰다. 공유된 이익과 협력을 통해 상위정치
(high politics)의 갈등을 조정하고 완화시키는 교류를 증진하고, 이를
통해 상호의존의 협력과 이익을 관리하는 민주주의가 성숙하는 '평화
의 삼각구도(triangular peace)'가 구축된다(Russett and O'Neal 2001).
기술적 경쟁과 비대칭 이익을 조정하기 위한 상호의존의 변화는 필수
적이겠지만 필연적으로 탈동조화를 귀결되는 것은 아니다. 탈동조화
에 수반되는 미중의 기회비용은 물론 상호의존에 구속되어 있는 중간
국의 이익도 결부되어 있기 때문이다. 상대국에 영향력을 행사하는 전
략적 이익과 비용에 따라 추진될 수 있는 상호의존 전략은 (1) 방어적
재동조화와 (2) 공세적 재동조화 두 가지로 구분할 수 있다. 방어적 재
동조화 전략은 무역, 투자, 고용 등 비대칭 상호의존의 불균형을 해소

하기 위해 전략산업 육성과 리쇼어링(reshoring) 정책을 통해 비대칭 의존의 취약성을 축소하는 것이다. 반면, 공세적 재동조화는 구조화된 상호의존을 지렛대로 중국의 의도, 이익, 행동에 영향을 미치는 수단이 될 수 있다(Nye 2020, 18-21). 러시아와는 달리 에너지, 자원, 산업생산과 수출에서 대외시장에 의존해야 하는 중국경제의 구조를 고려하면 다자적인 재동조화는 중국의 일방주의, 또는 다원화된 중국사회에 영향을 미칠 수 있는 수단이다(Cooper 2021).

VI. 결론 및 동맹전략에 대한 함의

냉전경쟁을 목적으로 구축되어 탈냉전기 지속되었던 미국 주도 양자동맹 체제가 네트워크 동맹으로 전환되고 있다. 양자 간의 안보협력은 쿼드 플러스, AUKUS 등으로 참여국이 확대되는 한편, 동맹 네트워크 참여국의 공식, 비공식 안보협력이 복합적으로 네트워크화되고 있다. 양자동맹에 비해 제도화의 구속수준이 낮음에도 불구하고, 공식, 비공식 참여국이 확대되는 한편, 군사는 물론 정보, 기술, 자원, 환경 등 포괄적인 현안에 대한 다원적인 협력을 의제로 하고 있다. NATO와 같이 제도화된 집단안보와는 달리, 유사 동맹, 가상 동맹 등의 형태로 암묵적, 잠재적으로 중국문제를 안보화하는 집합적 동맹(collective alliance) 또는 연합방위의 성격을 가진다는 점에서 특징적이다. 이를 통해 미국과의 동맹협력은 물론 군사혁신을 위한 협력이 진행되고 있다.

동맹 네트워크 체제는 네트워크를 통한 억지(deterrence by network)를 목적으로 한다는 점에서 전환적 동맹체제다. 첫째, 역내균형자로서 관여비용을 분담해온 미국에게 중국은 비대칭적 경쟁자가 되었다. 미국의 물리적 국력은 구조적 경쟁자인 중국에 대한 우위가 약화되고 있다. 역내관여의 이익이 관여비용보다 크기 위해서는 양자동맹을 넘어 체제적, 구조적, 지역적 협력기반을 강화해야 할 과제가 부과되었다. 동맹 네트워크는 군사동맹을 넘어 기술, 체제, 가치 등을 포괄하는 억지전략이다. 둘째, 더구나 지역균형 차원에서 군사적 비대칭이 구조화되었다. 중국의 비대칭 군사전략에 따라 동아시아 지역에서 중국의 일방주의를 억지할 수 있는 군사균형은 붕괴되었다. 양적 군사력은 물론, 육해공, 우주, 사이버를 포괄하는 다차원 기술경쟁에서 동맹국의 협력은 필수불가결한 요소가 되었다. 셋째, 그러나 동맹 네트워크가 경쟁, 보호라는 탈동조화 전략만을 추진하는 것은 아니다. 전략적 재동조화 또는 관여를 통해 중국의 전략, 이익, 행위에 영향을 미칠 수 있는 전략도 포함하고 있다. 양자동맹과 달리 공식, 비공식적 참여국과 다원적인 제도가 혼재되어 있는 동맹 네트워크의 명시적인 목표와 결과가 무엇인지 명시되지 않았다.

체제로서의 미중경쟁은 미중의 패권전략과 경쟁수단에 따라 장기적인 상호작용을 통해 형성될 것이다. 미소냉전과 달리 미중이 일방적으로 미중경쟁을 체제화하지 못할 것이라는 점도 분명하다. 상호의존을 무대로 진행되는 미중경쟁은 중간국을 유도, 설득하고 지지와 승인을 필요로 한다(전재성 2022). 경제-안보가 결부되어 상호의존을 무대로 진행되고 있는 미중경쟁은 양국에 상호의존하고 있는 동북아의 중간국에 전략적 모순을 가중시키고 있다. 미중경쟁이 중국과 인접하고 있는 지정학적 위치에서 안보적 이해와 필수불가결하게 연계되어 있는 상호의존의 이익을 분리해야 하는 모순을 가중시키고 있기 때문이다. 양자동맹을 대체하는 동맹 네트워크가, 경제적, 군사적, 포괄적 이해를 연계하여 부상 이후 중국문제에 수반되는 불확실성을 억지하는 수단이라는 점에서 미중의 진영선택을 넘어 중간국의 역할을 모색하는 기반이 될 수 있다. 동맹 네트워크 참여국과의 협력을 중재하는 역할을 모색한다면, 동맹 네트워크를 중국의 일방주의를 억지하는 수단으로 활용하는 한편, 중국에 대한 관여리스크를 관리하는 수단이 될 수 있다.

참고문헌

김승배. 2019. "샌프란시스코평화조약과 동북아의 비서명국들: 소련, 한국, 중국과 평화조약
　　규범 보전." 『일본비평』 22: 44-73.
김상배. 2021. "디지털 플랫폼 경쟁의 국제정치경제: 미중 기술패권 경쟁의 진화."
　　『국제·지역연구』 30(1): 41-76.
박재적. 2012. "아·태지역 미국 주도 동맹체제: 기원, 전개, 현황." 『KDI 북한경제리뷰』
　　(3월호), 53-65.
앨리슨, 그레이엄. 2018. 『예정된 전쟁』. 서울: 세종서적.
윤대엽. 2017. "중국특색의 경제제재 전략: 의도, 정책수단과 의도하지 않은 결과." 『통일연구』
　　21(2): 95-127.
_____. 2022a. "경쟁적 상호의존의 제도화: 일중의 경제안보전략과 상호의존의 패러독스."
　　『일본연구논총』 55: 151-180.
_____. 2022b. "트럼프–시진핑 시기 미중경쟁: 탈동조화 경제안보전략의 한계와 중간국가의
　　부상." 『국가전략』 28(1): 61-90.
_____. 2022c. "동아시아의 진영 경쟁과 한일관계: 미소 냉전과 미중경쟁 비교."
　　서울대학교 국제문제연구소 편. 『세계정치: 글로벌 구조변동과 한일관계』. 서울:
　　서울대학교출판문화원.
전재성. 2022. "미래 50년 한반도 국제정치와 한국의 선택." 『한국과 국제정치』 38(1): 257-
　　295.
조영남. 2023. "시진핑, 일인지배의 첫발을 내딛다!: 중국공산당 20차 전국대표대회 분석."
　　『중국사회과학논총』 5(1): 4-44.

Achaya, Amitav. 2009. *Whose Ideas Matter? Agency and Power in Asian Regionalism.*
　　Ithaca: Cornell University Press.
Bergson, Abram. 1991. "The USSR before the Fall: How Pooer and Why." *Journal of
　　Economic Perspective* 5(4): 29-44.
Blanchette, Jude and Gerard DiPippo. 2022. "Reunification with Taiwan through Force
　　Would be a Pyrrhic Victory for China." CSIS Briefs (November) https://csis-
　　website-prod.s3.amazonaws.com/s3fs-public/publication/221121_Blanchette_Tai
　　wan_PyrrhicVictoryChina.pdf?VersionId=6Pj.m7QKpd5CGitg2WL.CJd.RGZz7xRV
　　(검색일: 2023.03.10.).
Brooks, Stephen G. and William C. Wohlforth. 2015. "The Rise and Fall of the Great
　　Powers in the Twenty-first Century: China's Rise and the Fate of America's Global
　　Position." *International Security* 40(3): 7-53.
Campbell, Kurt M. and Ely Ratner. 2018. "The China Reckoning: How Bejing Defied
　　American Expectations." *Foreign Affairs* 97(2): 60-71.

Cha, Victor D. 2016. *Powerplay: The Origins of the American Alliance System in Asia.* Princeton: Princeton University Press.

Chin. W. 2019. "Technology, War, and the State: Past, Present and Future." *International Affairs* 95(4): 765-783.

Cooper, Zack. 2021. "The Case for Strategic Recoupling with China." *Washington Examiner* (Nov. 12). https://www.aei.org/op-eds/how-to-tame-china/ (검색일: 2023.03.17.).

DoD. 2018. "Summary of the 2018 NDS: Sharpening the American Military's Competitive Edge." https://dod.defense.gov/Portals/1/ Documents/pubs/2018- National-Defense-Strategy-Summary.pdf (검색일: 2023.03.10.)

_____. 2021. "Military and Security Developments Involving the PRC." https://media. defense.gov/2021/Nov/03/2002885874/-1/-1/0/2021-CMPR-FINAL.PDF (검색일: 2023.01.20.).

Drezner, Daniel W. 2019. "Counter-Hegemonic Strategies in the Global Economy." *Security Studies* 28(4): 505-531.

Heginbotham, Eric et al. 2017. "The US-China Military Scorecard: Forces, Geography, and the Evolution Balance of Power 1996-2017." RAND https://www.rand. org/pubs/research_reports/RR392.html (검색일: 2023.03.17.).

Hemmer, Christopher and Peter J. Katzenstein. 2002. "Why Is There No NATO in Asia? Collective Identity, Regionalism and the Origins of Multilateralism." *International Organization* 56(3): 575-607.

Hemmings, John. 2020. "The Evolution of the US Alliance System in the Indo-Pacific since the Cold War's End." Alexander L. Vuving, ed., *Hindsight, Insight, Foresight: Thinking about Security in the Indo-Pacific.* Honolulu: The Daniel K. Inouye Asia-Pacific Center.

Holzman, Franklyn D. 1990. "How the CIA Distortied the Truth about Soviet Military Spending." *Challenge* 33(2): 27-31.

Hughes, Chris. 2018. "Japan's Emerging Arms Transfer Strategy: Diversifying to Re-centre on the US-Japan Alliance." *The Pacific Review* 31(4): 424-440.

Ikenberry, G. John and Darren Lim. 2017. "China' Emerging Institutional AIIB and the Prospect for Counter-hegemony." https://www.brookings.edu/wp-content/ uploads/2017/04/chinas-emerging-institutio nal-statecraft.pdf (검색일: 2022. 04. 10.).

Jameson, Sam. 1995. "Economic Superpowers at Odds: A Forecast that Japan's Economy will Surpass America's by 2000 Almost came true." *Los Angeles Times* (May 8) https://www.latimes.com/archives/la-xpm-1995-05-08-fi- 63836-story.html (검색일: 2023.03.20.).

Keller, William W. and Thmas G. Rawski, eds. 2007. *China's Rise and the Balance of Influence in Asia.* Pittsburgh: University of Pittsburgh Press.

Kristensen, Hans. 2020. "Red Strom Rising: INDO-PACOM China Military Projection." FAS https://fas.org/blogs/security/2020/09/pacom-china-military- projection/ (검색일: 2022.10/.05).

Li, Xing. 2016. "From 'Hegemony and World Order' to 'Interdependent Hegemony and World Re-order'." Steen F. Christensen and Li Xing, eds., *Emerging Powers, Emerging Markets, Emerging Societies*. London: Palgrave Macmillan, 30-54.

Liu, Mingtang and Lellee S. Tsai. 2020. "Structural Power, Hegemony, and State Capitalism: Limits to China's Global Economic Power." *Politics & Society* 49(2) https://doi.org/10.1177/0032329220950234

Malkin, Anton. 2020. "The Made in China Challenge to US Structural Power: Industrial Policy, Intellectual Property and Multinational Corporations." *Review of International Political Economy* 29(2): 538-570.

Mearsheimer, John. J. 2014. "Say Goodbye to Taiwan." *The National Interest* (Feb. 25) https://nationalinterest.org/article/say-goodbye-taiwan-9931 (검색일: 2023.10.10.).

Mearsheimer, John J. and Stephen M. Walt. 2016. "The Case for Offshore Balancing: A Superior US Grand Strategy." *Foreign Affairs* 95(4): 70-83.

Midford, Paul. 2018. "New Directions in Japan's Security: Non-US Centric Evolution, Introduction to a Special Issue." *The Pacific Review* 31(4): 407-423.

Modelski, George and William Thompson. 1998. *Seapower in Global Politics, 1494-1993*. New York, NY: Macmillan Press.

Montgomery, Evan Braden. 2014. "Contested Primacy in the Western Pacific: China's Rise and the Future of US Power Projection." *International Security* 38(4): 115-149.

Musgrave, Paul. 2019. "International Hegemony Meets Domestic Politics: Why Liberals can be Pessimists." *Security Studies* 28(4): 451-478.

Nye, Joseph S. Jr. 2020. "Power and Interdependence with China." *The Washington Quarterly* 43(1): 7-21.

Oros, Andrew. 2021. "Addressing America's Aging Allies in Asia." *Global Asia* 16(2) (June) https://www.globalasia.org/v16no2/feature/addressing-americas-aging-allies -in-asia_andrew-l-oros (검색일: 2022.10.05.)

Pang, Xun, Lida Liu, and Stephanie Ma. 2017. "China's Network Strategy for Seeking Great Power Status." *The Chinese Journal of International Politics* 10(1): 1-29.

Russett, Bruce M. and John R. O'Neal. 2001. *Triangulating Peace: Democracy, Interdependence and International Organizations*. New York: Norton.

Shambaugh, David. 2004. "China Engages Asia: Reshaping the Regional Order." *International Security* 29(3): 64-99.

The White House. 2020. "National Strategy for Critical and Emerging Technologies." (October) https://trumpwhitehouse.archives.gov/wp-content/uploads/2020/10/National-Strategy-for-CET.pdf (검색일: 2023.10.10.)

The White House. 2022a. "Indo-Pacific Strategy of the United States." (Feb.) https://
　　www.whitehouse.gov/wp-content/uploads/2022/02/U.S.-Indo-Pacific-Strategy.
　　pdf (검색일: 2023.08.09.).

_____. 2022b. "National Security Strategy." (Oct.) https://www.whitehouse.gov/wp-
　　content/uploads/2022/10/Biden-Harris-Administrations-National-Security-
　　Strategy-10.2022.pdf (검색일: 2023.08.09.).

Thurow, Lester C. 1993. *Head to Head: The Coming Economic Battle Among Japan,*
　　Europe and America. New York: Warner Books.

Waltz, Kenneth N. 1993. "The Emerging Structure of International Politics."
　　International Security 18(2): 44-79.

Zhou, Yiqi. 2017. "China's Partnership Network Versus the US Alliance System." *China*
　　Quarterly of International Strategic Studies 3(1): 1-18.

제3부   중견국 전략의 복합적 지평

제8장 　　경제안보를 둘러싼 미디어 편향과
　　　　정치양극화: 2019년 한일 무역분쟁
　　　　사례를 중심으로

장기영(경기대학교)

* 이 글은 『한국정치연구』 제33권 1호(2024)에 게재된 논문 "경제안보를 둘러싼 미디어 편향
과 정치양극화"를 수정·보완한 것임을 밝힌다.

I. 서론

최근 미중 패권경쟁과 우크라이나-러시아 전쟁과 같은 국제정치 현상으로 인하여 주요 국가들은 '경제안보(economic security)'를 자국의 안보와 관련된 핵심적인 전략 영역으로 간주하고 있다. 비록 경제안보는 다양한 의미로 사용되고 있지만 해당 개념은 대체적으로 외부의 경제적 공격으로부터 자국의 경제를 보호하는 개념이나 전략의 의미로 통용되고 있다. 보다 구체적으로는 개별 국가가 자국의 안보를 수호하기 위하여 생산 또는 공정한 무역을 통하여 필요한 상품과 서비스를 얻을 수 있는 능력을 의미한다(Horrigan et al. 2008; 백우열 2022). 일례로 현재 미국은 중국의 군사·경제적 부상에 따른 위협을 견제하기 위하여 수입규제와 수출통제 같은 통상정책 수단이나 투자규제 조치를 통하여 기존의 공급망을 재편하려고 노력하고 있으며 산업육성정책과 같은 새로운 형태의 경제안보정책을 추진하고 있다(이효영 2022).

동아시아에서도 '지경학(geoeconomics)'[1]적인 외교갈등이 심각하게 발생하면서 국가 관료들이나 외교 및 안보 전문가들 사이에서 경제안보에 대한 개념이 이전보다 더욱 중요하게 대두되고 있다. 최근 한국, 중국, 일본과 같은 동아시아 국가들 사이에는 종종 역사문제, 영토문제, 안보문제 등이 국가 간 경제적 갈등으로 전환되어 심각한 외교적인 분쟁으로 비화되고 있다. 2005년 일본 총리인 고이즈미 준이치로(小泉純一郎)가 야스쿠니(靖國)신사를 참배하자 중국에서는 이에 반발

---

1   블랙윌과 해리스(Blackwill and Harris 2016)는 국가이익을 증진하고 수호하며 자국에 유리한 지정학적 결과를 도출하기 위해 경제적 수단을 활용하는 것을 '지경학'이라고 정의하고 있다.

하여 대규모의 일본 제품 불매 운동이 일어났으며, 2010년 9월 7일 센카쿠 열도에서 중국인 선장이 일본 해경에 체포되는 사건이 있었을 때 중국의 희토류 수출은 알 수 없는 이유로 지연되었다. 한일 양국 사이에서도 과거사 문제나 영토에 대한 갈등으로 양국의 민족적 감정이 충돌할 뿐만 아니라 국가 간 서로 다른 인식이 원인이 되어 경제적인 분쟁으로 나아가는 형태의 지경학적 갈등이 증폭되고 있다. 2019년 일본 제철 강제징용 소송에서 한국 대법원이 해당 기업에 대하여 배상 판결과 자산 압류 및 매각 명령을 내린 것에 반발하여 7월 1일 일본 경제산업성이 반도체 및 디스플레이 제조 핵심 소재의 수출을 제한하기로 공식적으로 발표하면서 양국 간 무역분쟁이 시작되었다.[2]

2019년 발생한 한일 무역분쟁은 한국과 일본의 외교관계만을 경색시킨 것이 아니라 그 해법을 두고 한국 사회의 내부 분열 및 갈등을 야기하고 있다. 일반적으로 '위기결집효과(rally around the flag effect)'에 따르면 대외적 위협이 존재할 시 국민들은 현재 집권하고 있는 정치지도자를 중심으로 결집하게 된다고 한다. '여론 리더십 설명 (opinion leadership explanations)'에 따르면 위기 상황에서 야당의 비판도 잠정 중단되고 여론 역시 당파적 접근을 멈추기 때문에 결집효과가 발생한다고 한다(Baker and Oneal 2001). 그렇다면 한국의 경제안보에 심각한 위협을 야기했던 한일 무역분쟁은 분쟁의 원인 및 해결책과 관련하여 사회적으로 왜 심각하게 양분되어 있는가?

본 연구는 한일 무역분쟁과 관련하여 한국 정부의 대응을 보도하는 미디어의 정치적 편향을 경제안보전략에 대한 양극화된 정치선호의 주된 요인으로 간주하고 이를 실증적으로 규명한다. 나아가 경제안

---

2   당시 일본 정부의 공식적 입장에 따르면 해당 조치는 한국에 대한 보복이 아니라 기존의 수출 구조 재정비에 따른 조정이라고 하였다.

보정책에 대한 미디어 편향성이 경제안보정책에 대한 대중들의 양극화된 정책 선호 및 태도에 미치는 영향에 대하여 분석한다. 이를 위하여 2019년 7월 1일 일본이 한국에 단행한 공업 소재 수출규제 조치로부터 시작된 한일 무역분쟁 이후 한일 간 외교적 갈등 이슈를 다루는 보수와 진보 언론매체의 정치적 편향성을 체계적으로 밝힌 뒤, 정치적으로 편향된 언론매체에 대한 소비가 국민들의 양극화된 정책선호에 미치는 영향에 대하여 분석한다. 국가의 이익을 염두에 두고 초당적으로 협력해야 할 경제안보 영역에서 미디어의 정파성에 따라 개별 언론의 논조가 달라질 수 있다는 사실은 역설적으로 경제안보정책에 관한 국민들의 선호 형성에 있어 특정 정치집단이나 언론의 정치적 입장이 많은 영향을 미칠 수 있음을 보여준다.

본 연구는 다음과 같은 구성으로 이루어졌다. II절에서는 한일 무역분쟁에 관련하여 한일 양국의 경제안보전략을 알아본 후, 경제안보전략에 대한 한국 국민들의 양극화된 정치선호와 미디어 편향에 대하여 언급한다. 다음 III절에서는 한일 무역분쟁을 보도하는 정파적 미디어의 편향성과 이로 인한 정치적 양극화 현상을 실증적으로 규명한다. 마지막으로 결론에서는 본 연구를 요약하고, 경제안보에 관한 미디어 편향과 정치적 양극화가 갖는 정치적 함의에 대하여 언급한다.

II. 경제안보전략에 대한 국내정치 선호와 미디어 효과

1. 무역분쟁과 관련한 한일 양국의 경제안보전략

2019년 7월 1일 일본은 '한일 관계의 신뢰 관계가 현저히 훼손되었다'라고 주장하면서 한국에 대한 수출관리 규정을 개정해 반도체, TV, 스마트폰 제조에 필수적인 재료인 플루오린 폴리이미드(fluorine polyimide), 고순도 불화수소(etching gas, 에칭가스), 포토레지스트(photoresist, 감광재) 3개 품목의 수출을 규제한다고 기습 발표하였다. 3개 소재 모두 반도체와 디스플레이 등 한국 제조업의 대표적인 전략 수출 분야 제조 공정에 사용되는 소재로서 이러한 수출규제는 한국 대법원의 강제징용 손해배상 판결에 대한 경제 보복 차원으로 이해되었다. 이후 일본은 압박의 강도를 높여 나가며 급기야 8월 2일 각료회의에서는 군사 분야에 전용 가능한 첨단 재료, 소프트웨어, 기술 등에 대한 수출 허가 신청을 면제하게 해주는 '화이트리스트' 대상에서 한국을 제외하는 개정시행령을 의결하였다.[3]

일본이 수출규제나 화이트리스트 대상에서 제외한 정책을 추진한 것은 한국이 부품 수입의 대일의존도가 높다는 것을 알고 있었기 때문이다. 이는 무역이 단절되었을 때 누가 더 많은 피해를 받는가(민감성, sensitivity)와 누가 더 감당할 수 있는가(취약성, vulnerability)를 따져보았을 때 한국이 민감성과 취약성을 갖고 있는 반도체 핵심 소재 및 부품의 수출에 제동을 걸게 함으로써 한국에 대한 영향력을 높이기 위한 전략이었다(구민교 2021, 225). 3개 소재의 수출규제 소식이 전해지자 한국 사회에서는 무역 단절의 심각한 파장을 우려하는 목소리가 등장하였으며, 일각에서는 일본이 한국 제조업의 아킬레스건을 제대로 노렸다는 분석이 나오기도 하였다. 파렐과 뉴먼(Farrell and Newman 2019)이 주장한 것처럼 이는 일본이 한국의 취약성을 활용할 수 있는

---

3   화이트리스트 대상국은 일본 수출무역관리령에 등재된 국가로서 일본 정부의 입장에서는 신뢰 가능한 국가를 의미한다. 만약 일본의 기업이 백색국가가 아닌 곳으로 해당 품목을 수출하려는 경우에는 사전에 일본 정부의 허가를 받아야 한다.

위치에 있기에 자국의 경제수단을 '무기화'하여 한국의 급소(choke point)를 공략한 것이며 결과적으로 과거사 문제에 관한 한국 정부의 입장 변화를 목표로 한 것이었다.

이러한 일본의 경제적 공격에 대한 한국의 대응전략은 첫째, 일본의 수출규제 조치가 부당하다는 점을 국제사회에 알려 일본의 평판을 훼손하고 일본의 철회를 요구하는 것이었다. 따라서 한국 정부는 WTO 이사회나 동아시아정상회의 고위급실무자회의 등에서 일본 조치의 부당성을 강조하였다('평판 훼손 전략'). 둘째, 2019년 8월 12일 한국 정부 역시 일본을 한국의 화이트리스트 국가에서 제외한다는 방침을 발표하였고, '이슈연계 전략'의 일환으로 8월 22일에는 국가안전보장회의 상임위원회를 개최하여 11월 22일 종료되는 한일군사정보보호협정(GSOMIA)을 더 이상 연장하지 않을 것이라 발표하였다. 이러한 전략은 경제수단을 무기화하는 일본 정부 전략의 정치적 비용을 증가시키려는 한국의 대응전략이었다('경제적 징벌억지 전략', economic deterrence by punishment).[4] 셋째, 일본의 경제적 공격에 대한 정치적 이익을 감소시키는 대응전략으로 한국 정부는 일본의 규제대상으로 지목된 3개 품목의 국산화를 지원하기 위해 매년 1조 원의 예산을 구비한다는 구상을 발표하였고, 또한 해당 품목을 미국 및 유럽산 제품으로 대체 투입하거나 외국투자기업의 투자 유치를 독려하였

---

4   일반적으로 '보복적 억지(deterrence by punishment)'는 적이 감당할 수 없을 정도의 반격할 수 있는 능력을 바탕으로 적이 도발하지 않도록 하는 억지전략을 의미하며, '거부적 억지(deterrence by denial)'는 적이 군사적 도발을 통해 얻고자 하는 정치적 이익(benefit)을 감소하게 만드는 억지전략이다. 본 연구는 안보 영역에서 통용되는 억지전략을 경제안보전략에 처음으로 적용하였지만 본 논문의 주제가 미디어 편향과 정치양극화에 중점을 두고 있기에 해당 개념에 대한 이론적 논의는 별도의 연구에서 상세히 다룰 것이다.

다('경제적 거부억지 전략', economic deterrence by denial). 마지막으로 일본 정부가 수출규제 조치를 철회하지 않자 한국은 2020년 6월 18일 WTO에의 제소를 재개하였다. 이는 경제적 보복에 대응하는 국제법의 전략적 활용 전략에 해당된다고 볼 수 있다('국제법의 전략적 활용 전략').

한일 양국 간 상호의존의 비대칭성과 정책효과의 지연성으로 인하여 다른 전략들에 비해 '경제적 거부억지 전략'이 가장 효과적이었다고 볼 수 있다. 포토레지스트와 불화수소의 대일 수입의존도 감소하고 벨기에나 대만으로 수입처가 다변화하여 결과적으로 당초 일본이 의도하였던 한국 내 수급 차질은 발생하지 않았다. 결과적으로 한국은 소재의 국산화 등을 통해서 일본의 직접적인 경제적 공격은 최대한 회피할 수 있었으나 징용자 문제의 해결을 목표로 하는 일본으로 하여금 수출규제 철회라는 목표는 달성하지 못하였다. 일본 역시 경제수단을 이용하여 한국의 급소를 공격하려는 전략의 가시적인 성과를 한동안 얻지 못하였다. 2019년 이후 양국 간 과거사 문제를 둘러싼 이른바 '소모전(war of attrition)'이 전개되었다. 한일 양국 모두에게 정치 및 경제적 부담을 주는 무역분쟁이 지속되는 상황에서 일본은 과거사 문제에 대한 강한 결의(resolve)를 일관적으로 보냈던 반면 한국은 양극화된 국내 정치선호로 인하여 대외적으로 단호한 결의(resolve)를 보내는 데 한계가 있었다. 즉, 양극화된 국내 정치선호로 인하여 '상호의존의 무기화'를 통한 경제 강압(economic coercion)에 취약성을 노출했다고 볼 수 있다.

2. 경제안보전략에 대한 대중의 정치선호

전통적인 정치학 연구에 따르면 국내여론은 경제안보정책과 같은 대외정책에 있어서 중요한 변수가 아니었다. 이는 일반 국민들은 정치엘리트들에 비하여 상대적으로 정치정보(political information)가 부족하고 외교정책에 대한 국민들의 정책선호는 정치적 상황에 따라 변하기 쉽기에 일관성과 체계성이 결여되어 있는 것으로 여겨져 왔기 때문이다. 따라서 외교정책에 대한 국내여론은 당시의 국민 정서가 단순하게 반영된 것으로 간주되었다(Lippmann 1922; Almond 1956; Cohen 1973). 학자들은 민주주의 국가의 국민들은 자신들의 이익에 영향을 미치는 정책결정을 국가지도자에게 일반적으로 위임하기 때문에 '주인-대리인(principal-agent)' 관계가 성립된다고 가정한다. 그러나 '주인'인 국민이 '대리인'인 국가지도자의 정치적 행위에 대한 정보가 부족하고 온전히 감시할 수 있는 매커니즘이 부족하기 때문에 대리인인 국가지도자는 자신의 사적 이익을 추구하고도 국민들을 위하는 정책을 수행하고 있는 것처럼 보이게 할 수 있다고 주장한다. 그러나 많은 실제 사례들은 대외정책 결정과정에서 정책을 적극적으로 추진할 탄탄한 국내정치적 기반을 확보하는 것이 매우 중요하다는 것을 보여준다. 예를 들어 미국 트럼프 대통령의 '미국 우선주의(America First)' 슬로건은 당초 많은 유권자들에게 좋은 인상을 주었으나 트럼프의 다소 즉흥적인 관세부과나 국제협약, 인권, 동맹에 대한 경시 등으로 인하여 정치적으로 온건한 대중들의 마음을 얻지 못하여 추진 동력을 얻지 못하였다. 반면에 프랭클린 루스벨트 대통령은 미국의 이익뿐만 아니라 미국적 가치를 강조함으로써 이상주의자들과 현실주의자들 모두의 마음을 끌 수 있었고, 결과적으로 초당적인 연대를 통해 자유주의적 국제주의(liberal internationalism)를 20세기 미국외교의 근간으로 설정할 수 있었다(Kupchan and Trubowitz 2021).

이렇듯 대중들의 정치적 선호는 민주주의 국가의 대외정책 결정과정에서 중요하게 영향을 끼치는 요인이라면 경제안보전략에 대한 탄탄한 국내 기반을 조성하는 것 역시 결과적으로 타국과의 전략 경쟁의 과정 및 결과에 많은 영향을 미친다고 볼 수 있다. 최근 한국에서도 많은 논란을 야기했던 미국의 인플레이션 감축법(IRA)은 미국 의회가 주도하였으며, 이는 기술혁신과 산업 경쟁력 강화를 표방하는 미국의 경제안보전략 역시 미국 국내정치의 산물임을 보여준다(이승주 2022). 그렇다면 경제안보전략에 대한 국내정치 선호는 어떻게 형성되는가? 우선 경제안보전략에 대한 국내적 선호 형성은 일차적으로 국제정치경제 영역에서 발전되어온 이론적 접근법을 통해 생각해 볼 수 있다. 첫째, 요소부존 모델(factor model)에 따르면 한 국가의 비교우위는 토지, 노동, 자본과 같은 생산요소에 의해 결정되기 때문에 풍부한 생산요소(abundant factor)를 소유한 계층이 무역으로 인하여 이득을 보고, 상대적으로 희소한 생산요소(scarce factor)를 소유한 계층은 무역으로 손실을 얻게 된다. 예를 들어 미국에서는 고숙련-고학력 노동력이 풍부하기 때문에 해당 계층은 자유무역에 우호적인 선호를 형성하는 반면에 저숙련-저학력 계층은 무역 확대에 반대하게 된다. 이러한 시각에 따르면 정부의 특정 경제안보전략은 서로 다른 생산요소 소유자 사이의 실질임금의 변화를 야기할 수 있기에 이들 계층 간 반대의 정치적 선호가 형성된다고 볼 수 있다. 둘째, 섹터 모델(sector model)은 대중들이 어떤 산업에 종사하느냐에 따라 무역에 대한 선호가 달라진다고 주장한다. 즉, 수출지향적(export-oriented) 산업에 종사하는 사람들은 무역 확대를 통해 이득을 얻지만 수입경쟁(import-oriented) 산업에서 일하는 사람들은 확대된 무역을 통해 손해를 보지만 무역을 저해하는 상황에서는 오히려 이득을 창출한다. 결과적으로 요소부존 모델이나 섹터 모델과 같은 접근법에 따르면 정부의 경제안보전략은 개별 집단 간 실질임금 변화를 초래하고 이들 구성원들 사이에 상반된 정치선호를 형성한다고 볼 수 있다.

요소부존 모델이나 섹터 모델과 같은 접근법들은 특정 이익집단 구성원들이 얻을 수 있는 이익 또는 손실과 관련하여 경제안보전략에 대한 대중의 정치선호가 형성된다고 주장한다. 그러나 최근의 많은 연구들은 대중들이 개인적인 경제적 계산과 정부의 정책을 연결짓는 데 있어 한계가 있다고 지적하고 있다(Mansfield and Mutz 2009). 예를 들어 무츠(Mutz 2021)는 미국 아이오와주에서 중국으로부터 철강을 수입해 청소트럭을 제조하는 회사를 운영하는 사람이 자신의 회사에 경제적 부담이 될 수 있다는 것을 알면서도 트럼프 대통령이 추진한 중국과의 무역전쟁을 열렬하게 지지하는 사례를 소개하면서 통상적인 요소부존 또는 섹터 모델의 한계를 지적하고 있다. 이처럼 2019년 한일 무역분쟁 과정에서도 구체적인 이익이나 손실에 기반하여 정치적 선호가 형성되기보다는 다른 요인들에 의하여 정부의 경제안보전략에 대한 대중들의 정치선호가 양분화되었다고 볼 수 있다.

3. 정치선호 형성에 미치는 미디어의 영향

본 연구는 정부의 경제안보전략에 대한 대중들의 정치선호가 개별 국민들의 실제적 또는 잠정적인 경제적 이익보다는 개인의 정당일체감이나 미디어 소비에 의하여 형성될 가능성이 높다고 볼 수 있다고 주장한다. 미디어의 역할을 중요시하지 않는 전통적인 국제정치 관점[5]과는 달리 최근 많은 학자들과 언론인들은 미디어가 외교정책결정 과정에서 보다 주도적인 역할을 한다고 주장한다. 통신기술의 발전과 뉴스 프로그램이 24시간 동안 계속될 수 있는 미디어 환경의 변화는 국내여론과 외교정책 간의 관계를 근본적으로 변화시켰다고 해도 과언이 아니다(Baum and Potter 2008, 51).[6]

문제는 뉴스 공급의 비중이 늘어나면서 영향력이 증대된 뉴스 미디어가 '게이트키핑(gatekeeping)' 과정을 통해 이슈를 선별적으로 선택하고 배제하거나 다른 해석을 하면서 국민들에게 정보를 전달하는 경향이 있다는 것이다(Entman 1993; Gitlin 1980; Tuchman 1978). 본 연구에서 미디어 편향성(media bias)은 특정 사안을 바라보는 언론매체의 시각 차이로 정의되며, 이러한 미디어 매체의 편향성은 정치뉴스를 보도하는 개별 매체의 논조나 특정 단어의 취사선택을 통해 자명하게 드러난다고 할 수 있다(Gentzkow and Shapiro 2010; Groseclose and Milyo 2005; Mullainathan and Shleifer 2005). 현재 미디어 편향에

---

5   국제정치학의 주류담론 중의 하나인 구조적 현실주의(structural realism)에 따르면 국가는 국제체제의 무정부적인 성격 때문에 자조(self-help)를 통해 안보를 추구해야 하기에 미디어는 세계정치를 이해하는 데 있어 그다지 중요하지 않다. 미국외교와 관련하여 비판적 접근법(critical approach)을 취하고 있는 허만과 촘스키(Herman and Chomsky 2002) 역시 미디어는 미국과 같은 서구 민주주의 국가들의 이미지를 순수하고, 평화적이고, 높은 도덕적 기준에 헌신하고 있는 것으로 고착시키는 프로파간다의 기능을 할 뿐이라고 주장한다.

6   예를 들어 미디어를 통해 피해 대상의 실시간 이미지나 주요 사건 및 사고의 현장이 생중계되면서 국민들은 국가지도자에게 해당 문제를 막기 위한 외교적 조치를 적극적으로 요구하게 되는 이른바 'CNN 효과'(Gilboa 2005)가 발생하게 되었다. 언론이 보도하는 생생한 또는 자극적인 이미지나 기사들로 인하여 정부가 조용하고 신중한 외교적 접근을 취하기 어려운 상황이 종종 발생한다. 대량의 정치정보와 시사 이슈 등을 전달하는 역할을 제공하는 뉴스 미디어는 외교 분쟁 당시 일반 대중에게 정치적 현실을 간접적으로 경험하게 하고 외부 세계의 현실을 인지하게 하는 창구로서 기능할 뿐만 아니라 신문과 같은 전통적인 미디어 매체 역시 모바일로 운영되면서 언론보도는 여론 형성뿐만 아니라 정책결정 및 집행단계에까지 영향을 미치고 있다.

관련한 많은 연구들은 주로 국내정치 영역에서 정파적 미디어의 편향
성과 이러한 미디어 사용이 초래한 정치적 양극화 현상에 대하여 연구
하고 있다(최선규 외 2012; 이완수·배재영 2015). 본 연구는 정부의 경
제안보전략과 관련한 미디어 편향성(media bias)과 이로 인한 대중 양
극화(mass polarization) 현상을 주로 다룬다.

구체적으로 본 연구는 경제안보전략에 대한 대중의 정파적 미디
어 이용과 이로 인한 정치적 양극화를 설명하기 위해 미디어 이용자의
'선택적 노출(selective exposure)'에 중점을 둔다. 선택적 노출은 미
디어 이용자가 자신의 기존 신념이나 사고에 부합하는 정치정보나 언
론매체는 선택하지만 그렇지 않은 정보나 매체는 회피하는 심리적 특
성과 관련이 있다(Fischer et al. 2008; Klapper 1960). 미국에서 공화
당원들은 자신들의 정치신념에 부합하는 폭스 뉴스(Fox News)와 같
은 매체를 선호하고 자신들의 정치신념에 우호적이지 않는 CNN과
같은 진보적 성향의 매체를 거부하는 경향이 있다고 한다(Hollander
2008, 34). 따라서 정파적 뉴스 미디어에 대한 선택적 노출은 대중의
정치양극화 현상을 더욱 심화시킬 수 있다(Bennett and Iyengar 2008;
Stroud 2008, 2010; Sunstein 2009).[7] 대중들이 정파적 미디어에 지속
적으로 노출되면 정치신념의 변화가 이루어지고 다시 비슷한 성향의
미디어 선택을 지속적으로 하게 되며 기존의 정치신념이 더욱 강화되
는 결과가 발생한다. 많은 학자들은 정파적 미디어에 대한 선택적 노
출이 정치적 양극화에 유의미한 영향을 끼친다는 경험적 결과를 보여
주고 있다(Arceneaux and Johnson 2013; Leeper and Slothuus 2014;

7   일부 학자들은 정파적 미디어에 대한 선택적 노출은 양극화와는 상관없이 정파적 성향
     이 강한 사람들이 비슷한 성향의 미디어를 주로 이용하는 현실이 단순히 반영된 것이라
     고 주장한다(Mills 1965; Sears and Freedman 1967).

Levendusky 2013; Feldman et al. 2014; Stroud 2011). 정파적 뉴스가 활성화되면서 미디어 이용자들은 자신의 생각과 비슷한 미디어(like-minded media)에 선택적으로 노출될 가능성이 높아졌고 이러한 정파적 미디어에 대한 노출로 인하여 기존의 정치적 신념이 한층 강화되어 결과적으로 정치적 양극화를 초래할 수 있다(Garrett et al. 2014; Stroud 2008, 2010).

III. 한일 무역분쟁을 둘러싼 미디어 편향과 정치적 양극화

1. 주요 언론매체의 양극화된 보도

한일 무역분쟁을 둘러싼 한국 사회의 양극화된 정치선호는 무엇보다도 해당 사안을 다루는 주요 언론들의 양극화된 보도에 많은 영향을 받게 마련이다. 본 연구에서는 우선 한국의 경제안보와 관련한 외교분쟁을 보도하는 미디어 편향성을 다루기 위해 연구자가 직접 기사를 분석하고 판단하는 기존의 연구들과는 달리 텍스트 스케일링(text scaling) 기법을 활용하여 개별 미디어 매체나 정치행위자의 이념적 위치를 추정하는 통계모형들을 사용한다. 텍스트 스케일링 기법은 정치이념에 따라 단어를 언급하는 빈도가 달라진다는 핵심 가정에 기반을 두고 주어진 단어들의 언급빈도를 기반으로 정치행위자의 상대적인 이념적 위치를 통계적으로 추정한다(Laver et al. 2003; Slapin and Proksch 2008; Lowe 2016). 이러한 텍스트 스케일링 기법은 방대한 양의 데이터를 분석하는 데 있어서 많은 시간과 비용을 절감할 수 있을 뿐 아니라 내용분석을 하는 과정에서 연구자의 주관적 가치와 선입견을 배제할 수 있다는 장점이 있다.

본 연구의 텍스트 스케일링 분석은 다음과 같이 행해졌다. 첫째, 한국 대법원이 신일철주금(新日鐵住金)은 강제징용 피해자와 유족들에게 1억 원의 위자료를 지급하라는 판결 이후 격화된 한일 간 외교적 갈등을 다루었던 한국 주요 일간지의 이념적 편향성에 대해 체계적으로 분석한다. 이를 위하여 일본 경제산업성이 반도체 및 디스플레이 제조 핵심 소재의 수출을 제한하기로 발표한 2019년 7월 초부터 2022년 12월 말까지 3년 동안 한일 무역분쟁과 관련한 국내 주요 일간지 10개사의 사설 및 보도를 텍스트 스케일링 기법인 워드피시(wordfish) 모형을 사용하여 추정한다. 본 연구에서 추정하는 텍스트 분석모형에서는 개별신문사 i의 사설 및 보도에서 단어 j가 언급되는 횟수를 w_{ij}라고 하고 이것의 평균 μ_{ij}는 푸아송(Poisson) 분포를 따른다고 가정한다. 여기서 μ_{ij}는 신문사 i의 이념적 위치인 ψ_i의 함수로 다음과 같이 나타낼 수 있다.

$$w_{ij} \sim Poisson(\mu_{ij}).$$
$$\mu_{ij} = \exp(v_i + \lambda_j + k_j\psi_i)$$

본 분석모형에서는 어떤 단어가 언급되는 빈도수는 개별 미디어 매체의 정치이념적 위치에 따라 많아질 수도 있고 적어질 수도 있다고 가정한다. ψ_i는 개별 신문사 i의 정치이념적 위치를 나타내며, v_i는 신문사 고정효과, λ_i는 단어 고정효과, kj는 단어 j가 개별 신문사의 이념적 위치를 차별화하는 정도를 나타낸다. 텍스트 스케일링 분석은 최근 중국 신문사들의 미디어 편향을 분석한 위안(Yuan 2016)과 일본 10개 일본 신문사의 이념적 이상점(ideal points)을 측정한 카네코 외

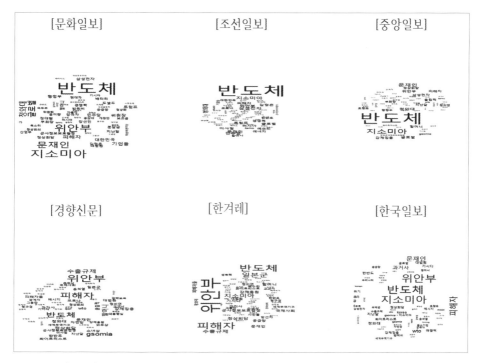

그림 8.1 워드 클라우드 분석: 보수성향 매체 vs. 진보성향 매체

(Kaneko et al. 2020) 등의 선행연구를 참조하였다.

우선 〈그림 8.1〉은 텍스트마이닝(Text Mining) 기법을 활용하여 개별 매체들을 분석하고 이를 시각화한 워드 클라우드(Word Cloud)를 제시하고 있다. 워드 클라우드는 단어의 빈도를 구름모양으로 표현한 그림으로 빈도수에 따라 글자의 크기와 굵기가 다르게 표현되기 때문에 언론매체에 따라 많이 사용되는 단어를 시각적으로 보여준다. 워드 클라우드 분석에 따르면 한일 무역분쟁과 관련하여 진보매체와 보수매체가 해당 사건을 다루는 프레임이 다르게 나타나는 것을 알 수 있다. 보수매체인 문화일보, 조선일보, 중앙일보에서는 반도체, 지소미아 등의 단어가 상위 빈출어로 등장하는 반면 진보매체인 경향신문, 한

겨레, 한국일보에서는 위안부, 피해자 등의 단어가 주로 등장하고 있
다. 이러한 차이는 보수매체에서는 한일 무역분쟁을 경제 또는 안보적
위기 관점에서 프레임을 형성하고 있다면 진보매체에서는 피해자 중
심의 이슈 프레임을 취하고 있음을 보여준다.

또한 〈그림 8.2〉는 한일 무역분쟁에 대한 주요 언론매체의 사설
및 보도를 바탕으로 워드피시 모형을 통해 개별 언론매체의 이념 위치
를 추정한 결과를 보여준다. 〈그림 8.2〉에서 굵은 점들은 개별 언론매
체의 이념 위치에 대한 점 추정치(point estimates)와 이에 대한 95퍼
센트 신뢰구간을 추정하였다. 왼쪽부터 한국일보, 한겨레, 서울신문,
경향신문 순으로 진보적인 이념적 위치를 보여주고 있으며, 오른쪽부
터는 가장 보수적인 문화일보를 시작으로 조선일보, 중앙일보, 동아일
보 등의 순으로 보수적인 매체의 이념적 위치를 나타내고 있다. 이러한
분석 결과는 한일 무역분쟁 보도와 관련하여 개별 신문사의 이념적 위
치가 서로 다르게 분화되어 있을 뿐만 아니라 특히 보수매체와 진보매
체들 간 양극화된 보도가 진행되고 있음을 보여준다.

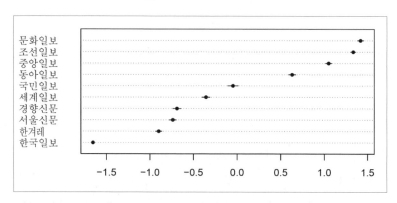

그림 8.2 '한일 무역분쟁'과 관련한 주요 언론매체의 정치이념 위치

2. 정파적 미디어 이용과 대중들의 양극화된 정치선호

이렇듯 국내정치뿐만 아니라 민감한 경제안보 영역에서도 뉴스 미디어는 자의적으로 특정 정보를 선택하거나 강조하고 또한 뉴스 정보원에 대한 신뢰를 달리 부여함으로써 같은 사건에 대하여 상반된 보도를 하는 미디어 편향 현상이 일어나며 이는 국민들에게 선택적 노출(Stroud 2007)과 감정적 양극화(Iyengar et al. 2019)를 야기한다. 대중들의 정파적 미디어 이용이 양극화된 정치선호 형성에 미치는 영향을 분석하기 위하여 부경대학교와 한국선거학회가 실시한 '2021 서울시장/부산시장 보궐선거 관련 유권자 정치의식조사' 데이터를 활용한다. 해당 설문조사는 2021년 4월 27일부터 5월 7일까지 10일간에 걸쳐 전문 여론조사기관인 피앰아이(PMI, http://pmirnc.com/)에 의해 실행되었다. 비록 본 설문조사는 서울과 부산에 거주하는 국민들을 대상으로 조사한 한계에도 불구하고 한일 무역분쟁 시기에 열린 서울·부산 보궐선거와 관련한 질문뿐만 아니라 반일 불매운동 지지 여부 등과 같은 한일 무역분쟁과 관련한 다양한 질문들이 포함되어 있어 정파적 미디어 이용이 양극화된 정치선호 형성에 미친 영향을 분석하는 데에 있어 시의적절한 데이터라 할 수 있다.

〈표 8.1〉의 회귀분석결과는 대중들의 뉴스 미디어에 대한 선택적 노출이 한일 무역분쟁과 관련한 정치선호 형성에 미치는 영향을 통계적으로 보여준다. 모형 1은 유권자의 반일 불매 운동 찬성 여부, 모형 2는 문재인 정권 시기 4년 동안의 외교안보에 대한 긍정적 평가인식, 모형 3은 한일관계 강화 반대에 대한 지지, 모형 4는 외교안보 분야에서 집권당인 민주당의 역량에 대한 긍정적 평가를 각각 종속변수로 사용하였다. 모형 1의 종속변수는 반일 불매 운동 찬성(1=매우 반대한다 ~

5=매우 찬성한다)이며, 모형 2의 종속변수는 문재인 정부 취임 이후 지난 4년 동안의 외교안보에 대한 긍정적 평가(1=매우 나빠졌다 ~ 5=매우 좋아졌다)로 순위형 로짓분석을 사용하였다. 모형 3의 종속변수는 한일관계를 더욱 강화해야 한다는 주장에 대한 응답자의 견해(0=전적으로 찬성 ~ 10=전적으로 반대)로 선형회귀모형을 사용하였으며, 마지막으로 모형 4의 종속변수는 외교안보 문제는 어느 정당이 가장 잘 해결할 것으로 생각하느냐는 질문에 집권당인 민주당을 선택하면 1, 다른 정당을 선택하면 0으로 처리하였기에 로짓분석을 사용하였다. 또한 핵심 독립변수인 보수적 매체와 진보적 매체 이용은 선거뉴스 및 정치 정보를 얻기 위하여 보수매체인 조선일보, 동아일보, 중앙일보 또는 진보매체인 한겨레, 경향신문을 각각 하루 평균 얼마나 많은 시간을 사용하는지에 대한 설문항을 이용하였다. 해당 변수는 6점 척도(1=전혀 사용하지 않는다, 2=1시간 미만, 3=1~2시간 미만, 4=2~3시간 미만, 5=3~4시간 미만, 6=4시간 이상)를 활용하였다.

먼저 모형 1과 모형 3의 결과를 보면 대중들이 조선일보, 동아일보, 중앙일보와 같은 보수적 매체를 많이 이용할수록 반일 불매 운동에 반대하며 한일관계 강화에 찬성하는 경향이 있음을 보여주고 있다. 반면에 한겨레와 경향신문과 같은 진보적 매체를 이용하는 국민일수록 반일 불매 운동에 더욱 찬성하는 경향이 있음을 보여준다. 그러나 모형 3에서 진보적 매체 이용 변수는 한일관계가 냉각될 필요가 있다는 국민들의 인식에는 유의미한 영향을 미치지 않았음을 보여준다. 모형 2와 모형 4는 일본이 수출규제나 화이트리스트 대상에서 한국을 제외한 정책에 대응하여 가용한 모든 수단을 동원해 총력 대응한 한국 정부의 외교정책에 대한 국민들의 평가를 다룬다. 모형 2와 4의 결과에 따르면 보수적 매체를 많이 이용하는 국민일수록 문재인 정부의 외

표 7.2 미국, 중국, 러시아, EU의 국력비중 (단위: %)

모형	모형 1	모형 2	모형 3	모형 4
종속변수:	반일 불매 운동 찬성	외교안보 긍정적 평가	한일관계 강화 반대	외교안보 분야에서 집권당의 역량에 대한 긍정적 평가
독립변수:				
정치이념	-0.251**	-0.289**	-0.245**	-0.334**
	(0.019)	(0.019)	(0.023)	(0.027)
진보적 매체 이용	0.193**	0.453**	0.007	0.016
	(0.052)	(0.054)	(0.064)	(0.085)
보수적 매체 이용	-0.332**	-0.250**	-0.341**	-0.345**
	(0.052)	(0.053)	(0.064)	(0.085)
민주당 지지자	0.454**	1.026**	0.180*	1.816**
	(0.071)	(0.074)	(0.090)	(0.091)
국민의 힘 지지자	-0.364**	-0.649**	-0.901**	-0.995**
	(0.084)	(0.085)	(0.104)	(0.164)
여성	0.262**	0.151*	0.287**	0.148+
	(0.060)	(0.060)	(0.075)	(0.086)
연령 및 세대	0.123**	-0.099**	0.011	0.129**
	(0.023)	(0.023)	(0.029)	(0.032)
교육수준	0.060*	-0.079**	-0.050	0.072+
	(0.026)	(0.027)	(0.033)	(0.038)
소득수준	0.025*	-0.006	0.015	0.004
	(0.012)	(0.012)	(0.015)	(0.017)
상수	–	–	6.996**	0.101
			(0.230)	(0.264)
N	3817	3817	3817	3817
Log-likelihood	-5223.066	-5057.193	–	-1733.292

**p⟨0.01 *p⟨0.05 +p⟨0.1, two-tailed test. 괄호 안은 표준오차를 나타낸다.

교안보 정책에 대하여 부정적으로 인식하였으며, 외교안보 분야에서 집권당인 민주당의 역량에 대하여 부정적으로 생각하는 경향이 있음을 보여준다. 반면에 진보적 매체 이용은 정부의 외교안보 정책을 긍정적으로 인식하도록 영향을 끼쳤으나 민주당의 외교안보 능력에 대한 긍정적 인식에는 영향을 미치지 않았음을 보여준다. 결과적으로 〈표

8.1〉의 회귀분석 결과는 정파적 미디어에 대한 선택적 노출이 경제안보 분야의 정치적 양극화에 유의미한 영향을 끼친다는 주장을 뒷받침하고 있다. 정파적 뉴스를 주로 소비하는 대중들은 정파적 미디어에 대한 선택적 노출로 인하여 결과적으로 경제안보에 관한 정치적 양극화가 일어난다고 볼 수 있다.

〈표 8.1〉의 모든 모형에서는 설문응답자의 정치이념, 정당일체감, 성별, 세대, 교육수준, 소득수준을 통제변수로 사용하였다. 모형 1부터 4까지의 모든 모형에서 정치이념이 보수적이고, 남성이거나 국민의 힘 지지자일수록 문재인 정부 및 민주당의 경제안보 정책 및 역량을 부정적으로 인식하고, 반일 불매 운동에 반대하며, 또한 한일관계 강화의 필요성을 인식하고 있음이 드러났다. 반면에 〈표 8.1〉의 결과는 응답자가 민주당 지지자이거나 진보적이거나 여성일수록 문재인 정부의 경제안보 정책을 지지하는 경향이 있음을 보여주고 있다. 이 밖에 세대, 교육수준, 소득수준 변수가 종속변수에 미치는 영향은 모든 모형에서 일관적이지 않았다.

IV. 결론: 경제안보에 대한 양극화 현상이 주는 정치적 함의

한국 사회의 심각한 정치적 양극화의 이면에는 정치이념 성향에 있어 대척점에 있는 미디어 매체들이 정치적 분열 및 대립을 가속화하는 갈등 기제로 등장하여 사회의 양극화를 강화하는 주도적 역할을 한다고 볼 수 있다. 이에 본 연구는 한일 무역분쟁과 관련하여 한국 정부의 대응을 보도하는 미디어의 정치적 편향이 한국의 경제안보전략에 대한 양극화된 정치선호의 주된 요인으로 간주하고 이를 실증적으로 규명하였다. 국내정치뿐만 아니라 민감한 외교 또는 경제안보 영역에서도 뉴스 미디어는 자의적으로 특정 정보를 선택하거나 강조하고 또한 뉴스 정보원에 대한 신뢰를 달리 부여함으로써 같은 사건에 대하여 상반된 보도를 하는 미디어 편향 현상이 일어나며 이는 국민들에게 선택적 노출과 감정적 양극화를 야기할 수 있다.

　본 연구는 한일 무역분쟁을 둘러싼 한국 사회의 양극화된 정치선호는 해당 사안을 다루는 주요 언론들의 양극화된 보도에 많은 영향을 받았다고 주장하였다. 국가의 이익을 염두에 두고 초당적으로 협력해야 할 경제안보 사안에서조차 미디어의 정파성에 따라 개별 언론의 논조가 달라질 수 있다는 사실은 역설적으로 외교정책에 관한 국민들의 선호를 형성하는 데 있어 언론사의 정치적 입장이 많은 영향을 미칠 수 있다는 점을 시사한다고 볼 수 있다. 본 연구결과는 특정 미디어 매체가 다양한 정치적 해법 속에서 자신의 이념성향에 맞는 정치적 입장을 전략적으로 선택하고 의제함으로써 특정 국가와의 외교갈등을 일정한 방향으로 여론화할 수 있다는 가능성을 시사하고 있다.

　최근 다매체 등장으로 발생한 미디어 환경의 변화로 말미암아 미디어의 정치적 편향 현상은 점차 심화되고 있다. 따라서 경제안보 정책결정자는 개별 언론이 정치적 이해관계를 위해 이용하는 정파적 보도 양태뿐만 아니라 이로 인한 국민들의 양극화된 정치선호를 극복하여 자신의 국제협상 역량을 강화할 필요가 있다. 정책결정자가 전략경쟁 문제에 대해 미디어 편향으로 인한 한국 사회의 정치적 양극화 문제를 완화하고, 자신의 '윈셋(win-sets)'을 전략적으로 활용할 수 있다면 이는 국제적 협상에서의 협상력 증진으로 귀결될 수도 있다. 결과적으로 본 연구는 경제안보정책 결정과정에서 국민이 소통과 참여를 촉진해 사회적 지지와 합의를 도출하고 "국민의 의지가 담긴 외교"와 "국민과 소통하는 외교"를 추구하여 한국 정부의 대외 협상력을 증진하기 위하여 개별 언론이 정치적 이해관계를 위해 이용하는 정파적 보도 양태뿐만 아니라 이로 인한 국민들의 양극화된 정치적 선호를 극복해야 할 필요가 있음을 보여준다.

참고문헌

구민교. 2021. "무역-안보 연계 관점에서 본 한일 무역갈등." 『일본비평』 24: 212-237.

김경희·노기영. 2011. "한국 신문사의 이념과 북한 보도방식에 대한 연구." 『한국언론학보』 55(1): 361-387.

김용호·김현종. 2003. "한미관계에 대한 미디어의 프레임연구." 『국제정치논총』 43(2): 123-149.

이면우. 2020. "한일 무역분쟁 1년 평가와 향후 전망 및 과제." 『정세와 정책』 17. 세종연구소.

이승주. 2022. "미국의 경제안보전략: 평가와 전망." 『아시아브리프』 2(39).

이완수·배재영. 2015. "세월호 사고 뉴스 프레임의 비대칭적 편향성: 언론의 차별적 관점과 해석 방식." 『한국언론정보학보』 71(3): 247-298.

이완수·배재영·박경우. 2016. "아베 내각의 일본 과거사 인식 문제에 대한 한국언론의 시각: 보수신문과 진보신문에 나타난 보도 프레임의 역동적 과정." 『한국언론정보학보』 79: 104-139.

이효영. 2022. "경제안보의 개념과 최근 동향 평가." 『주요국제문제분석』 2022-08. 국립외교원 외교안보연구소.

박영흠·정제혁. 2020. "언론은 한일 갈등을 어떻게 보도했는가: 프레임 유형과 의미화 방식을 중심으로." 『한국콘텐츠학회논문지』 20(7): 352-367.

백우열. 2022. "경제안보 개념의 확장: 2020년대 안보 맥락에서." 『국제정치논총』 62(4): 325-364.

최선규·유수정·양성은. 2012. "뉴스 시장의 경쟁과 미디어 편향성." 『정보통신정책연구』 19(2): 69-92.

Almond, Gabriel. 1956. "Comparative Political Systems." *Journal of Politics* 18: 391-409.

Arceneaux, Kevin, and Martin Johnson. 2013. *Changing Minds or Changing Channels?* Chicago: University of Chicago Press.

Baum, Matthew A. and Philip B. K. Potter. 2008. "The Relationships between Mass Media Public Opinion, and Foreign Policy: Toward a Theoretical Synthesis." *Annual Review of Political Science* 11: 39-65.

Baker, William D. and John R. Oneal. 2001. "Patriotism or Opinion Leadership?: The Nature and Origins of the "Rally 'Round the Flag Effect."" *Journal of Conflict Resolution* 45(5): 661-687.

Bennett, W. Lance and Shanto Iyengar. 2008. "A New Era of Minimal Effects? The Changing Foundations of Political Communication." *Journal of Communication* 58(4): 707-731.

Blackwill, Robert and Jennifer Harris. 2016. *War by Other Means.* Harvard University Press.

Cohen, Bernard C. 1973. *Public's Impact on Foreign Policy*. Little Brown and Company.

Entman, Robert M. 1993. "Framing: Towards Clarification of a Fractured Paradigm."*Journal of Communication* 43(4): 51-58.

Feldman, Lauren, Teresa A. Myers, Jay D. Hmielowski, andAnthony Leiserowitz. 2014. "The Mutual Reinforcement of Media Selectivity and Effects: Testing the Reinforcing Spirals Framework in the Context of Global Warming." *Journal of Communication* 64(4): 590-611.

Farrell, Henry and Abraham Newman. 2019. "Weaponized Interdependence: How Global Economic Networks Shape State Coercion." *International Security* 44: 42-79.

Fischer, P., S. Schulz-Hardt, and D. Frey. 2008. "Selective Exposure and Information Quantity." *Journal of Personality and Social Psychology* 94: 231-244.

Garrett, R. Kelly, Shira Dvir Gvirsman, Benjamin K. Johnson, Yariv Tsfati, Rachel Neo, and Aysenur Dal. 2014. "Implications of Pro-and Counterattitudinal Information Exposure for Affective Polarization." *Human Communication Research* 40(3): 309-332.

Gentzkow, Matthew and Jesse M. Shapiro. 2010. "What Drives Media Slant? Evidence from U.S. Daily Newspapers." *Econometrica* 78(1): 35-71.

Gilboa, Eytan. 2005. "The CNN effect: the Search for a Communication Theory of International Relations." *Political Communication* 22(1): 27-44.

Gitlin, Todd. 1980. *The Whole World is Watching: Mass Media in the Making & Unmaking of the New Left*. Berkeley: University of California Press.

Groseclose, Tim, and Jeffrey Milyo. 2005. "A Measure of Media Bias." *Quarterly Journal of Economics* 120(4): 1191-1237.

Herman, Edward S. and Noam Chomsky. 2002. *Manufacturing Consent: The Political Economcy of the Mass Media*. New York: Pantheon Books.

Hollander, Barry A. 2008. "Tuning Out or Tuning Elsewhere? Partisanship, Polarization, and Media Migration from 1998 to 2006." *Journalism & Mass Communication Quarterly* 85: 23-40.

Horrigan, Breanda L., Theodore Karasik, and Rennison Lalgee. 2008. "Security Studies." in Lester Kurtz ed. *Encyclopedia of Violence, Peace and Conflict*. Academic Press.

Iyengar, Shanto, Yphtach Lelkes, Matthew Levendusky, Neil Malhotra, and Sean J. Westwood. 2019. "The Origins and Consequences of Affective Polarization in the United States." *Annual Review of Political Science* 22: 129-146.

Kaneko, Tomoki, Taka-aki Asano, and Hirofumi Miwa. 2020. "Estimating Ideal Points of Newspapers from Editorial Texts."*The International Journal of Press/Politics*. OnlineFirst.

Klapper, J. T. 1960. *The effects of mass communication*. Glencoe, IL: The Free Press.

Kupchan, Charles A. and Peter L. Trubowitz. 2021. "The Home Front: Why an

Internationalist Foreign Policy Needs a Stronger Domestic Foundation." *Foreign Affairs* 100(3): 92-101.

Laver, Michael,Kenneth Benoit, John Garry. 2003. "Extracting Policy Positions from Political Texts Using Words as Data." *American Political Science Review* 97(2): 311-331.

Leeper, Thomas J., and Rune Slothuus. 2014. "Political Parties, Motivated Reasoning, and Public Opinion Formation." *Advances in Political Psychology* 35(S1): 129 – 156.

Levendusky, Matthew. 2013. *How Partisan Media Polarize America*. Chicago: University of Chicago Press.

Lippmann, Walter. 1922. *Public Opinion*. New Brunswick, London: Transaction Publishers.

Lowe, Will. 2016. "Scaling Things We Can Count." *Unpublished*. Princeton University.

Mansfield, Edward D. and Diana C. Mutz. 2009. "Support for Free Trade: Self-Interest, Sociotropic Politics, and Out-Group Anxiety." *International Organization* 63(3): 425-457.

Mills, J. 1965. "Effect of Certainty about a Decision upon Postdecision Exposure to Consonant and Dissonant Information." *Journal of Personality and Social Psychology* 2(5): 749-752.

Mullainathan, Sendhil, and Andrei Shleifer. 2005. "Market for News," *American Economic Review* 95(4): 1031-1053.

Mutz, Diana. 2021. *Winners and Losers: The Psychology of Foreign Trade*. Princeton University Press.

Putnam, Robert D. 1988. "Diplomacy and Domestic Politics: the Logic of Two-Level Games." *International Organization* 42(3): 427-460.

Sears, David O., and Jonathan L. Freedman. 1967. "Selective Exposure to Information: A Critical Review." *Public Opinion Quarterly* 31(2): 195-213.

Slapin, Jonathan B., and Sven-Oliver Proksch. 2008. "A Scaling Model for Estimating Time-Series Party Positions from Texts." *American Journal of Political Science* 52(3): 705-722.

Stroud, Natalie Jomini. 2007. "Media Effects, Selective Exposure, and Fahrenheit 9/11." *Political Communication* 24(4): 415-432.

Stroud, Natalie Jomini. 2008. "Media Use and Political Rredispositions: Revisiting the Concept of Selective Exposure." *Political Behavior* 30(3): 341-366.

Stroud, Natalie Jomini. 2010. "Polarization and Partisan Selective Exposure." *Journal of Communication* 60(3): 556-576.

Stroud, Natalie Jomini. 2011. *Niche News: The Politics of News Choice*. NY: Oxford University Press.

Sunstein, Cass R. 2009. *Republic. Com 2.0*. New York, NY: Princeton University Press.

Tuchman, Gaye. 1978. *Making News: A Study in the Construction of Reality*. New York:

Free Press.
Yuan, Han. 2016. "Measuring Media Bias in China." *China Economic Review* 38: 49-59.

제9장   탈단극시대, 중견국 외교의 종언?:
중견국 담론의 지식사회학과
대한민국 대전략 패러다임 변동

차태서(성균관대학교)

* 이 글은 『국제지역연구』 제27권 제4호, 2023에 출판된 것을 수정 보완한 것이다.

I. 서론

본 연구는 한국의 국제정치학계와 외교정책 서클에서 널리 사용되어온 중견국(中堅國, middle power) 개념을 특수한 역사적 시공간에서 생산된 언어로서 담론분석의 대상으로 삼아야 할 시기가 도래했다는 입장에서 출발한다. 이는 비판적 구성주의 분석의 시각을 원용해 특정한 사회적 조건에서 탄생하여 성장하다 위기를 겪어 소멸하고 마는, 일정한 생애주기를 갖는 권력/지식 혼합물로서 중견국 담론과 그 연구프로그램을 다뤄볼 필요가 있다는 문제의식을 의미한다.[1]

주지하다시피, 현대의 중견국 논의는 제2차 세계대전 직후 호주, 캐나다 등이 주도한 외교정책적 구상으로서 개시되었다.[2] 비록 강대국은 아니지만 전후 국제체제에서 자국의 특별한 지위와 역할을 자리매김하고자 하는 양국의 의도가 반영된 정치적 프로젝트로서 탄생한 개념인 셈이다. 또한 태생부터 미국 주도 자유세계질서를 역사적, 논리적 전제로 삼고, 그 위에서 국가의 정체성과 대전략을 규정한 것이 중견국 담론의 핵심원칙이었다는 점에서 특정한 역사성과 규범성이 처음부터 배태되어 있었다. 이후 탈냉전기를 전후해 팍스 아메리카나가 전 지구적으로 확장되면서 중견국 외교정책에 대한 논의가 본격적으로 만개하였으며, 특히 비전통 안보와 국제개발 및 환경 영역 등이 포함된 다자주의적 글로벌 거버넌스의 공간이 중견국들이 도드라지게 활약할 수 있는 틈새외교(niche diplomacy)의 장으로서 주목받기 시작했다 (Cooper 1997).

사실 냉전과 함께 출현한 중견국 논의의 범위는 자유주의적 서구

---

1   국제정치학에서 담론분석 방법론에 대해서는 차태서(2020) 참조.
2   중견국 개념에 대한 개관적 소개로는 김치욱(2009), 강선주(2015) 등을 볼 것.

라고 하는 한정된 영역에 국한되어 있었다. 예를 들어 다자주의 대신 양자주의 혹은 종속적 동맹관계가 지배적이었던 아시아-태평양 지역의 샌프란시스코 체제에서는 중견국적인 정체성이나 행태가 부상하기 어려운 조건이 갖추어져 있었다(Job 2020, 4-5). 그러나 2008년 대침체(Great Recession)와 단극패권의 위기가 심화되는 과정에서 축소된 글로벌 리더십과 지구 공공재의 공급을 중견국의 연대로 보충하자는 주장이 힘을 얻으면서, 역설적으로 중견국 담론의 르네상스 도래와 함께 "G20"과 "믹타(MIKTA)" 등으로 상징되는 비서구지역의 중견국들이 대거 국제정치 공론장에서 부각되었다(Paris 2019). 특히, 전략경쟁에 돌입한 미중 양국이 코로나 팬데믹 같은 전 지구적 위기 상황에서도 자신들의 좁은 국익추구에만 골몰하고 있는 와중에, 자유세계질서의 수호자 역할을 중견국들이 자임하면서 기존의 다자주의 레짐과 개방적 국제경제를 옹호하는 역할을 수행하려는 정치적 기획이 일정한 호응을 얻기도 하였다(Marston and Wyne 2020; Jones 2020).

대략 2000년대 후반부터 본격적으로 개시된 서울발 중견국 외교 담론의 발신도 바로 이러한 시대적 맥락에서 이해될 수 있다. 국제정치 학계와 외교당국이 상호 영향을 주고받으며 구성해 간 중견국가로서 대한민국의 자기정체성과 역할 정의는 전 세계적 중견국 외교담론의 역사에서는 "제3의 물결"에 속하는 것으로 상당히 후발주자에 해당한다.[3] 따라서 이 시기 한국의 중견국가론은 단극체제하 자유세계질서에 상당한 균열이 나타난 조건에서 그간 국력이 크게 신장된 우리가 이에 대한 일정한 보충역할을 수행할 수 있다는 논리에서 출발하였다. 특히 이 로컬 담론은 과거 자조행위, 국력신장 등에만 집중했던 현실주의

---

3 제1의 물결은 2차대전 직후 시기, 제2의 물결은 탈냉전 초기를 지칭한다(Cooper and Dal 2016).

적 외교와 질적으로 구분되는 국가전략상의 패러다임 변동을 추구한 것으로, 자유세계질서 자체의 공동 아키텍트로 발돋움하려는 국가적 야심을 내포하고 있었다. 다시 말해 우리가 중견국 외교를 통해 위기에 빠진 규칙기반질서를 수호하고 개혁하는 과정에서 핵심적인 역할을 수행할 수 있게 된다면, 바야흐로 한국이 국제담론과 규범의 추종자(follower)에서 의제 제시자(agenda setter) 혹은 선도자(first mover)로 변신하는 역사적 기회의 창이 열릴 것이라는 장밋빛 비전에 기초해 있었다. 그리하여 중견국 외교론은 주체적 외교정책을 지향하는 정치적 슬로건이자 한국적 국제정치학이 추구해야 할 가치적 정향으로까지 제시되었다(손열·김상배·이승주 편 2016; 김우상 2016).

  문제는 미국의 도널드 트럼프(Donald Trump) 대통령 집권기부터 미중 전략경쟁의 압력이 극심해졌고, 코로나19 국면과 우크라이나 전쟁을 경유하며 글로벌 거버넌스의 침식이 가속화되었다는 점에 있다. 공산권 붕괴 이후 약 30년간 지속된 단극시대의 자유세계질서는 비강대국들(non-great powers)[4]에게 역사상 유례없는 안전한 공간과 외교정책실행의 자율성을 제공했으나, 오늘날 이러한 구조적 환경이 위기에 빠짐으로써 중소국가들의 국제적 운명에 중대한 압박을 가하고 있다(Pedi and Wivel 2022). 보다 구체적으로 설명하자면, 중견국 외교 담론이 탄생, 성장할 수 있었던 물적 인프라 자체가 허물어지고 있다는 점에 주목할 필요가 있는데, 중견국가들의 주된 활동공간이라고 할 수 있는 다자주의 무대 자체가 축소되고 강대국 간 경쟁이 부각되면서, 소위 "중견국의 계기(middle-power-moment)"라는 국제정치사

---

4   중견국, 중소국, 중간국, 준강대국, 중추국, 중간급 국가, 2등 국가, 중진 국가 등 수다한 이름으로 불린 1950년대 이래 비강대국 연구에 대한 포괄적 소개로는 Nolte(2010) 참조.

의 예외적 국면 자체가 종식 중이라는 진단이 2020년대에 들어 나타나고 있다(Carr 2020). 가령, 미국이 후원하는 중견국들의 상대적 지위약화라든지(Bruno 2020), G0시대 집단행동과 무임승차자의 딜레마가 가중되는 가운데 중견국 연대의 문턱이 갈수록 높아지는 현상(이재현 2020, 11-12) 등이 관찰되고 있으며, 무엇보다 미중 양국의 개입과 선택압박이 심화하면서 비강대국들의 외교행태 자체가 헤징(hedging) 중심의 수동적(=현실주의적) 형태로 환원되는 경향이 두드러지게 나타나고 있다.

환언하면, 적극적인 의미에서 자유세계질서 내의 규범과 원칙에 대한 의제를 설정하고 법제화를 관철하는 모습 대신 미중(러) 사이에서 어떻게 안보와 국익을 도모할 것인가라는 협소하고 반응적인 주제로 비강대국 외교정책 논의가 "퇴행" 중이다. 특히 이른바 "안미경중(安美經中)"이라는 "이중적 위계(dual hierarchy)"가 형성된 상태(Ikenberry 2016; Job 2020)에서 어떻게 편승과 균형 사이의 스펙트럼 상에서 현실주의적 옵션을 선택해 패권이행기라는 위태로운 상황을 관리할 것인가가 중소국 대외정책연구의 중심주제로 등장하였다(조비연 2021).

이와 같은 사태의 전개는 비강대국 연구의 패러다임 변동이 불가피해졌음을 의미한다. 기존에 익숙한 자유세계질서 내 중견국 연구의 틀로 담아낼 수 없는 새로운 현상들을 포착할 새로운 과학 연구프로그램(scientific research program)[5]의 개발이 요구되고 있는 것이다. 이에

5　임레 라카토슈(Imre Lakatos)의 과학발전 모델에 따르면, 하나의 과학 연구프로그램은 일련의 가정들을 공유하는 이론들로 구성되어 있다. 따라서 한 프로그램에는 하나의 견고한 핵(hard core)으로서 기본전제들이 존재하는데, 이 핵심은 지지자들의 방법론적 견단에 의해 빈증 불가능한 것으로 받아들여진다. 또한 이 특정 프로그램의 지지자들은 그 견고한 핵을 반증으로부터 보호하기 위해 보조가설들의 보호대(protective belt of

본문에서는 우선 중견국 개념의 지식사회학적 접근을 통해 해당 담론을 상대화할 필요가 있음을 지적할 것이다. 다음으로 탈단극 강력정치 시대의 비강대국 외교 연구를 위해서는 기성 중견국 연구프로그램을 벗어나 비서구 비자유주의 지역강국들의 비동맹적 행보와 함께 지정학적 단층선에 위치한 중간국(中間國, middle-ground state)들의 헤징전략에 주목할 필요가 있음을 주장할 것이다. 이어서 하나의 사례연구로서 21세기 대한민국 중견국 외교의 진화 과정을 탐구한 후, 윤석열 정부의 글로벌 중추국가(Global Pivotal State, GPS) 개념과 인도-태평양 전략이 패권이행기에 조응해 사실은 기성 중견국가 담론과 탈냉전기 외교 패러다임으로부터의 근본적 이탈을 의미한다는 점을 강조할 것이다.

II. 자유세계질서하 중견국 담론을 "역사화"하기

현대의 중견국은 처음부터 사회"과학"적 개념이라기보다는―피에르 부르디외(Pierre Bourdieu)의 개념을 원용하자면―"실천의 범주(category of practice)"로서 전략적으로 구성된 화행(speech-act)으로 간주될 수 있다. 즉, 중견국의 정의에 부합하는 본질적인 속성이나 행

auxiliary hypotheses)를 만들어 간다. 그러나 지속적인 반증에 의해 결국 기성 연구프로그램의 하드 코어가 더 이상 지탱 불가능한 상황―"퇴행적" 프로그램화―이 도래하게 되면, 일련의 새로운 핵심 가정으로 구성된 신 연구프로그램이 등장하게 된다(Lakatos 2002; Elman and Elman eds. 2003). 이런 과학철학적 맥락에서 본 논문은 비강대국 연구분과의 주류를 차지해온 기존 중견국 연구프로그램의 기본전제들이 더 이상 우리가 살고 있는 탈단극 시대에는 지속 불가능하기에 지역강국이나 중간국에 초점을 둔 새로운 연구프로그램의 개발이 필요함을 주장할 것이다.

태를 지닌 특정 국가들이 객관적 현실로서 "외부(out there)"에 "선재 (the given)"해 있는 것을 실증적으로 포착한 개념이 아니라는 뜻이다. 실제로 1940년대 호주와 캐나다는 일종의 수사학적 장치로서 중견국 범주를 "발명"해내었다. 이는 애초부터 중견국 구상이 비록 강대국은 아니지만 약소국과도 구분되는 별도의 범주를 구축함으로써 세계정치 의 위계(hierarchy)에서 상당한 지위(prestigious status)를 획득하려는 국가들의 정치적 욕망(혹은 불안)이 투영된 정치적 프로젝트였다는 사 실을 방증한다(de Bhal 2023).

이런 계보학적 사실을 염두에 둘 때, 중견국 개념을—미셸 푸코 (Michel Foucault)의 문제틀을 차용하여—하나의 권력/지식 혼합물 혹은 담론으로서 "역사화"할 필요성이 요청된다. 20세기 중반 이후 중견국을 자처하는 국가들의 "정책계-학계 복합체(policy-scholarly nexus)"가 공진화하면서 구성해온 담론 프로젝트로서 중견국 담론은 고유한 정체성과 행태를 지닌 국가 카테고리를 구획하기 위해 노력해 왔는데, 주로 자유주의적 정체성과 역할개념("좋은 국제시민")을 지닌 행위자들의 독특한 외교원칙과 행동양식("다자주의"와 "국제주의")이 강조되어 왔다(Robertson and Carr 2023). 보다 구체적으로 자유세계 질서의 틀 내에서 그것의 작동을 원활하게 하고 고양시키는 역할을 중 견국이 수행한다는 점이 부각되었는데, 촉매자(catalyst)로서 외교적 이니셔티브를 행사하면서, 촉진자(facilitator)로서 각종 의제를 설정하 고 지지연합을 구축하며, 관리자(manager)로서 국제제도의 수립을 지 원한다는 점 등이 설명되었다(김치욱 2009, 15).

이 지점에서 드러나는 것은 중견국 개념을 둘러싼 논의가 특정한 시공간적 맥락을 전제하고 있다는 사실이다. 궁극적으로 규범 기획자 (norm entrepreneur)로서 중견국이라는 특수한 국가 범주의 존재와 영향력은 자유주의 패권국과의 연계 속에서만 도출 가능하다. 소위 자비로운 패권이 국제안보와 경제 차원에서 공공재를 제공하여 강대국 간의 "긴 평화"가 유지되고, 그에 더해 다자주의적 규범이 활성화되어야만, 중견국의 행위성(agency)이 발휘될 수 있는 구조적인 물적/관념적 인프라가 확보되기 때문이다. 따라서 전후 서구나 탈냉전 초기 세계와 같이 미국 헤게모니가 구축한 "역사적으로 조건적인(historically contingent)" 시공간 내에서만 중간 수준의 권력을 가진 국가들이 자유주의 가치에 기초한 중견국 외교를 펼칠 수 있었다. 그리고 이러한 논리, 역사적 전제로서 단극과 자유세계질서 자체가 위기에 빠진 대규모의 이행기에는 중견국 외교담론을 떠받치는 기본 가정과 원칙 자체가 상대화될 수밖에 없다(Bruno 2020; Job 2020). 정리하면, 기성 중견국 개념은 팍스 아메리카나의 구조 내에서는 분석적 효용을 지니나, 오늘날 부상하고 있는 다극화의 세계에서는 그 이론의 지속 가능성에 대해 심각한 의문이 제기될 수밖에 없다(Robertson and Carr 2023, 2).

이에 덧붙여 비판이론적 시각에서 볼 때 중견국 내러티브는 단일 자유세계질서의 현존과 가치를 당연한 것으로 전제하고 허위적 보편성을 물화시킨 담론이자, 헤게모니적 지구 비전을 특권화하여 중견국을 현상유지 패권국의 종속적 지지자로 환원시키는 언어적 프레임이라는 점에서 전형적인 문제해결이론적 세계관에 근거해 있다고 여겨진다(Yoo and Cho 2022; Moeini et al. 2022). 같은 맥락에서 중견국 담론의 규범성, 가치 지향성에 내재한 권력의 논리도 비판 가능한데, 특히 "좋은 국제시민"이라는 속성은 서구백인 중심주의 질서를 옹호하는 장치로서 기성 중견국 담론에서 팍스 아메리카나에 비판적인 비서구, 탈식민 국가들의 역사가 거의 완전히 비가시화되는 결과를 낳았다(Robertson and Carr 2023, 5, 14-15). 가령, 냉전기 비동맹운동의 역사에도 그 나름의 규범지향성, 특히 고유의 국제주의와 다자주의적 요소가 겸비되어 있음에도 불구하고 미국 중심의 질서에 대항한다는 이유로 중견국 연구프로그램에서 제대로 된 논의가 봉쇄되어 왔다. 브릭스(BRICS)로 대표되는 탈식민 비서구 지역의 흥기가 국제정치의 화두로 부상한 오늘날, 중견국 담론의 이론적 공리와 규범적 정향 전반의 재검토가 요구될 수밖에 없는 셈이다.

III. 탈단극 "현실정치(realpolitik)" 시대의 비강대국 외교

1. 미중 전략경쟁과 중견국 계기의 종언

2008년 금융위기는 중견국 외교의 역사에서 중요한 분수령이 되었다. 이미 전 지구적 테러와의 전쟁이 수렁에 빠지며 패권국가로서의 매력과 문제해결 역량이 의문시되었던 미국은 대침체의 수습 과정에서 다른 국가들의 도움을 요청할 수밖에 없었을 뿐만 아니라, 서구 전체의 세계경제에서의 비중이 크게 축소된 상황 때문에 국제협력의 범위도 널리 확대하여야만 했다. 이에 기성 구미 중심의 G7을 벗어난 G20가 글로벌 거버넌스의 새로운 제도적 프레임으로 호명되었으며, 이를 기화로 "3세대 중견국 외교론(third wave of middle power diplomacy)"이 부상하였다. 이는 전 지구적 경제위기의 맥락에서 근현대사상 처음으로 비서구 신흥 중견국들이 기성 강대국들과 동일한 "고위 석상(high table)"에 위치하게 되었음을 의미하였기에, 서구 자유주의 국가들의 배타적 클럽에 가까웠던 전후 1세대, 탈냉전기 2세대 중견국 시대 등과는 완전히 차별되는 중견국가 담론의 새로운 중흥기로

서 주목받았다(Cooper and Dal 2016). 같은 맥락에서, 미중 전략경쟁
이 심화되는 와중에 코로나 팬데믹까지 덮쳐온 또 한 번의 중대위기
국면에 글로벌 거버넌스의 기능부전과 공공재 공급부족으로 심각한
국제적 대공위기(Interregnum) 상황이 발생하자, 중견국의 연대와 이
니셔티브야말로 자유세계질서의 붕괴를 막고 다자주의의 보존 및 개
혁을 추진할 동력이라는 주장도 제기되었다(송태은 2020).

하지만 회고하건대, 이와 같은 2010년대 중견국 담론의 르네상스
는 일종의 회광반조(回光返照) 같은 것이었을 수 있다. 탈단극적 계기
의 도래라는 새로운 컨텍스트가 국제관계의 복잡한 재정렬과 지정학
적 재계산을 발생시켰기 때문이다(Cliffe 2023). 특히 미중 패권경쟁의
심화라는 새로운 구조적 환경은 비강대국들에게 완전히 새로운 유인
과 제약을 제공하였으며, 불확실성이 강화되는 상황에서 전면적 갈등
시나리오의 회피를 위한 헤징 추구가 전면화되었다(Ikenberry 2016;
Job 2020). 물론 다극화라는 국제구조의 변경에 비강대국들이 동일한
반응을 보인 것은 아니며, 상당히 다양한 행동패턴이 나타났다. 그러나
지정학과 강대국 간 경쟁이 부활하는 상황에서 안보우려가 가중되면
서 "좋은 국제시민"의 역할 수행이나 국제주의적, 다자주의적 외교의
추구가 갈수록 어려워지면서 중견국의 전통적 대외전략에 큰 도전이
제기되었다는 점은 공통적이었다(Græger 2019; Robertson and Carr
2023, 9-15). 무엇보다 미중경쟁에서 어떤 포지셔닝을 취할지가 비강
대국들의 대외정책 선택지의 범위를 규정하게 되었으며, 자유주의적
가치에 따른 목표보다는 좁은 의미의 국익을 강하게 추구하는 경향이
광범위하게 관찰되고 있다(Kupchan 2023). 결국 자유세계질서하 정치
프로젝트의 산물로서 "중견국적 계기"는 점차 약화되고, 다극화되는
조건에 대한 적응의 과정으로서 현실정치적(realpolitik) 행태가 일반

화되고 있는 것이 오늘날 국제관계의 주된 풍경이다.

여기서 한 가지 덧붙여 주목할 점은 전후 지금까지 중견국 외교의 물적, 관념적 인프라를 구축해왔던 "자유주의적 리바이어던(liberal leviathan)"(Ikenberry 2011)으로서 미국 스스로가 최근 우방국들에게 기대하는 사항이 질적으로 변화하기 시작했다는 사실이다. 조 바이든(Joe Biden) 행정부의 "통합 억지(integrated deterrence)" 정책이 예시하듯 개별 지역의 군사동맹 프레임이 강화되고 있으며, 대중국 견제에 필요한 군사력, 억지력 강화에 우방이 기여할 것을 요구하는 외적 균형(external balancing) 추구가 오늘날 미국의 주된 동맹정책 양상이다(Robertson and Carr 2023, 11). 같은 맥락에서 중국의 부상에 맞서 내적 균형(internal balancing)을 추구하기 위해 중상주의적 산업정책을 추구하는 와중에 "인플레이션 감축법(IRA)"이나 "반도체 칩과 과학법(CHIPS and Science Act)" 등의 사례에서 보듯 워싱턴은 동맹국에 대해서까지 자국이익 중심주의를 노골적으로 추구해왔다(민정훈 2023). 이상의 변화는 근본적으로는 단극적 우위가 쇠퇴하면서 과거의 자비로운 패권국 역할 수행이 어려워진 현재 미국의 상태를 반영한 것으로, 비강대국들이 기존의 중견국 외교 패러다임을 지속하기 어려운 또 하나의 구조적 압력을 형성하였다.

2. 러시아-우크라이나 전쟁 시대 비강대국 연구프로그램의 모색

2022년 우크라이나 전쟁의 발발은 탈냉전기 비강대국 외교의 대실패 사례이자 자유세계질서의 작동을 전제로 한 기성 중견국 담론에 결정타를 가한 사건이었다(신범식 2022; 쉬만스카 2022). 러시아의 침공행위는 유엔헌장을 비롯한 현대 국제법의 핵심원칙인 영토주권 규범을 위반한 것으로 명백히 불법적인 침략전쟁이었다. 따라서 미국을 위시한 나토 동맹국들은 내심 이 분쟁이 규칙기반질서의 부활을 가능케 하는 시발점이 되길 기대했으나, 실제 이후 국제정치에서 나타난 흐름은 그 희망을 배신하고 말았다.

우크라이나 전쟁 발발 이후 거의 세계의 2/3가 중립정책을 유지해왔는데, 일반적 오해와 달리 이는 수동적인 상황회피나 부도덕성의 징표가 아닌 적극적인 전략적 선택의 결과물이다(Lottaz and Gärtner 2023). 특히 이른바 글로벌 사우스(Global South)에 속한 국가들은 미중(러) 경쟁의 심화로 촉발된 전 지구적 양극화가 자신들의 이익을 해친다고 생각하며, 팍스 아메리카나 시대의 명료함이 사라진 불확실성이 가득한 오늘날 세계에서 중립을 고수하며 전략적 자율성을 유지하는 것을 매력적 옵션으로 간주하고 있다(Menon 2022). 따라서 신냉전이 다가오고 있다는 일각의 예측에도 불구하고, 미국 주도의 자유주의 진영과 중국-러시아 중심의 권위주의 진영으로 세계가 일도양단되는 힘이 생각보다 약하다는 평가와 함께, 일종의 제3지대로서 새로운 "비동맹 세계" 혹은 "비동맹 2.0"의 급부상이 최근 국제공론장에서 널리 회자되고 있다(Traub 2022b).[6]

비유컨대 전 지구적 파급력이 큰 전시임에도 불구하고 글로벌 사

---

6 일례로 Foreign Affairs 저널의 2023년 5/6월호의 표제가 "비동맹 세계: 서구, 비서구, 신 지구 무질서(The Non-Aligned World: The West, the Rest, and the New Global Disorder)"였다. 또한 The Economist는 2023년 4월 15일호에서 "신 비동맹: 초강대국 분열에서 생존하는 방법(The new non-aligned: How to survive a superpower split)"이라는 제목의 특집기사를 실었다(The Economist 2023). 이와 정반대로 미중경쟁의 심화가 결국은 중립과 헤징의 공간을 소멸시켜 세계의 나라들에게 양자택일이라는 운명적 선택의 시간을 강제할 것이라는 의견으로는 Fontaine(2023)을 볼 것.

우스 대부분이 펜스밖에 팔짱을 끼고 앉아 헤징전략을 채택하고 있는 것이 오늘날 세계정세의 핵심 측면 중 하나이다. 이는 다극세계의 도래라는 새로운 환경을 다루기 위한 나름의 합리적 선택인 셈인데, 한 가지 특기할 것은 이들 비서구 국가들이 역사적 기억에 기초해 서방의 이중잣대와 위선에 비판적 인식을 보유하고 있다는 점이다. 그리하여 "규칙기반질서 수호"나 "자유 대 독재의 대결"과 같은 미국식 레토릭에 쉽게 동원되지 않는다. 아울러 지나가버린 단극적 순간에 노스텔지어를 지닌 서구와 달리 다가오는 다극화의 경향을 부정적으로 인식하지도 않는다. 도리어 미국 주도 패권질서에서 저평가된 자신의 이익과 국제지위를 향상시킬 수 있는 역사적 기회로써 탈단극 계기를 간주하는 성향이 더 강하다(Spektor 2023). 다만, 오늘날 이들 지구 남반부 국가들이 냉전시대의 비동맹운동처럼 탈식민 정체성을 공유하면서 공동의 대의를 추구하는 결속력 강한 연합체를 구성하고 있는 상황은 아니며, 전체적으로 이들 신 비동맹세력은 각자도생의 실용주의적, 거래주의적 외교노선을 추구중이다(The Economist 2022).

　이처럼 자유주의적 단극세계가 해체되는 과정에서 발생하는 원심력의 다양한 효과들 때문에, 비강대국 이론에 있어서도 팍스 아메리카나를 암묵적으로 전제해온 기성 중견국 패러다임과 결별하는 새로운 연구프로그램이 제시될 필요가 있다. 특히 미중 전략경쟁과 우크라이나 전쟁 국면을 경유하며 두드러지게 부각되는 중소국 집단의 두 유형에 주목하게 되는데, 하나는 파편화되는 세계에서 각 문명권에 자리를 잡고 세력을 구축해가는 "지역강국들(regional powers)"이며, 다른 하나는 본격화되는 강대국 간 갈등의 틈바구니에서 아슬아슬한 생존전략을 모색해 가고 있는 지정학적 단층선 위의 "중간국들(middle-ground states)"이다.

1) 지역강국들의 재림

2010년대 이후 미국이 전반적으로 후퇴하면서 단극구조와 그에 기반한 지구화의 통합력이 약해져 왔고, 그로 인해 전반적으로 국제정치에 있어 지역기반 동학의 중요성이 증대해 왔다(Græger et al. 2022, 13-14). 특히 다극화 트렌드를 기회로 삼아 초강대국의 영향에서 벗어나 전략적 자율성을 확보하려는 개별 역내 강국들의 움직임이 최근 주목받고 있다. 여기서 지역강국이란 기본적으로 주변국을 압도하는 물리적 역량을 보유하는 존재이지만, 전 지구적 차원이 아닌 지역단위에서만 세력권을 형성하는 데 관심을 두고 있어 제한적 대전략 목표를 추구하는 경향이 강하다. 또한 고대나 중세로까지 거슬러 올라가는 긴 역사에 토대를 둔 문명국가로서의 지위와 정체성을 보유하고 있는 경우도 흔하다(Moeini et al 2022, 3-12). 오늘날 지역강국은 기성 패권국 혹은 자유국제질서와의 관계성에 따라 "현상유지형" 지역강국과 "수정주의형" 지역강국으로 분류된다.

먼저, 현상유지형으로는 유럽의 독일, 동아시아의 일본, 오세아니아의 호주 등이 대표적인 사례인데, 기본적으로 기성 미국 패권질서의 수혜자이자 대주주로서의 위상을 지니고 있다. 현재 이들은 부상하는 중국에 대항해 미국 주도로 형성 중인 전 지구적 봉쇄망 또는 대항균형(counterbalancing) 연합에 적극 참여함으로써 "서구" 세력권을 구축하는 데 일조하고 있다(Moeini et al 2022, 12-20). 여기서 한 가지 유의할 것은 더 이상 전 지구를 포괄하는 "보편"으로서의 "국제 공동체" 프로젝트가 아닌, 신냉전의 도래에 대비하는 "특수" 지역집단인 "서구"의 결집으로서 이 흐름이 전개되고 있다는 점이다. 이 과정에서 집중적으로 호명되는 자유세계질서나 규칙기반질서에 대한 규범적 강조는 사실 지나간 이상에 대한 회고적 성격이 강하며, 실제 쿼드(Quad),

오커스(AUKUS), 인도·태평양 경제 프레임워크(IPEF) 등의 창설, 그리고 무엇보다 나토확장과 G7의 블록화 등의 사례에서 두드러지게 관찰되는 것은 미중 전략경쟁의 맥락에서 국익수호에 집중하는 현실주의적 계산과 지역적 군사동맹강화의 경향성이다(강선주 2023). 이는 과거 이들 지역강국이 강조해왔던 좋은 국제시민으로서 규범적인 중견국 역할론과는 거리가 먼 현실정치적 역할정체성 전환이라고 규정할 수 있다(Nagy and Ping 2023).[7]

　다음으로 수정주의형 지역강국으로는 인도, 브라질, 튀르키예, 인도네시아, 사우디아라비아, 남아프리카 공화국, 이란 등이 대표적인데, 사실 이란을 제외하면 전통적 반미 국가들은 아니지만 최근 자유국제질서의 테두리에서 뚜렷이 이탈하는 모습을 보이고 있다. 이 나라들은 대개 국내 정치체제에 있어 비자유주의적인 속성을 지니고 있으며 외교행태에서도 현실주의적, 일방주의적인 모습을 노출하고 있다. 특히 이들은 우크라이나 전쟁 국면에서 대체로 전략적 모호성을 유지하면서도, 중국, 러시아 등과 일정한 협력을 모색함으로써 서구의 대러시아 제재를 약화시키고 있다. 그리고 바로 이런 이들의 존재야말로 민주 대 독재 진영으로 세계가 양분되고 있다는 대중적 논의의 한계를 지시한다(Kupchan 2023; 신범식 2023, 3-4).

　글로벌 사우스에 위치한 이 지역강국들은 스스로 강대국 지위를

7　자유, 인권 같은 가치보다 철저하게 현실주의적인 국익계산이 오늘날 서구결집 현상의 저류에 깔려 있다는 점은 경제적 실리를 위해 중국과의 전면적 "디커플링(de-coupling)"이 아닌 "디리스킹(de-risking)"을 추구해야 한다는 입장을 내걸고 미국의 대중 정책노선 변화까지 이끌어낸 최근 유럽의 이니셔티브에서도 잘 입증된다(길윤형 2023). 또한 같은 맥락에서 흥미로운 현상은 구냉전 시대에도 소위 드골주의 외교를 통해 독자행보를 걸었던 프랑스가 신냉전 초입에서도 유럽의 전략적 자율성을 강조하며 나토와 인태 전략의 결합을 반대하고 있다는 점이다(송태화 2023).

희망하는 입장에서 중견국이라는 명칭을 거부한다(Job 2020: 4). 따라서 일부 학자들은 이들이 기성 중견국 라벨의 서구자유주의 편향성에 부합되지 않고 기성 국제질서에 도전적인 나라들이라는 차원에서 "비협조국들(awkward powers)"이라고 새롭게 이름붙이기도 한다 (Abbondanza and Wilkins eds. 2022). 아울러 이 유형의 지역강국들이 서구 문명과 자유주의를 보편화하려 한 미국패권 기획의 실패를 예시한다는 점에서 다극화와 문명 다양성이 동시에 미래 세계질서의 화두—지정학적 다극세계와 지문화적 다원세계의 포개짐—가 될 것이라는 장기적 예측도 존재한다(Moeini et al 2022, 21-27).

2) 중간국 연구프로그램의 부활

오늘날 부각되고 있는 비강대국의 또 다른 유형은 중간국 집단이다. 특히 한국도 이 그룹에 소속되어 있기에 많은 관심을 둘 수밖에 없다. 중간국은 기본적으로 현실주의적 사고를 바탕에 둔 개념으로써, 기존 중견국 연구프로그램은 그 하드 코어에 내재한 규범적, 당위적 기본전제들 때문에 "지정학의 귀환"(Mead 2014) 이후의 국제정치에서는 과학적 프로그램으로서 퇴행하기 시작했다는 인식에 기초해 있다. 강대국 사이의 세력경쟁에 "끼인" 위상을 지닌 국가들(전봉근 2019) 혹은 지정학적 단층대 위에 존재하는 완충/충돌국(신범식 2022)으로 정의할 수 있는 중간국 개념은 지난 단일패권 시대에는 강대국 간 분쟁의 약화로 그 논의가 소강상태에 접어들었으나, 2010년대를 전후해 중국과 러시아 등 소위 현상타파적 도전국들이 등장하면서 다시 개념의 효용성이 증가하게 된다. 구체적으로 크림반도 합병에서부터 시작해 본격적인 국제전으로까지 비화된 우크라이나 사태는 열강 간 경쟁시대의 회귀를 확정하였기에, 재활성화된 미중, 미러 간 세력권이 맞닿는 지정학적 단층선상 중간국들의 외교정책에 대한 논의가 본격적으로 전개되었다.

　앞서 소개한 지역강국들보다 대개 상대적으로 국력이 약하고, 지리적 위치상 패권경쟁 압력에 훨씬 더 직접적으로 노출되어 있는 나라들이기에, 중간국들은 외교전략 수립 및 실행상에 있어 심각한 딜레마에 직면해 있기 마련이다. 물론 실제 중간국의 전략 및 행태를 탐구해보면 강력한 구조적 제약에 시달리면서도 나름의 주체성을 가지고 능동적 대응을 모색 중이라는 점을 발견할 수 있지만, 대체로 현실주의 패러다임 내에서의 선택지—균형과 편승 사이의 옵션들(조비연 2021)—로 전략의 스펙트럼이 현격히 제한되어 있는 것도 엄연한 사실이다. 보다 구체적으로 안보위협에 대한 중간국의 대책들을 도식적으로 정리해보면, 부상국에 대한 대응을 포기해버리는 "숨기"와 "중립", 부상국의 요구를 수용하는 "편승", "특화", "유화", 그리고 그 요구를 불수용하는 "관여", "세력균형", "초월/제도균형" 등이 이념형적으로 존재한다(조동준 2009, 19-24). 그러나 실제 사례연구들을 보면 이런 다양한 전략들을 분산, 혼합시키는 헤징 전략이 주되게 채택됨을 관찰할 수 있는데, 헤징 내에도 경성, 연성, 이중 등의 여러 스펙트럼이 존재한다(이수형 2012, 17-19).

　전후와 탈냉전기 자유세계질서처럼 "밝은" 시공간에서 어떻게 서구 국가들이 다자기구를 유용한 활동지대로 삼아 좋은 시민으로서 국제주의적으로 활동했는지를 탐구한 중견국 연구프로그램과 달리, 중간국 연구프로그램은 전간기나 냉전시대 지정학적 파쇄지대(shatter zone)(Kaplan 2012)처럼 일촉측발의 안보위기와 선택의 딜레마가 상존했던 "어두운" 시공간에 위치한 국가들을 비교지역론적인 시례언구 대상으로 삼는다. 1930년대 체코슬로바키아처럼 다극체제하에 국제연맹도 기능부전에 빠진 상황에서 외부의 도움도 없고 다민족국가의 한계로 내적 균세도 불가능했기에 결국 독일의 위협을 "수용"하는 길로 내몰렸던 케이스라든지, 전후 서방에서 도움을 받기 어렵고 소련에 대한 현격한 국력 차이를 극복할 방도가 전무했기에 모스크바에 대한 "편승적 중립"—소위 악명 높은 핀란드화(Finlandization)—의 길을 걸었던 헬싱키의 선택 등이 대표적이다(서울대학교 국제문제연구소 편 2009; 신종호 외 2020). 같은 맥락에서 현재에는 아시아나 유라시아 지역에서 미중러의 세력 간 경계가 조우하는 지정학적 단층선에 위치한 중간국들[8]의 대외전략을 비교외교론적 시각에서 탐구할 필요성이 제기된다(신범식 편 2022a; 2022b).

IV. 사례연구: 한국 중견국 외교전략의 패러다임 전환

1. 포스트-금융위기 시대 서울발 중견국 담론의 흥기

1990년대 이래, 탈냉전, 경제발전, 민주화 등의 상황 변화가 대한민국의 중견국 정체성이 부상할 수 있는 객관적 근거를 형성하였다. 그리고 그동안 달성한 하드 파워와 소프트 파워 신장을 바탕으로 한반도와 동북아 차원을 넘어 글로벌 사회에서 적극적인 임무를 수행함으로써 나라의 위상을 제고하겠다는 대외적 인정욕구가 주관적 조건으로 전제되었디(김태환 2022, 33-34).

---

8   유라시아 지역에서는 아르메니아, 아제르바이잔, 우크라이나, 벨라루스, 폴란드, 헝가리, 핀란드, 에스토니아, 몽골, 우즈베키스탄, 카자흐스탄, 조지아 등의 사례가, 아시아에서는 태국, 베트남, 싱가포르, 말레이시아, 파키스탄 등의 케이스가 선별 가능하다.

그러나 한국에서 학계와 대외정책기구의 상호작용을 통해 "서울 컨센서스"나 "매력국가론"(손열 편 2007) 같은 슬로건 아래 중견국 외교가 본격적으로 국가 담론화된 것은 2000년대 후반에 이르러서였다. 위에서 살펴본 글로벌 차원의 중견국 개념사의 경우와 마찬가지로 한국 로컬에서의 중견국 담론 역시 국가관료와 학술집단이 함께 적극적으로 추동한 "실천의 범주" 혹은 "화행"의 성격을 강하게 띠었다. 즉, 국가적 차원의 정치적 사업(statecraft)으로써 앞서 서구에서 발전한 전통적 중견국 모델의 모방과 동화를 통해 자신의 역할개념을 구성해 새로운 외교 이니셔티브를 추진함으로써, 국제사회로부터 중견국 지위를 인정받는 것을 목적의식적으로 추구하였던 것이다(김태환 2022, 47). 보다 구체적으로 권력자원에 있어 하드 파워보다 소프트 파워나 네트워크 파워를 우선시하면서, 틈새 외교의 전통에 따라, 환경보호나 개발협력 같은 저위 정치 영역에 존재하는 글로벌 거버넌스 공간에서 촉진자, 가교자, 매개자의 역할을 강조해왔다.

여기서 한 가지 주목할 것은 이미 미국패권과 자유세계질서에 일정한 균열이 발생한 이후 시점에야 남한에서 중견국 담론 생산과 정책화가 진행되었다는 점이다. 2008년 금융위기 발생과 그 수습 과정은 한국의 중견국 외교구상 발전에 있어 커다란 도전이자 기회를 제공하였다. 이 때문에 한국의 중견국 외교는 처음부터 위기에 빠진 미국 주도 자유주의 질서를 어떻게 "보완"하고, 그 집단적 문제해결 과정에서 어떻게 더 중요한 지위를 확보할 수 있는가를 핵심적 문제틀로 보유해왔다(전재성 2023, 5). 부연하면, "강대국들이 설계한 플랫폼 위에 적절한 역할을 설정함으로써 시스템 자체가 원활히 작동하는 개선책과 보완책을 제시"함으로써 "세계질서 전체를 설계할 수는 없더라도 주어진 플랫폼 위에 부가가치를 늘리는 하위 설계자 정도의 역할"(김상배

2015, 43)을 수행하는 것이 한국 중견국 담론의 중핵을 구성하였다. 물론 이러한 목표설정의 저변에는 남한이 과거에 자유국제질서 내에서 발전해왔을 뿐만 아니라 그 발전상이 자유국제질서의 보편성을 증명한다는 신념이 전제되어 있으며, 미국 주도 패권체제의 지속이 미래 한국의 국익에도 사활적이라는 가정이 깔려 있다.

　그러나 비판이론적 관점에서 볼 때, 미국의 하위파트너로서 기성 헤게모니 질서를 수호하려는 목적론(teleology)이 한국의 중견국 서사에 애초부터 뚜렷하게 각인되어 있다는 점은 상당히 논쟁적이다. 기존 미국패권 구조를 자연스럽고 당연한 것, 최선의 표준으로 국가의식 속에 내재화하며 그것의 재생산에 기여하는 행위로써 한국 외교가 자리매김되기 때문이다. 이와 같은 문제들이 공고화될 경우 전후 80년 가까이 지속된 미국(/서구)패권의 위계성에 대한 탈식민주의적 비판의식이나 대안적인 세계질서의 모색과 같은 상상력은 남한의 대전략을 논의하는 공론장에서 영원히 배제될 수밖에 없다. 이런 점에서 서울발 중견국 외교 담론이라는 지식생산은 팍스 아메리카나의 지속을 정당화하고 지원하는 "한국판 패권안정이론"으로 해석 가능하다(Yoo and Cho 2022).[9]

　다른 한편, 실제 정책의 집행 차원에서 평가해볼 때, 상대적으로 한반도 지정학 혹은 민족통일 문제에 집중해온 "진보" 정권들과 대조적으로 미국패권과 자유세계질서 운영의 시선에서 대외정책 과제를 인식하는 역대 "보수" 행정부가 보다 전통적인 의미의 중견국 프로젝

---

9   이런 점에서 한국의 중견국가 담론과 조선 시대의 사대(事大) 개념을 비교하며 기성 자유국제질서에 대한 우리의 자명한 신념을 탈자연화할 필요가 있다는 주장으로는 Cho and Callahan(2022)을 참조할 것. 같은 맥락에서 한국의 중견국 외교서사에 강한 서구 중심주의가 내재되어 있다는 비판으로는 Cho(2023, 8-11)를 참고하라.

트에 집중해온 것으로 여겨진다. 구체적으로 살펴보면, 먼저 이명박 정권의 "글로벌 코리아" 캐치프레이즈 선포는 한국 대외정책사상 최초로 중견국 외교를 공식적 대전략으로 지칭한 사례로 기록된다(Yoo and Cho 2022, 632). 글로벌 거버넌스의 본격적 참여를 통해 위기에 빠진 규칙기반질서의 복원에 이바지함과 동시에 국제적 지위상승을 명시적으로 추구하였다. 특히 지구적 수준에서의 국제적 소집능력 및 새로운 초국적 이슈 관련 다자제도 건설에 주력하였는데, G20 서울정상회의, 부산 세계개발원조총회, 서울 핵안보정상회의 등을 개최했을 뿐만 아니라 사상 처음으로 한국 주도하에 출범한 국제기구로서 글로벌녹색성장기구(GGGI) 창설, 녹색기후기금(GCG) 본부의 송도 유치 등의 성과를 달성하였다. 이로써 초국적 문제해결을 위한 국제협력을 촉진하고 매개하는 중견국 한국의 이미지를 제고하였다(Green 2019, 2).

이어서 박근혜 정부도 중견국 외교의 일환으로 "동북아평화협력구상"을 제시하였는데, 연성의 초국적 문제영역들—원자력 안전, 에너지 안보, 환경, 사이버 공간, 보건, 마약, 재해대응 등—에서의 협력을 촉진해 국가 간 신뢰관계를 공고히 함으로써, "아시아 패러독스"(경제상호의존과 지정학 경쟁 사이의 역설적 관계)를 돌파하자는 구상이었다(김치욱 2016). 하지만 무엇보다 중견국 외교 성과와 관련 박 행정부의 최대 성과는 2013년 9월 멕시코, 인도네시아, 튀르키예, 호주 등과 함께 믹타(MIKTA)를 출범시킨 일이다. 창설 과정에 초강대국이 전혀 개입하지 않은 이 협의체의 성립은 탈냉전기 한국 중견국 외교사의 최대 성과로 기록되었다. 믹타 5개국은 지구의 각 지역을 대표하는 중견국들로서, 모두 위기에 빠진 자유국제질서의 구원을 위해 모인 G20의 멤버였다. 그리고 향후 5자의 협력을 통해 중수국의 목소리를 대변하며 글로벌 거버넌스 개혁과 공고화에 기여하는 촉진자가 될 것을 다짐하였다. 특히 7대 우선 협력분야(에너지, 테러방지, 평화유지, 무역과 경제, 성평등, 인권/민주주의/굿거버넌스, 지속가능 개발)를 지정해 공동의 노력을 경주할 것을 공약하였다(강선주 2016).[10]

2. 신냉전의 촉진자로서 글로벌 중추국가 담론의 생성

하지만 2010년대 후반부터 이미 열강 간 지정학 경쟁의 한복판에 놓이기 시작한 한국에 대해, 체제적 압력 때문에 전통적 의미의 중견국 외교를 지속할 여유공간이 사라질 것이며, 결국 신냉전 상황의 도래에 따라 한 진영에 결합하는 형태로 국가전략을 대폭 수정할 수밖에 없을 것이라는 지적이 등장했다(Green 2019). 실제로 2020년대 들어 그러한 패러다임 변동의 시간이 도래한 것처럼 보이는데, 국내 학계에서도 패권갈등이 심화됨에 따라 기성 중견국 논의에서 일정 부분 현실주의적으로 후퇴한 담론들이 제시되기 시작했다. 예를 들어, 네트워크 국제정치이론에 기반해 3세대 중견국 연구를 주도해온 김상배(2023)의 경우에도 "과거 중견국으로서 한국에 제기된 과제가 미국의 플랫폼 위에 올라가지 않고 미국을 설득하는 것이었다면, 이제는 미국의 플랫폼 위에 올라가서 어떻게 할 것인가의 문제가 관건"이 되었다고 진단하면서, 오늘날 "한국의 플랫폼 전략은 '자주독립의 플랫폼 전략'일 수는 없고, 지배 플랫폼과 좀 더 밀접한 관계를 설정하는 일종의 '편승 전략'

---

10 그러나 이후 믹타는 기대와 달리 애초에 약속한 것만큼 지구 공공재를 제공하지 못한 것으로 평가받았다(Green 2019, 10). 결정적으로 우크라이나 전쟁 발발 후 믹타는 중견국들의 연합체로서 자유국제질서 규범수호에 있어 아무런 역할을 수행하지 못함으로써 큰 실망을 안겼다. 한때 한국을 포함한 3세대 비서구 중견국가론의 희망을 상징했던 믹타가 오늘날에는 중견국 외교의 종언을 상징하는 지표로서 자리 잡고만 셈이다(Robertson 2022).

일 수밖에” 없다고 주장하였다.

그리고 2022년 5월 출범한 윤석열 정부는 실제로 그러한 맥락에서 국가 대전략의 단절 혹은 탈냉전기 중견국론의 폐기를 단행하는 모습을 보이고 있어 21세기 비강대국 비교외교정책론의 주목할 만한 사례연구 대상으로 여겨진다. 또한 탈단극화라는 거시적 국제구조 변동을 반영해 외교 패러다임의 대전환을 추구하고 있기에 대한민국 안보정책사에 있어 하나의 변곡점으로 기록될 가능성이 높다. 비록 여전히 정권 초기에 해당하는 시점이기는 하나, 2023년 8월 한미일 정상회담에 이르기까지 줄기차게 서구진영 국가들과 양자 및 다자 정상회담을 개최하고『윤석열 정부의 국가안보전략』(국가안보실 2023)와『자유, 평화, 번영의 인도-태평양 전략』(대한민국정부 2022) 등을 공간함으로써 하나의 순환이 종료되었다. 그리고 이 과정을 통해 현 정부 외교 독트린의 대강이 비교적 명확해졌다.

기본적으로 강대국 간 전략경쟁이 이미 봉합 가능한 수준을 넘어 “신냉전 시대”에 접어들었다는 전제를 수용한 위에(김태효 2021) 글로벌 중추국가의 비전과 인태전략을 수립해온 윤석열 정부는, 탈단극 세계에 부상하고 있는 것으로 상상되는 전 지구적 분단선 구성에 동참하여 안과 밖의 경계를 명확히 하는 작업(boundary-making/policing)에 몰두해왔다(박성희 2023; 은용수 2023). 이는 탈냉전기 글로벌 거버넌스의 개혁자-보완자-가교자 등으로 요약되는 중견국 정체성을 대체해 신냉전 시대 진영화의 촉진자 혹은 단교자(decoupler)로서 자기 역할개념(self-role conception)을 전환하는 과정으로 이해된다(Chung 2023). 아래에서는 그 구체적인 내용을 국제정치를 바라보는 기본철학과 그것이 투영된 정책 총노선 수립의 두 단계로 나누어 살펴보고자 한다.

1) 세계관: 탈단극 시대 미국의 (신)냉전 자유주의 수용

국제정치를 바라보는 미국의 세계관에 근본적으로 동조한다는 사실이 이전 보수정권들과 비교했을 때 현 정부의 독특성을 증명해주는 요소는 전혀 아니다. 그러나 문제는 트럼프-바이든 시기를 경유하며 미국이라는 패권국의 역할정체성 개념 자체가 보편적 자유세계의 리바이어던에서 특수적 시공간인 자유"진영"의 리더로 후퇴했다는 점에 존재한다. 이는 구냉전(양극)-탈냉전(단극)-신냉전(양극 혹은 다극)으로 이어지는 국제구조의 변동에 조응해 미국의 자아/타자 인식이 변화해온 저간의 사정을 반영한 것이다. 이런 맥락에서 흥미로운 것은 구냉전 시대의 개막을 알린 트루먼 독트린과 오늘날 바이든 독트린 사이에 근본적 유사성이 논의되고 있으며, 그 밑바탕에 냉전 자유주의라는 세계관이 깔려 있다는 사실이다.

전후 양극체제 시대 미국 사회에서 헤게모니적 이데올로기의 위치를 점했던 냉전 자유주의의 가장 밑바탕에는 서구의 자유주의적 삶의 양식이 전간기 이래 연이은 전체주의 세력의 위협—처음에는 나치독일, 다음에는 공산주의 소련—으로 존재론적 위기에 처해 있다는 생존 공포와 불안이 내재해 있었다. 따라서 이 반공 이념은 수세적이면서도 매우 공격적인 모습을 보였는데, 자유주의 세력과 비자유주의 세력 간의 선명하고도 배타적인 경계를 형성하고, 그 경계선을 넘어 침투해 들어오는 내외부의 불온세력에 강경 대응하는 태도를 취하였다(노명식 2011, 280-295; Arblaster 2007, 589-631).[11]

그리고 이 같은 냉전 자유주의가 대외정책의 영역에 투사된 것이 바로 트루먼 독트린이다(Truman 1947). 1947년 미국 의회에 그리

---

11 냉전 자유주의의 이 같은 반공 강박성은 매카시즘의 사례와 같이 자유의 수호를 위해 자유주의의 근본원리를 제약하는 모순을 불러오기도 하였다.

스 원조예산을 요구하기 위해 발표된 이 독트린의 근저에는 마니교적 세계관이 존재한다. 해리 트루먼(Harry Truman) 대통령은 인류 전체가 자유사회와 노예사회, 민주자본주의 진영과 전체주의 진영으로 양분되고 있는 중차대한 역사적 순간에 미국이 서구 자유세계를 이끄는 리더가 되어 공산 세력에 맞서 싸우는 역할을 전심전력으로 도맡아야 한다고 호소하였다. 미국과 소련 사이의 강대국 간 세력권 확보 경쟁을 이념 갈등의 용어(혹은 선악의 종교적 용어)로 프레임한 것이 특기할 점이다. 이로써 안보와 경제 이익의 요소가 이데올로기적 레토릭 밑에 잠복되어 버렸다. 다시 말해, 이 세상 사회들 모두가 두 대조적인 정치경제 체제 중 하나를 선택해야만 하는 절체절명의 계기가 도래했기 때문에, 자유주의 수호를 위한 성전 수행을 위해 미국의 리더십과 서구의 단결이 요구된다는 거대 서사의 형식을 띠고 있었다.[12] 그리고 이러한 관념적 이분법이 냉전기 미국 대전략의 철학적 기반을 구성하였다. 1970년대 미국 패권의 상대적 하락이 나타나면서 닉슨 독트린 등 현실주의적 대전략 노선이 잠시 득세하였기에 그 맥이 잠시 끊기기도 하였지만, 로널드 레이건(Ronald Reagan) 행정부의 강경 반공주의 독트린과 반데탕트주의로 부활하였고, 탈냉전기에도 네오콘의 일방주의적 정권교체론 혹은 민주주의 전파론의 철학적 토대로서 계승되었다 (Ettinger 2023, 106-110).

그런데, 미중 전략경쟁의 심화와 우크라이나 전쟁의 발발을 기화로 오늘날 냉전 자유주의가 미국 내부에서 화려하게 부활하였다. 민주주의 대 전체주의로 양분된 세계상을 상상하는 냉전 자유주의의 에토스와 기본철학을 공유하는 지적 흐름이 다시 힘을 얻고 있는 것이다

---

12 동일한 메타 내러티브에 기반한 동시대의 최상위급 국가안보지침 문서로는 NSC-68을 참조할 것(National Security Council 1950).

(Brenes and Steinmetz-Jenkins 2021; Guilhot 2022). 특히 바이든 정부의 대전략 노선은 트루먼 독트린의 재림이라는 평가를 받을 만하다. 『국가안보전략서(NSS)』(The White House 2022) 같은 최고위 전략문건과 대통령 연설 등을 통해 반복해 등장하는 이른바 "역사의 변곡점" 담론은 트루먼 독트린과 마찬가지로 오늘날 미중러 사이의 강대국 간 세력경쟁을 민주주의 대 권위주의라는 이념-체제 간 경쟁으로 프레이밍하고 있으며, 이 진영론적 거대 서사가 바이든 정권의 외교정책 전반을 규정짓고 있다. 특히 러시아의 우크라이나 침공과 뒤이은 모스크바-베이징의 밀착 행보는 자유 대 반자유의 아마겟돈적 대결이라는 바이든 독트린의 핵심 세계관을 입증해주는 역할을 하고 있으며, 이로써 미국은 다시 한번 민주진영의 수장으로서 향후 인류의 운명을 가를 "결정적 10년"의 기간 동안 자유주의적 서구를 재결집하여 수정주의적 권위주의 국가들에 대항하는 역할을 자임하고자 한다(Ettinger 2023, 110-119; Traub 2022a).

한편, 2023년 6월 발표된 『윤석열 정부의 국가안보전략』의 서문은 "오늘날 우리는 역사의 변곡점 앞에 서 있습니다"라는 문장으로 시작한다(국가안보실 2023, 2). 그리고 윤 대통령은 여러 차례의 연설을 통해 오늘날 "자유주의 진영과 권위주의 진영 간 체제 대결"(윤석열 2023g)이 심화되고 있으며 "전체주의와 권위주의 세력"(윤석열 2023i)이야말로 현 인류의 최대 위험이라고 규정하였다. 이처럼 동시대를 바라보는 인식 프레임과 사용언어에 있어 윤석열 행정부는 바이든 정권과 거의 완벽한 싱크로율을 보여주고 있다. 그리고 현 정권은 자유민주주의 국가로서 한국의 "정체성" 수립의 중요성을 반복해 강조하면서(윤석열 2023h), 외교란 "대한민국의 정체성"과 "헌법 가치"를 표현하는 것, 국방과 안보란 "이 가치 때문에 목숨까지 바칠 수 있는 그런 것"으로 정의내리고 있다(윤석열 2023b). 이런 맥락에서 한국의 글로벌 중추국가 비전이란 "미국과 함께 세계시민의 자유를 지키고 확장하는 '자유의 나침반'" 역할을 수행하는 것(윤석열 2023f)으로 "전체주의가 아닌 자유민주주의의 보편적 가치를 공유한 국가들과의 강력한 연대를 구축"하는 사업(윤석열 2023h)이 핵심에 위치한다.

여기에서 유의해야 할 점은 "글로벌 중추국가"라는 개념의 정확한 의미이다. 얼핏 이 단어는 과거 남한 정권들에서도 즐겨 사용하여온 "중견국" 개념과 유사해 보이지만, 그에 내포된 함의는 크게 차별적이다. 조태용 국가안보실장이 한 기조연설에서 강조한 것처럼 이 비전의 핵심에는 "누가 우리 생존과 안보를 위협하는 적인지, 그 적에 대항해 우리 편에 서줄 나라는 어느 나라인지 분명한 인식을 가져야 한다"(노민호 2023)는 자아/타자 이분법에 대한 정언명령이 자리 잡고 있다. 즉, 미국식 (신)냉전 자유주의에 동조하여 민주주의 대 권위주의라는 세계 진영화에 앞장서는 것이 한국의 대외적 역할로서 제시되고 있는 것이다.[13] 이러한 변화는 과거 중견국 담론 내에서 익숙하게 쓰이던 기표(signifier)들의 기의(signified)가 전혀 다른 뜻을 띠게 되는 것과도 연관된다. 가령, 윤 대통령이 즐겨 사용하는 "자유"라는 용어도 과거에는 전 세계를 아우르는 보편적, 포용적 의미를 지녔다면, 이제는 자유진영과 비자유진영이라는 내외집단을 구분하기 위해 전략적으로 "가치 외교"에 사용되는 특수적, 배제적 레토릭으로 전화하였다. 또한 다자주의적 틀 내에서 국가 간의 협력을 증진한다는 "촉진자" 개념도 이

---

13 2023년 7월 키이우를 깜짝 방문해 발표한 공동언론문에서 윤 대통령은 우크라이나전을 한국전에 비유하면서 "'생즉사(生則死) 사즉생(死則生)'의 정신으로 우리가 강력히 연대해 함께 싸워나간다면 분명 우리의 자유와 민주주의를 지켜낼 수 있을 것"이라고 언급하여, 현 세계사적 국면에서 한국이 어느 진영에 소속되어 있는지를 명확히 하였다(윤석열 2023k).

제는 서구 블록의 배타적 결속을 강화하는 일종의 "신냉전 촉진자"(신진욱 2023)가 되겠다는 선포의 의미로 전환되었다.[14] 이로써 탈냉전기 한국 외교정책사의 흐름 속에 점차 강화되어 왔던 중견국 외교담론은 윤석열 정부에 들어 원칙적 차원에서 크게 약화되었고, 대신에 "인도-태평양 전략"으로 대표되는 신냉전 진영외교가 그 구체적 모습을 드러내 오고 있다.[15]

2) 전략: 반중러 봉쇄 네트워크 건설에 기여하는 글로벌 중추국가

전 세계가 진영화되는 신냉전 시대에 "대한민국의 안보는 인도 태평양 지역의 안보, 대서양과 유럽의 안보, 글로벌 안보와 같은 축선상"에 놓여 있는 것으로 간주되며(윤석열 2023l), "보편적 가치를 기반으로 한 연대"가 "지금의 외교적 현실에서 가장 전략적인 선택"인 것으로 여겨진다(윤석열 2023a). 바로 이런 맥락에서 윤석열 정부의 외교정책은 미국이 공을 들이고 있는 인도-태평양 지역 네트워크화와 함께 인태 아키텍쳐와 전통적 나토 동맹체와의 통합 과정에 적극 참여함으로써 전 지구적 규모의 반권위주의 봉쇄망 구축에 앞장서는 형태로 구체화되고 있다.

2022년 말 공표된 인도태평양 전략서의 첫 문장은 "대한민국은

14　예를 들어 윤 대통령이 촉진자 개념을 언급한 문장들은 다음과 같다. "국제사회의 도움으로 자유를 지켜낸 한국은 이제 국제사회의 '자유 촉진자'로서 역할과 책임을 다하고 있습니다"(윤석열 2023e). "한국은 주요 개도국들이 평화공식 정상회의에 보다 많이 참여하고 자유연대에 동참하도록 촉진자 역할을 해 나가고자 합니다"(윤석열 2023k).

15　물론 중견국 외교담론이 현 정부에서 완전히 폐기된 것은 아니다. 가령, 『윤석열 정부의 국가안보전략』의 IV-1장은 "협력과 연대에 기반한 글로벌 기여외교"를 다루고 있는데, 이는 인도주의 지원, 개발협력, 보건외교, 기후변화 등의 영역에서 글로벌 공공재 공급에 한국이 기여하겠다는 전통적인 중견국 역할에 대한 내용을 담고 있다(국가안보실 2023, 48-51).

인도-태평양 국가이다"라는 자기 정체성 재규정에서부터 시작된다(대한민국정부 2022, 4). 이는 트럼프-바이든 시대 미국과 동일한 지역 정체성을 공유함을 선언한 것으로, "인도-태평양 전략"이라는 독트린 이름 자체부터 그 내용에 이르기까지 미국의 인태전략과 거의 완전히 동조화된 양태이다(Mobrand 2023). 그리고 외교부 장관의 설명에 따르면 글로벌 중추국가의 청사진이 곧 인태전략이며, 동 전략의 발표는 한국 "외교정책 역사의 분수령"을 이룬다고 한다(박진 2022; 2023). 기실 지역 명칭으로서 아시아-태평양이 인도-태평양으로 변화된 것은 단극 시대 경제교류와 통합의 공간이 탈단극 시대 지정학 경쟁의 공간으로 전환되었음을 의미하며, 전략적으로는 일정 정도 배타성을 전제로 한 동맹과 집단방위체제의 구축으로 초점이 이동할 것임을 의미한다. 따라서 인태 패러다임으로의 동조화는 곧 현 정부가 패권경쟁과 진영화의 시대에 "전략적 명확성"을 추구하며 확실히 한 진영으로의 "피벗"을 단행하겠다는 의지를 보여준 것이다.

이런 배경하에 윤석열 정부는 일본을 "세계시민의 자유를 위협하는 도전에 맞서 함께 힘을 합쳐 나아가야 하는 이웃"(윤석열 2022)으로 재정의하고, 미중전략경쟁이 날로 심화되는 위기상황에서 "보편적 가치"를 공유하는 한일 양국 간의 관계복원을 시급한 외교과제로 취급해왔다(윤석열 2023c; 2023d; 2023l). 그리고 이는 인태전략의 일환으로 한미일 3각 안보협력의 강화를 추진해온 미국의 이해관계와도 맞아떨어지는 것이었다. 이에 더해, 윤 정부는 민주주의 정상회의, G7, 나토 정상회의 등에 활발히 참여해 왔는데, 이명박·박근혜 정부 시기에 참여하거나 창설을 주도한 다자체 이니셔티브들이 주로 글로벌 거버넌스와 관련된 포괄적 이슈의 성격을 띠었던 반면, 오늘날 한국이 참여하고 있는 레짐들은 대부분 미국 주도의 진영분리 혹은 서구통합을 위한 기제들이라는 점에 주목할 필요가 있다. 아울러 윤 대통령은 대서양 지역과 인도태평양 지역의 안보가 분리 불가능하다는 나토의 신 전략개념을 그대로 수용하였을 뿐만 아니라, 유럽과 아시아를 아우르며 중국과 러시아를 견제하는 초지역적 "집단 안보 태세" 확립을 촉구하기까지 하였다(윤석열 2023i; 2023j).

V. 결론

이상에서 본 논문은 한 시대를 풍미한 중견국 외교담론과 연구프로그램이 탈단극 체제의 도래에 따라 점차 쇠퇴해가고 있음을 설명하고, 최근 주목받고 있는 지역강국과 중간국들의 부상을 탐구할 수 있는 새로운 비강대국 연구프로그램이 등장할 필요가 있음을 주장하였다. 아울러 한국의 중견국 담론의 성장과 후퇴 과정을 하나의 사례로서 분석하였다.

이에 결론을 대신하여 본 장에서는 앞서 묘사한 윤석열 정부의 대전략 패러다임 변동에 대해 간단한 비평을 남기도록 한다. 중견국 외교 자체가 하향세라는 것은 기성 미국 주도 자유패권질서가 쇠락하고 있는 시대적 트렌드를 반영한 것으로, 대한민국 역시 기존의 중견국가 역할을 지속하기에는 여러 구조적 압력에 직면한 것이 현실이다. 그러나 신냉전의 촉진자를 자임하는 글로벌 중추국가 비전이 미중경쟁시대에 현실주의적, 이익기반적 헤징을 주로 추구하고 있는 여타 중간국들과는 매우 다른 선택이라는 점은 특기할 만하다. 전략적 모호성이 범람하는 시대에 가장 뚜렷하게 전략적 명확성을 추구하고 있으며, 특히 냉전 자유주의에 기초해 국제적 차원의 정체성과 경계형성 작업에 몰두하면서 가치 진영화의 첨병 역할을 수행 중이라는 점이 눈에 띈다. 탈단극 시대 미국의 세계관과 대전략에 대해 세계에서 가장 높은 싱크로율을 보이는 전략적 노선을 택한 셈이다. 그나마 일본, 호주, 독일 등 서구의 현상유지형 지역강국들과 유사한 사례라고 볼 수도 있으나, 앞서 살펴보았듯 그들조차 디커플링에 반대해 디리스킹 의제를 제시하는 등 경제문제 있어 상당히 실용주의적으로 움직이고 있다는 점을 고려하면 한국 케이스의 독특성이 더 도드라져 보인다.

이런 점에서 기실 미국 내에서도 바이든 독트린에 대한 비판적 평가가 존재한다는 점에 유의해 볼 필요가 있다. 즉, 자유주의와 전체주의의 필연적 대결을 강조하는 예외주의적 시각이 도리어 권위주의 진영의 결속을 강화시키는 부작용을 낳고 있으며, 동맹국들에게도 전략적 자율성의 공간을 박탈할 뿐만 아니라 중국에 대한 경제적 의존도가 높은 상황에서 물질적 이해관계상 큰 부담을 강제하고 있다는 지적이 있다(Mead 2023; Werner 2023). 따라서 미국의 영향력이 축소되고 다극화가 진행되고 있는 상황에서 가치진영론은 지속불가능함으로, 워싱턴 역시 다원화된 현실을 수용하고 보다 현실주의적인 정책을 채택할 필요가 있다는 주장도 제기되고 있다(Ramesh 2023).

이념적 요소가 지나치게 강조될 경우 외교전략상에 비타협성이 증대될 수밖에 없는데 열강 간 경쟁에 직접적으로 노출된 중간국의 입장에서 이는 융통성 없고 위험한 선택이 될 수 있다. 결국 지정학적 갈등의 가능성이 상존하는 홉스적 세계가 귀환한 마당에는 그에 걸맞게 국가 간 타협과 모두스 비벤디의 공간을 열어 둘 수 있는 현실주의적 세계관이 요구된다고 여겨진다. 통념과 다르게 한국의 대외정책 관련 공론장에서 매우 목소리가 작은 현실주의자들이 지닌 제일의 미덕은 흑백이분법이 아닌 회색빛의 세계를 직시하고 불만족스러운 상황을 인내할 수 있는 중용의 정신에 있다. 바로 그러한 자기억제의 실천지 (prudence)가 지금 백척간두에 선 대한민국 외교에 필요한 덕목일 것이다.

참고문헌

강선주. 2015. "중견국 이론화의 이슈와 쟁점."『국제정치논총』55(1): 137-174.
_____. 2016. "믹타를 통해서 본 한국의 중견국 외교." 손열·김상배·이승주 편.『한국의
　　중견국 외교: 역사, 이론, 실제』. pp. 383-418.
_____. 2023. "2023년 일본 G7 정상회의: G7의 블록화와 국제질서에의 함의."『국립외교원
　　외교안보연구소 주요국제문제분석』2023-14호.
국가안보실. 2023.『윤석열 정부의 국가안보전략: 자유, 평화, 번영의 글로벌 중추국가』. 6월
　　5일. https://www.president.go.kr/download/648bbed6d1544 (검색일: 2023. 8. 15).
길윤형. 2023. "새로운 천하삼분지계 속 중국이란 난제."『한겨레』7월 18일. https://www.
　　hani.co.kr/arti/opinion/column/1100543.html (검색일: 2023. 8. 15.).
김상배. 2015. "중장기 외교안보전략의 과제." 김상배 외.『한국의 중장기 미래전략:
　　국가안보의 새로운 방향모색』. pp. 23-60.
_____. 2023. "플랫폼으로 보는 중견국 전략: '자국 플랫폼의 구축'과 '플랫폼 위의 평행중개.'"
　　『국제문제연구소 이슈브리핑』201호. 6월 8일. http://www.snuiis.re.kr/sub5/5_4.php
　　?mode=view&number=1664&page=1&b_name=isu (검색일: 2023. 8. 15.).
김우상. 2016.『중견국 책략: 미·중 사이 한국의 스마트 외교』. 서울: 세창출판사.
김치욱. 2009. "국제정치의 분석단위로서 중견국가: 그 개념화와 시사점."『국제정치논총』
　　49(1): 7-36.
_____. 2016. "중견국 외교론으로 본 동북아평화협력구상."『동아연구』35(2): 1-27.
김태환. 2022. "한국의 중견국 외교: 지위 정체성 접근과 상호 재구성의 정체성 정치."
　　『국립외교원 외교안보연구소 정책연구시리즈』2021-07호.
김태효. 2021. "미-중 신냉전 시대 한국의 국가전략."『신아세아』28(2): 113-126.
노명식. 2011.『자유주의의 역사』. 서울: 책과함께.
노민호. 2023. "조태용 "누가 적이고 누가 우리 편인지 분명한 인식 가져야"."『뉴스1』6월
　　9일. https://www.news1.kr/articles/?5072052 (검색일: 2023. 8. 15.).
대한민국정부. 2022.『자유, 평화, 번영의 인도-태평양 전략』. 12월 28일. https://www.korea.
　　kr/common/download.do?fileId=197145533&tblKey=GMN (검색일: 2023. 8. 15.).
문정인. 2023. "'아태'에서 '인태'로의 전환, 맹목적 수용이 답인가."『한겨레』4월 23일.
　　https://www.hani.co.kr/arti/opinion/column/1089051.html (검색일: 2023. 8. 15.).
민정훈. 2023. "바이드노믹스(Bidenomics)의 정치적 의미와 정책적 함의."『IFANS Focus』
　　2023-23K호.
박성희. 2023. "대한민국 국경이 또렷해지기 시작했다."『조선일보』5월
　　26일. https://www.chosun.com/opinion/specialist_column/2023/05/26/
　　BD64HX4G45BQ3LZBWV5ROZEHRA/ (검색일: 2023. 8. 15.).
박진. 2022. "인도-태평양 전략 설명회 계기 기조연설." 외교부. 12월 28일. https://www.
　　donga.com/news/Opinion/article/all/20230420/118920018/1 (검색일: 2023. 8.

15.).

_____. 2023. "한미동맹 70주년, 윤석열 대통령 국빈방미의 시대전환적 의미."『동아일보』
4월 20일. https://www.donga.com/news/Opinion/article/all/20230420/1189200
18/1 (검색일: 2023. 8. 15.).

서울대학교 국제문제연구소. 2009.『안보위협과 중소국의 선택』. 서울: 논형.

손열. 2016. "한국의 중견국 외교, 개념과 역사." 손열·김상배·이승주 편.『한국의 중견국 외교:
역사, 이론, 실제』. pp. 1-25.

손열 편. 2007.『매력으로 엮는 동아시아: 지역성의 창조와 서울컨센서스』. 서울: 지식마당.

손열·김상배·이승주 편. 2016.『한국의 중견국 외교: 역사, 이론, 실제』. 서울: 명인문화사.

송태은. 2020. "코로나19 계기 한국의 중견국 외교전략: 다자주의 리더십과 새로운 평판
창출."『국제문제연구소 이슈브리핑』 96호. 6월 11일. http://snuiis.re.kr/sub5/5_4.php
?mode=view&number=1345&b_name=isu&page=1 (검색일: 2023. 8. 15.).

송태화. 2023. "中 눈치보는 마크롱 강한 반대… 나토 '도쿄 사무소' 백지화 위기."『국민일보』
7월 13일. http://news.kmib.co.kr/article/view.asp?arcid=0924311597&code=11141
100&sid1 (검색일: 2023. 8. 15.).

신범식. 2022. "유라시아의 지정학적 중간국 외교 비교연구." 신범식 편.『유라시아의
지정학적 중간국 외교』. pp. 13-52.

_____. 2023. "우크라이나 전쟁 이후 지정학적 중간국의 부상과 중견국 외교론."
『국제문제연구소 이슈브리핑』 204호. 7월 3일. http://www.snuiis.re.kr/sub5/5_4.php
?mode=view&number=1671&b_name=isu (검색일: 2023. 8. 15.).

신범식 편. 2022a.『유라시아의 지정학적 중간국 외교』. 서울: 사회평론아카데미.

_____. 2022b.『아시아의 지정학적 중간국 외교』. 과천: 진인진.

신종호 외. 2020.『강대국 경쟁과 관련국의 대응: 역사적 사례와 시사점』. 서울: 통일연구원.

신진욱. 2023. "'신냉전 촉진자'가 된 한국의 미래."『한겨레』 4월 25일. https://www.hani.
co.kr/arti/opinion/column/1089370.html (검색일: 2023. 8. 15.).

알리나 쉬만스카. 2022. "1990년대 우크라이나-러시아 관계의 프리즘을 통해 보는 2022년
러시아 우크라이나 침공: 중견(간)국의 혜징 전략의 실패."『국제정치논총』 62(3): 257-
307.

은용수. 2023. "국제정치 '현실'과 '가치' 기반 외교, 그 모순에 대하여."『경향신문』 5월 18일.
https://www.khan.co.kr/opinion/contribution/article/202305180300025 (검색일:
2023. 8. 15.).

윤석열. 2022. "제77주년 광복절 경축사." 대한민국 대통령실. 8월 15일. https://www.
president.go.kr/president/speeches/GQ0XfcPy (검색일: 2023. 8. 15.).

_____. 2023a. "2023년 윤석열 대통령 신년사." 대한민국 대통령실. 1월 1일. https://www.
president.go.kr/president/speeches/enQT2WQS (검색일: 2023. 8. 15.).

_____. 2023b. "윤석열 대통령 외교부·국방부 업무보고 마무리 발언 관련 서면 브리핑."
대한민국 대통령실. 1월 11일. https://www.president.go.kr/newsroom/briefing/
GvCftpuP (검색일: 2023. 8. 15).

_____. 2023c. "한일 확대 회담 모두발언." 대한민국 대통령실. 3월 16일. https://www.

president.go.kr/president/speeches/QJVbWDG3 (검색일: 2023. 8. 15.).

_____. 2023d. "제12회 국무회의 윤석열 대통령 모두 발언." 대한민국 대통령실. 3월 21일. https://www.president.go.kr/president/speeches/AMzypVcG (검색일: 2023. 8. 15.).

_____. 2023e. "제2차 민주주의 정상회의 발언문." 대한민국 대통령실. 3월 29일. https://www.president.go.kr/president/speeches/TJ7qLLm4 (검색일: 2023. 8. 15.).

_____. 2023f. "한미동맹 70주년 기념 미국 상하원 합동회의 연설." 대한민국 대통령실. 4월 28일. https://www.president.go.kr/president/speeches/f6H9xkvP (검색일: 2023. 8. 15.).

_____. 2023g. "美 국방부 방문 모두발언." 대한민국 대통령실. 4월 28일. https://www.president.go.kr/president/speeches/rB8g1tCG (검색일: 2023. 8. 15.).

_____. 2023h. "한국자유총연맹 창립 제69주년 기념식 축사." 대한민국 대통령실. 6월 28일. https://www.president.go.kr/president/speeches/V28f4wuD (검색일: 2023. 8. 15.).

_____. 2023i. "NATO 동맹국·파트너국 정상회의 윤석열 대통령 발언문." 대한민국 대통령실. 7월 12일. https://www.president.go.kr/president/speeches/nmq4uMUn (검색일: 2023. 8. 15.).

_____. 2023j. "AP4(Asia Pacific 4) 정상 회동 발언." 대한민국 대통령실. 7월 12일. https://www.president.go.kr/president/speeches/de87F0S0 (검색일: 2023. 8. 15.).

_____. 2023k. "한-우크라이나 공동언론발표문." 대한민국 대통령실. 7월 15일. https://www.president.go.kr/president/speeches/lhK0yJNX (검색일: 2023. 8. 15.).

_____. 2023l. "제78주년 광복절 경축식." 대한민국 대통령실. 8월 15일. https://www.president.go.kr/president/speeches/mSgAkgfP (검색일: 2023. 8. 15.).

이수형. 2012. "동아시아 안보질서에서 강대국과 중견국의 헤징전략." 『한국과 국제정치』 23(3): 1-29.

이재현. 2020. "G0(G-Zero) 시대 글로벌, 지역 질서와 중견국." 『아산정책연구원 이슈브리프』 2020-23. 8월 21일. https://www.asaninst.org/wp-content/themes/twentythirteen/action/dl.php?id=77467 (검색일: 2023. 8. 15.).

전봉근. 2019. "미중 경쟁 시대 한국의 "중견국" 외교전략 모색." 『국립외교원 외교안보연구소 정책연구시리즈』 2019-03호.

전재성. 2023. "세계질서의 변화와 한국 중견국 외교론의 변화." 『국제문제연구소 이슈브리핑』 6월 21일. http://www.snuiis.re.kr/sub5/5_4.php?mode=view&number=1669&b_name=isu&page= (검색일: 2023. 8. 15.).

조동준. 2009. "안보위협에 대처하는 중소국의 선택." 서울대학교 국제문제연구소. 『안보위협과 중소국의 선택』. pp. 7-28.

조비연. 2021. "미중 간 전략경쟁과 여타 중견국의 균형-편승 스펙트럼." 『국제·지역연구』 30(4): 69-110.

차태서. 2020. "담론분석이란 무엇인가? 국제정치학의 경우." 『국제·지역연구』 29(1): 137-173.

_____. 2023. "탈단극적 계기로의 진입? 포스트-우크라이나 전쟁 시대 세계질서의 대전환 읽기." 『국제·지역연구』 32(1): 1-39.

차태서·류석진. 2020. "탈냉전 "30년의 위기": 다시, 에드워드 할렛 카를 읽는 시간." 『한국과 국제정치』 36(1): 1-36.

Abbondanza, Gabriele and Thomas Stow Wilkins. eds. 2021. *Awkward Powers: Escaping Traditional Great and Middle Power Theory.* Palgrave Macmillan.

Arblaster, Anthony. 2007. 『서구 자유주의의 융성과 쇠퇴』. 조기제 역. 파주: 나남.

Brenes, Michael and Daniel Steinmetz-Jenkins. 2021. "Legacies of Cold War Liberalism." *Dissent* 68(1): 116-124.

Bruno, Greg C. 2020. "Do 'Middle Powers' Still Matter?" *Asia Times,* July 14. https://asiatimes.com/2020/07/do-middle-powers-still-matter/ (accessed 15 August 2023).

Carr, Andrew. 2020. "The Illusion of a Middle Power Moment." *East Asia Forum,* May 12. https://www.eastasiaforum.org/2020/05/12/the-illusion-of-a-middle-power-moment/ (accessed 15 August 2023).

Cho, Young Chul. 2023. "Inadvertent Reproduction of Western-centrism in South Korean IR Theorization: Epistemological, Teleological, and Complicit Western-centrism." *The Korean Journal of International Studies* 21(1): 1-25.

Cho, Young Chul and William A. Callahan. 2022. "Understanding South Korean Middle Power Diplomacy Discourses Through the Concept of Sadae (Serving the Great)." *Issues & Studies* 58(4): 1-26.

Chung, Kuyoun. 2023. "Recalibrating South Korea's Role and Regional Network in the Indo-Pacific: An Analysis from a Network-Centered Approach." *Asian Politics & Policy* 15(1): 21-36.

Cliffe, Jeremy. 2023. "Joe Biden Said 'America is Back'. So Why are its Foreign Allies Going Their Own Way?" *The New Statesman,* April 12. https://www.newstatesman.com/world/2023/04/joe-biden-america-back-foreign-allies-saudi-arabia-china-iran (accessed 15 August 2023).

Cooper, Andrew F. eds. 1997. *Niche Diplomacy: Middle Powers after the Cold War.* Palgrave Macmillan.

Cooper, Andrew F. and Emel Parlar Dal. 2016. "Positioning the Third Wave of Middle Power Diplomacy: Institutional Elevation, Practice Limitations." *International Journal* 71(4): 516-528.

de Bhal, John. 2023. "Rethinking 'Middle Powers' as a Category of Practice: Stratification, Ambiguity, and Power." *International Theory*, First View: 1-24.

Elman, Colin and Miriam Fendius Elman. eds. 2003. *Progress in International Relations Theory: Appraising the Field.* Cambridge: The MIT Press.

Ettinger, Aaron. 2023. "Truman Redux? Biden's National Security Strategy." *Survival* 65(2): 103-122.

Fontaine, Richard. 2023. "The Myth of Neutrality." *Foreign Affairs*, July 12. https://www. foreignaffairs.com/china/myth-of-neutrality-choose-between-america-china (accessed 15 August 2023).

Græger, Nina. 2019. "Illiberalism, Geopolitics, and Middle Power Security: Lessons from the Norwegian Case." *International Journal* 74(1): 84-102.

Græger, Nina et al. (eds.), 2022. *Polarity in International Relations: Past, Present, Future*. Cham: Springer International Publishing.

Green, Michael J. 2019. "Is the Era of Korean Middle Power Diplomacy Over? A Realist Perspective." *The Korean Journal of Defense Analysis* 31(1): 1-20.

Guilhot, Nicolas. 2022. "Cold War Liberalism is Back." *Jacobin*, April 14. https://jacobin. com/2022/04/cold-war-liberalism-russia-ukraine-putin-fukuyama (accessed 15 August 2023).

Ikenberry, G. John. 2011. *Liberal Leviathan: The Origins, Crisis, and Transformation of the American World Order*. Princeton: Princeton University Press.

_____. 2016. "Between the Eagle and the Dragon: America, China, and Middle State Strategies in East Asia." *Political Science Quarterly* 131(1): 9-43.

Job, Brian L. 2020. "Between a Rock and a Hard Place: The Dilemmas of Middle Powers." *Issues & Studies* 56(2): 1-24.

Jones, Bruce. 2020. "Can Middle Powers Lead the World Out of the Pandemic?" *Foreign Policy*, June 18. https://www.foreignaffairs.com/articles/france/2020-06-18/can-middle-powers-lead-world-out-pandemic (accessed 15 August 2023).

Kaplan, Robert D. 2012. *The Revenge of Geography: What the Map Tells Us about Coming Conflicts and the Battle Against Fate*. New York: Random House.

Kupchan, Cliff. 2023. "6 Swing States Will Decide the Future of Geopolitics." *Foreign Policy*, June 6. https://foreignpolicy.com/2023/06/06/geopolitics-global-south-middle-powers-swing-states-india-brazil-turkey-indonesia-saudi-arabia-south-africa/ (accessed 15 August 2023).

Lakatos, Imre. 2002. 『과학적 연구 프로그램의 방법론』. 신중섭 역. 서울: 아카넷.

Lottaz, Pascal and Heinz Gärtner. 2023. "In Defense of Neutrals." *Foreign Policy*, June 6. https://foreignpolicy.com/2023/06/06/ukraine-russia-war-neutrality-nonalignment/ (accessed 15 August 2023).

Marston, Hunter and Ali Wyne. 2020. "America's Post-Coronavirus Diplomacy Needs Middle-Powers Alliances." *Foreign Policy*, July 17. https://foreignpolicy. com/2020/07/17/coronavirus-pandemic-middle-powers-alliances-china/ (accessed 15 August 2023).

Mead, Walter Russell. 2014. "The Return of Geopolitics: The Revenge of the Revisionist Powers." *Foreign Affairs* 93(3): 69 – 79.

_____. 2023. "The Cost of Biden's 'Democracy' Fixation." *Wall Street Journal*, April 3. https://www.wsj.com/articles/the-cost-of-bidens-democracy-fixation-autocracysummit-freedom-house-ideology-foreign-policy-middle-east-86638fc5 (accessed 15 August 2023).

Menon, Shivshankar. 2022. "A New Cold War May Call for a Return to Nonalignment." *Foreign Policy*, July 1. https://foreignpolicy.com/2022/07/01/nonalignment-international-system-alliance-bloc/ (accessed 15 August 2023).

Mobrand, Erik. 2023. "What's Korean About South Korea's Indo-Pacific Strategy?" *The National Interest*, January 10. https://nationalinterest.org/feature/ukraine-and-return-multipolar-world-203276 (accessed 15 August 2023)).

Moeini, Arta et al. 2022. "Middle Powers in the Multipolar World." *The Institute for Peace & Diplomacy*, March 26. https://peacediplomacy.org/wp-content/uploads/2022/03/Middle-Powers-in-the-Multipolar-World.pdf (accessed 15 August 2023).

Nagy, Stephen and Jonathan Ping. 2023. "The End of the Normative Middle Power Ship." *Australian Outlook*, March 14. https://www.internationalaffairs.org.au/australianoutlook/the-end-of-the-normative-middle-power-ship/ (accessed 15 August 2023).

National Security Council. 1950. "NSC 68: United States Objectives and Programs for National Security." *Federation Of American Scientists*, April 14. https://irp.fas.org/offdocs/nsc-hst/nsc-68.htm (accessed 15 August 2023).

Nolte, Detlef. 2010. "How to Compare Regional Powers: Analytical Concepts and Research Topics." *Review of International Studies* 36(4): 881-901.

Paris, Roland. 2019. "Can Middle Powers Save the Liberal World Order?" *Chatham House Briefing*, June 18. https://www.chathamhouse.org/sites/default/files/publications/research/2019-06-18-MiddlePowers.pdf (accessed 15 August 2023).

Pedi, Revecca and Anders Wivel. 2022. "What Future for Small States After Unipolarity? Strategic Opportunities and Challenges in the Post-American World Order." In Nina Græger et al. (eds.). *Polarity in International Relations: Past, Present, Future*. Cham: Springer International Publishing.

Ramesh, Akhil. 2023. "Washington's Myopia is Undercutting its Indo-Pacific Partners." *The National Interest*, July 3. https://nationalinterest.org/feature/washington%E2%80%99s-myopia-undercutting-its-indo-pacific-partners-206607 (accessed 15 August 2023).

Robertson, Jeffrey. 2022. "MIKTA: The Middle Power's Last Hurrah?" *Georgetown Journal of International Affairs*, December 28. https://gjia.georgetown.edu/2022/12/28/mikta-the-middle-powers-last-hurrah/ (accessed 15 August 2023).

Robertson, Jeffrey, and Andrew Carr. 2023. "Is Anyone a Middle Power? The Case for Historicization." *International Theory*, First View: 1-25.

Spektor, Matias. 2023. "In Defense of the Fence Sitters: What the West Gets Wrong about Hedging." *Foreign Affairs* 102(3): 8-16.

The Economist. 2022. "How to Survive a Superpower Split." April 11. https://www.
    economist.com/international/2023/04/11/how-to-survive-a-superpower-split
    (accessed 15 August 2023).

The White House. 2022. "National Security Strategy." October 12. https://www.
    whitehouse.gov/wp-content/uploads/2022/11/8-November-Combined-PDF-for-
    Upload.pdf (accessed 15 August 2023).

Traub, James. 2022a. "Biden's Truman Moment Has Arrived in Ukraine." *Foreign Policy*,
    February 15. https://foreignpolicy.com/2022/02/15/bidens-truman-moment-has-
    arrived-in-ukraine/ (accessed 15 August 2023).

_____. 2022b. "Cold War 2.0 Is Ushering in Nonalignment 2.0." *Foreign Policy*, July 9.
    https://foreignpolicy.com/2022/07/09/nonalignment-us-china-cold-war-ukraine-
    india-global-south/ (accessed 15 August 2023).

Truman, Harry S. 1947. "President Truman's Message to Congress." *National Archives*,
    March 12. https://www.archives.gov/milestone-documents/truman-doctrine
    (accessed 15 August 2023).

Werner, Jake. 2023. "Biden Doesn't Need to Keep Pushing Xi and Putin Closer." *The
    Nation*, March 22. https://www.thenation.com/article/world/biden-doesnt-need-
    to-keep-pushing-xi-and-putin-closer/ (accessed 15 August 2023).

Yoo, In Tae and Young Chul Cho. 2022. "Middle Power Diplomacy Knowledge
    Production in South Korea: A Critical Interpretation." *Asian Perspective* 46(4): 627-
    653.

제10장　복합위기 시대 중견국 한국의 복합외교

조한승(단국대학교)

I. 머리말

팬데믹으로 세계가 고통을 겪는 와중에 러시아의 우크라이나 침공으로 국제관계가 총체적인 혼란에 빠져들었다. 보건위기와 군사적 위기에 이어 식량, 에너지, 공급망, 인플레이션 등에서의 위기가 연속적으로 발생하고 있다. 또한 미국과 중국의 패권 대결은 무역분쟁을 넘어서 군사적 충돌 가능성까지 높이고 있으며, 안보의 논리가 기술, 공급망 등 거의 모든 분야로 확장되어 국가들은 어느 편에 설 것인지를 요구받고 있다. 이러한 사태가 악화하지 않도록 관리해야 하는 유엔 등 국제기구와 제도는 무기력한 모습을 보일 뿐이다. 서로 다른 분야에서의 위기가 서로 영향을 미치면서 위기가 더 증폭되어 나타나는 복합위기의 시대가 도래했다. 위기가 쉽게 사그라지지 않을 것이라는 전망에 국제사회의 불안감은 더욱 커지고 있다.

국제환경의 이러한 변화는 한국과 같은 중견국에게 심각한 도전이다. 지난 30년 동안 자유무역과 민주주의를 경제적 도약과 국가위상 증진의 기회로 활용해온 한국에게 지금과 같은 복합위기는 다가오는 시대에도 한국이 계속 성장하고 국제적 영향력을 신장할 수 있을지에 대한 전망을 불확실하게 만든다. 북한 군사도발이 고조되는 상황에서 미중 패권경쟁의 최전선에 있는 한국이 선택할 수 있는 입지는 다른 나라들보다 좁아 보인다. 한반도 전쟁 억지를 위해 한미동맹을 굳건히 유지해야 하는 한편, 지속적인 경제성장을 위해 중국과의 교류협력도 외면할 수 없다. 또한 선진국의 문턱에서 본격적으로 글로벌 경제무대 주역으로서 역할을 하려면 산업인구 감소와 성장 둔화에 따른 미래가치 창출의 동력이 약화되는 문제와 같은 내부의 도전도 극복해야 한다.

　돌이켜보면 현재 한국이 직면한 위기가 하루아침에 만들어진 것은 아니다. 북한은 오래 전부터 군사적 도발을 계속해왔고, 미중 패권 경쟁의 심화 역시 시진핑의 일대일로 정책과 트럼프의 대중 무역전쟁에서 이미 예고되었다. 이에 대해 한국은 미국과의 군사동맹을 바탕으로 북한의 도발을 억제했고, 중국과의 무역관계 확대를 통해 경제적 성장을 꾀하는 접근을 추진하여 적지 않은 성과를 거두었다. 하지만 현재의 복합위기는 그동안 한국이 추진해온 전략적 모호성 접근을 계속 유지하기 어렵게 만든다. 상호 연계된 복합위기 아래에서는 모호한 회피 전략을 구사하여 특정 한 영역에서의 위기를 용케 피할 수 있을지라도 곧 다른 영역에서의 위기에 직면하게 되고, 결과적으로 잘 넘겼다고 여겨졌던 영역에서의 위기가 증폭되어 다가올 수 있기 때문이다.

　이러한 복합위기 상황을 어떻게 극복해야 하는가? 사실 현재의 복합위기는 국제사회의 대부분 국가가 공히 당면한 도전이며, 누구도 이를 극복할 수 있는 명쾌한 해결책을 가지고 있지 못한 것이 사실이다. 그럼에도 불구하고 위기의 양상이 복합적이라는 점에서 중견국 한국의 대응도 규범과 실용의 복합외교를 고려해볼 수 있다. 즉, 한편으로는 보편적 가치에 대한 연대를 통해 글로벌 무대에서의 정당성 우위를 점유하고, 다른 한편으로는 글로벌 이익과 개별 국가이익이 중첩되는 신흥이슈 영역에서의 다자간 협력의 성과를 바탕으로 강대국 대결 구도를 완화하는 분위기를 조성하는 것이다. 한국과 같은 중견국은 강대국이 아니기에 위기를 일소할 수 있는 능력에는 제한이 있지만, 오히려 강대국이 아니기 때문에 강대국이 맡기 어려운 역할을 더 잘 해낼 수 있다. 첨예한 패권 대결 구도하에서 특정 강대국이 표방하는 가치, 규범, 이익은 상대편 강대국에 대한 제약과 견제의 목적으로 해석될 수 있다. 하지만 글로벌 이익의 관점에서 규칙에 기반을 둔 질서를 요구하는 집단적 목소리는 강대국이라 할지라도 결코 무시하기 어려우며, 오히려 국제사회에서 정당성을 인정받기 용이하다. 한국이 이러한 역할을 주도한다면 위기를 기회로 전환할 수도 있다.

이러한 인식 아래에서 이 연구는 다음과 같은 순서로 논의를 전개한다. 먼저 현재의 글로벌 복합위기의 원인과 성격을 규명하고, 글로벌 패권경쟁이 동아시아 국제관계에 미치는 영향을 설명한다. 이어 중견국 외교 속성을 유형별로 구분하고, 중견국으로서 한국 외교의 복합적 성격을 알아본다. 그리고 대결과 협력의 복합적 상호관계 속에서 규범과 실용의 복합전략과 더불어 국제적 변화에 조응하는 국내정치적 탄력성을 제시한다. 끝으로 최근 쟁점으로 떠오른 경제·기술 분야에서 한미관계의 쟁점과 대응 방향을 논의한다.

II. 글로벌 복합위기와 동아시아

1. 글로벌 복합위기의 도래

20세기 말 냉전 종식 이후 정보통신 및 교통의 발전과 더불어 자유민주주의가 글로벌 규모로 빠르게 확산하는 글로벌리제이션의 시대가 시작되었다. 신흥시장 중견국에게 글로벌리제이션은 경제성장과 국가위상 증진을 가능하게 만드는 기회가 되었다. 하지만 최근 상황이 급변하고 있다. 급속한 경제성장을 이룬 중국이 미국의 패권적 지위에 도전하고 미국은 노골적인 자국 중심주의로 맞서면서 자유주의적 다자주의에 기반을 두고 발전해온 글로벌 질서가 흔들리기 시작했다. 2020년의 코로나 팬데믹은 그동안 내재하여 온 불안의 조짐이 실제의

위기로 가시화하게 된 결정적 사건이었다. 오래전부터 국제사회는 치
명적 감염병 확산이 글로벌 공동체 모두에게 위협이 될 수 있다는 점
에서 글로벌 공중보건은 공공재로 인식을 공유하고, 보건위협을 효과
적으로 예방하고 신속하게 대응하기 위해 글로벌 보건 거버넌스를 발
전시켜왔다. 하지만 실제 보건위기 상황에서 글로벌 보건 거버넌스는
기대했던 기능을 하지 못했다. 위기에 직면하자 주요 국가들은 방역 협
력, 감염병 정보공유, 광범위한 백신 보급보다는 이른바 '각자도생'의
행태를 보였다. 또한 보건의학 전문성을 바탕으로 보건위기해결의 중
심이 되어야 할 WHO는 중국 편향적이라는 정치적 논란에 휩싸여 신
뢰를 잃었고, 글로벌 보건에서 가장 영향력이 큰 미국은 WHO 탈퇴까
지 선언하면서 혼란을 더욱 부추겼다(조한승 2021).

　팬데믹의 장기화로 인해 위기는 보건 영역을 넘어 다른 영역으로
확산했고, 그 결과 글로벌 불안정성이 고조되었다. 방역을 위한 각국
의 봉쇄조치는 상품, 자원, 서비스의 흐름까지 차단하는 결과를 빚었으
며, 특히 중국의 장기간 방역 봉쇄조치는 글로벌 공급망에 심각한 차질
을 불러일으켰다. 한번 차단된 글로벌 물류의 흐름은 방역조치가 완화
되어도 원래 기능을 회복하는 데 상당한 시간이 걸린다. 팬데믹 초기에
각국은 주민의 경제적 어려움을 완화하기 위해 대규모 긴급재난지원
금을 풀었고, 이는 추후 정부의 재정지출 부담과 물가상승의 부메랑으
로 돌아왔다. 팬데믹 이전부터 각국에서는 자유주의 경제기조의 후유
증인 부의 불균형적 분배에 대한 우려가 있었는데, 팬데믹의 장기화에
따른 경제적 혼란은 각국에서 물가, 금리, 조세, 연금 등 부의 분배에
관련한 심각한 불안정 요인을 고조시켰다. 이런 경제적 불안정을 해결
하기 위해 미국 등 주요 국가는 시장개입을 대폭 확대하여 일자리 창
출과 경기부양 정책을 추진하고 있다. 무역에서도 핵심 분야 상품의 수

입 제한과 같은 보호주의 조치를 단행하여 자유무역에 기반을 두고 발전해온 국제경제와 공급망에 혼란이 가중되고 있다(Evenett 2022).

2022년 2월 러시아의 침공으로 시작된 우크라이나 전쟁으로 위기는 이제 군사적 차원으로 확대되었다. 냉전 종식과 구유고슬라비아 내전 이후 유럽에서는 대규모 전쟁은 없을 것이라는 믿음이 있었지만, 우크라이나 전쟁으로 그러한 기대는 환상에 불과했음이 드러났다. 유엔을 포함한 국제제도의 기능이 심각하게 위축된 상황에서 미국 등 서방 국가는 러시아에 대한 제재를 강화하고 우크라이나에 대한 군사적 지원을 제공했다. 반면, 중국, 이란, 북한 등 미국과 적대적 관계에 있는 나라는 러시아의 행동을 공개적 혹은 암묵적으로 두둔했다. 우크라이나 전쟁이 장기화하면서 이른바 '신냉전' 혹은 '공산주의 없는 냉전'이라는 표현이 등장할 정도로 국제사회의 균열의 골이 더욱 깊어지고 있다(Wolf 2022).

주목할 점은 우크라이나 전쟁이 국가들을 진영(bloc)으로 나누는 것을 넘어 세계 여러 분쟁지역에서의 군비증강을 부추겨 군사적 충돌 가능성을 높인다는 것이다. 전쟁이 발발하자 각국은 군사력 증강에 나섰다. 우크라이나 전쟁 발발 직후 독일의 숄츠 총리는 유럽의 역사에 '시대전환(Zeitenwende)'이 이루어지고 있다고 선언하며, 평화와 안전을 지키기 위해 독일의 국방비를 기존 GDP의 1.3% 수준에서 2% 이상으로 대폭 증액할 것이라고 밝혔다. 독일의 재무장은 다른 국가에도 위기를 실감하도록 만들었다. 폴란드가 한국산 자주포, 탱크, 경공격기를 서둘러 도입하기로 한 것도 이 때문이며, 전통적인 중립국인 스웨덴과 핀란드가 나토에 가입을 신청했다. 아시아에서도 일본이 세계 3위 규모로의 방위비 증액과 선제타격을 선언하면서 군사정책의 대대적인 변혁에 나섰다. 유럽에서의 전쟁 준비는 도미노처럼 동아시아, 서

남아시아, 중동에서의 신무기 도입과 병력증강으로 이어지고 있으며, 특히 대만해협의 군사적 긴장이 빠르게 고조되고 있다. 이를 두고 "탈 냉전의 시대가 지나고 새로운 군비경쟁의 시대가 도래했다"라는 표현 까지 나왔다(Champion et al. 2023).

이러한 일련의 사태는 글로벌 차원에서 위기가 연속되고 증폭되는 이른바 글로벌 복합위기를 초래한다. 위기를 관리해야 할 국제제도가 제구실을 다하지 못하는 가운데 강대국들은 경제, 기술, 공급망에 대해서도 제로섬(zero-sum)의 안보 논리를 적용함으로써 패권 대결의 영역이 계속해서 확장하고 있다. 중국의 부상으로부터 경제적, 기술적 우위를 지키기 위해 미국은 글로벌 생산구조 자체의 변화까지도 구상하고 있다. 즉, 글로벌 공급망에서 중국에 대한 의존을 줄이는 한편, 핵심기술 분야에서 미국의 주도력을 지키기 위해 우방국과 중국 사이의 경제적, 기술적 교류를 제한하도록 압박을 가하는 것이다. 이처럼 경쟁과 대결이 거의 모든 분야로 확대되는 분위기는 글로벌 문제 해결을 위한 다자주의 접근을 어렵게 만든다. 다수의 행위자가 국제법과 규칙을 설정하고 이를 지키고자 노력하기보다는 상대방보다 우위에 서는 것이 우선시되기 때문에 공동의 이익을 위한 양보와 타협을 기대하기 어렵다.

냉전 종식 이후 미국 중심의 글로벌 질서가 형성되자 강대국은 책임 있는 행위자로서 글로벌 공공재를 안정적으로 제공하고 다른 나라는 강대국을 신뢰하면서 강대국 중심의 질서에 동참함으로써 국제관계는 안정적으로 발전할 수 있다는 주장이 설득력을 얻었다(Norrlof 2010; Lake 2009; Ikenberry 2001). 하지만 중국 등 일부 국가중심적 권위주의 체제가 보편적 민주주의와 인권을 거부하면서 독자적인 가치체계를 확대하고자 시도했다. 홍콩의 민주주의 시위 억압에서처럼 이들 권위주의 국가는 보편적 민주주의, 인권 등 서구에서 형성된 가치체계가 자신들의 성장을 가로막는 수단으로 이용되고 있다고 주장하면서 국가주도적 권위주의 체제가 국민의 복지를 더 잘 증진할 수 있다고 역설한다(Mitter & Johnson 2021). 한편 트럼프 대통령 등장 이후 미국 역시 스스로 국제규범을 훼손하거나 선택적으로 재해석하기 시작했다. 이러한 분위기는 지난 30년 동안 형성된 상호 교류와 소통을 통한 글로벌 가치의 확대와 번영에 대한 믿음을 계속해서 지키기 어렵게 만든다. 이처럼 갈등과 대결은 물질적 이해관계에서뿐만 아니라 추상적 가치관과 세계관에서도 전개되고 있으며, 이는 세계를 복합위기 상황으로 몰아간다.

2. 글로벌 패권경쟁 시대 동아시아의 불안정성 고조

세계 1위와 2위 강대국이 군사, 경제, 기술을 포함한 모든 분야에서 첨예한 대결을 벌이고 있는 곳이 바로 동아시아이다. 미국은 안보 차원에서 인도태평양 전략을 제시하며 중국을 군사적으로 포위하는 한편, 핵심기술 분야의 공급망에 대해서도 같은 논리를 적용하면서 중국의 기술적 도전을 견제하고 있다. 이를 위해 미국은 대외적으로는 쿼드(Quad), 인도태평양경제프레임워크(IPEF), 소위 반도체동맹(Fab4) 등과 같이 안보, 경제, 기술 분야에서 공조체제를 구축하고 있으며, 대내적으로는 인프라법, 반도체·과학법 등을 제정하여 제조업과 첨단기술 분야에서 중국에 대한 의존도를 낮추고 중국과의 기술격차를 벌리기 위한 노력을 벌이고 있다. 이에 맞서 중국은 군사적으로는 대만, 남중국해 등에서의 군사력 투사 역량을 키우고, 경제·기술적으로는 자체 기술력 발전과 내수시장 다변화로 해외 의존도를 낮추기 위해 노력하고 있다. 또한 외부의 자원, 기술, 투자의 안정적인 도입이 가능한 환경을 구축하고, 역내포괄적경제동반자협정(RCEP)과 브릭스(BRICS) 연대 강화를 강화하여 미국의 경제적 압박을 회피하는 정책을 추진하고 있다.

이처럼 동아시아는 강대국 경쟁의 직접적인 무대가 되어 군사, 경제, 기술 등에서의 패권 대결이 동시다발적으로 이루어지고 있다. 따라서 이 지역에서는 총과 대포, 미사일이 상대방을 겨냥해 발사되고 있지는 않지만, 우크라이나 전쟁 못지않게, 어쩌면 그보다 더 심각하게 세계질서에 영향을 미칠 수 있는 갈등이 벌어지고 있다. 우크라이나에서는 러시아편과 우크라이나편이 비교적 뚜렷하게 구분되지만, 동아시아의 군사, 경제, 기술 경쟁에서는 그러한 구분이 복잡하다. 예를 들어 군사안보 차원에서는 한미일 삼각체제와 북중러 삼각체제가 대립하는 구도가 선명하게 나타나지만, 반도체 기술경쟁에 있어서는 한국은 미국의 압박을 받고 있으며, 일본, 대만과 치열하게 경쟁하고 있고, 중국과의 오랜 협력관계도 외면할 수 없다. 따라서 '신냉전'이라는 표현이 빈번하게 사용되지만, 오늘날의 국제관계는 과거 냉전 시기와 같이 '군사동맹경제·기술 파트너'의 논리가 그대로 적용되지 않는다.

이처럼 동아시아에서는 다른 지역에 비해 국가들의 협력과 경쟁의 셈법이 훨씬 복잡하기 때문에 미국과 중국 사이의 패권경쟁 전개의 방향과 속도, 그리고 이에 대한 역내 다른 행위자의 선택에 매우 민감하다. 예를 들어 첨단기술 분야에서 특정 국가와 협력할 경우 군사안보, 무역, 금융, 인적교류 등에 미치는 파급효과의 방향이 서로 다르게 나타날 수 있기에 무엇을 우선적으로 고려할 것인가에 대한 고민이 깊을 수밖에 없다. 이러한 복합직이고 불안정한 경쟁과 협력의 상호관계 아래에서 동아시아 국가들은 자신을 지키기 위한 가장 확실한 보장책

표 10.1 세계 지역별 군사비 지출 증가율 (%, 2021년 기준)

	2012~2021년 증가율	2020~2021년 증가율	전 세계 비율 (2021)
세계	**12**	**0.7**	**100**
아프리카[a]	**2.5**	**1.2**	**(1.9)**
북아프리카	29	-1.7	(0.9)
사하라이남 아프리카[a]	-14	4.1	1.0
아메리카[b]	**-4.2**	**-1.2**	**42**
중앙아메리카·카리브해[b]	58	-2.5	0.5
북아메리카	-5.1	-1.2	39
남아메리카	4.7	-0.6	2.1
아시아·오세아니아[c]	**48**	**3.5**	**28**
중앙아시아[d]	14	-0.8	0.1
동아시아[e]	55	4.9	19
오세아니아	43	3.5	1.7
남아시아	36	0.8	4.5
동남아시아	25	-2.3	2.0
유럽	**19**	**3.0**	**20**
중부·서유럽	20	3.1	16
동유럽	15	2.3	3.6
중동[f]	**5.6**	**-3.3**	**(8.8)**

주: ( ) = 추정치.
[a] 지부티, 에리트레아, 소말리아 제외; [b] 쿠바 제외; [c] 북한, 투르크메니스탄, 우즈베키스탄 제외; [d] 투르크메니스탄, 우즈베키스탄 제외; [e] 북한 제외; [f] 시리아, 예멘 제외.
출처: SIPRI(2022).

으로 군사안보 역량의 강화를 경쟁적으로 선택하게 된다. 2012~2021년 기간에 전 세계 군사비 지출은 12% 증가했으며, 증가 비율이 가장 높은 지역은 아시아·오세아니아 대륙으로서 지난 10년 동안 48%의 증가세를 보였고, 그 가운데에서도 동아시아는 55% 증가율로 타 지역에 비교하여 가장 높은 수치를 기록했다.[1] 코로나 팬데믹으로 어려움을 겪던 2020~2021년의 군사비 지출만 보더라도 동아시아는 4.9% 증가

---

1   군사비 지출 규모가 다른 지역보다 매우 작은 중앙아메리카·카리브해 지역(전 세계의 0.5%)은 제외.

율로서 다른 지역에 비해 월등히 높았다(Da Silva et al. 2022). 이러한 수치는 동아시아가 그만큼 불안정하며, 역내 국가의 위기감이 매우 높다는 사실을 보여준다.

III. 중견국 외교의 구분과 한국의 복합적 특성

글로벌 규모의 복합위기와 동아시아에서의 복합경쟁의 파도 속에서 중견국 한국이 어떻게 진로를 모색해야 할 것인지를 논의하기 위해서는 먼저 중견국 외교의 특징이 무엇이며, 한국은 다른 중견국과 어떤 유사점과 차이점을 가지고 있는지 올바르게 파악할 필요가 있다.

1. 중견국 외교의 특징

중견국(middle power)에 대한 정의는 다양하다. 국가의 물리적 능력을 중심으로 중견국을 구분하기도 하고, 외교적 행태에 초점을 맞추어 중견국을 구분하는 경우도 있다. 또는 물리적 능력과 외교적 행태를 결합하여 중견국을 이해할 수도 있다. 하지만 그 어느 것도 명료하게 중견국을 정의하는 데에는 어려움이 있기 때문에 굳이 사전적인 개념화를 무리하게 시도하기보다는 경험적 현실에서 중견국을 이해하는 것이 바람직할 수도 있다(강선주 2015). 그럼에도 불구하고 국제무대에서 흔히 중견국이라고 불리는 나라의 외교가 미국, 중국, 프랑스, 러시아 등 전통적 강대국이나, 아프리카, 남태평양, 중남미의 약소국의 외교와는 차별성을 가진다는 공감대가 존재하는 것도 사실이다.

중견국은 약소국은 아니지만 그렇다고 강대국만큼의 영향력을 행

사하지는 못하기 때문에 물리적 힘을 통해 자신의 존재를 드러내는 데
에 제약이 있다. 따라서 중견국 외교는 물리적 힘보다는 규범과 다자주
의에 기초한 국제적 정체성을 강조하고, 이러한 속성을 공유하는 틈새
외교(niche diplomacy)를 펼치는 경향이 있다(Cooper 1997). 흔히 중
견국 외교는 "선한 국제시민(good international citizenship)으로서 품
위(decency)있는 역할"을 담당하는 것으로 묘사된다(Evans 2022). 이
러한 설명은 중견국이 글로벌 안보와 번영을 증진하기 위해 인권, 군
비축소, 환경, 개발협력을 촉진하는 다자적 규범을 형성하는 데 주도적
역할을 맡는 모습을 강조하는 것이다. 물론 '선하고 품위 **있어 보이는**
행동'이 중견국의 순수한 이타적 동기에서 나온 것이라고 단정할 수는
없다. 왜냐하면 그러한 행동 자체가 중견국 자신의 국가이익에 더 부합
하기 때문이다. 하지만 자신의 야심을 실현하려는 강대국의 일방적 행
동을 중견국이 조금이라도 제한하여 국제질서 전반에 안정적이고 예
측 가능한 질서를 형성하고, 중견국 자신뿐 아니라 다수의 국제 행위
자에게 바람직한 결과를 가져오는 경우가 종종 나타나는 것도 사실이
다. 그런 맥락에서 호주 외무장관 가렛 에반스(Gareth Evans)는 중견
국 외교를 "계몽된 이기주의(enlightened self-interest)"라고 언급했다
(Ungerer 2007, 551).

중견국은 특정 국가만이 아닌 글로벌 공동체의 목표를 지향하는
규범적 언어와 행동을 사용하면서 여러 행위자가 함께 참여하는 다자
주의 무대를 통해 이른바 중견국의 속성(middlepowerness)을 외교 브
랜드로 활용하는 한편, 동시에 자국의 이익과 영향력을 꾸준히 확대하
는 외교정책을 추구한다. 이러한 특징은 물리적 힘의 위계로 국제관계
를 이해하는 현실주의보다는, 다자주의적이고 평화적인 문제 해결 방
식을 선호하는 자유주의(Ruggie 1992), 혹은 국제사회 규칙과 공동의

가치 및 이익의 제도화를 주장하는 영국학파(Bull 1977)에 더 가까운 것으로 이해된다. 최근에는 중견국들이 연대를 통해 국제체계의 변화에 어떻게 대응해야 하는지에 대한 국제사회의 '담론'을 형성하고 여러 나라가 국력 크기와 무관하게 이러한 담론을 공유하면서 스스로 중견국으로서의 정체성(identity)을 가진다고 인식한다는 점에서 중견국 외교에 대한 구성주의적 해석도 이루어지고 있다(Guzzini 2005; Behringer 2013).

국제질서의 변화에 대해 중견국은 어떤 태도를 보이는가? 일반적으로 중견국은 국제무대에서 강대국만큼의 강력한 영향력을 행사할 수 없어서 갑작스럽게 기존 질서가 불확실해지는 것보다는 안정적인 상태가 지속되는 것을 선호하는 경향이 있다. 하지만 그러한 변화가 중견국에게 조금이라도 유리한 국제환경을 형성할 수 있다는 확신이 생기면 오히려 변화를 더 적극적으로 주장하면서 자신의 위상을 높일 수 있는 기회를 찾는다. 이때 자신과 유사한 입장을 가지는 국가들과 다자 네트워크를 형성하거나 국제기구를 활용하여 다자적 규범과 가치를 거부하는 강대국을 약탈적 행위자 혹은 반(反)역사적 행위자로 비난하기도 한다. 중견국의 이러한 전략은 흔히 '소프트 균형(soft balancing)'으로 묘사된다(Pape 2005; Flemes 2007; Wivel & Paul 2020). 즉, 물리적 힘이 상대적으로 약한 행위자들이 규범적 연대를 결성하고, 이러한 규범적 우위를 레버리지로 사용하여 변화하는 질서를 자신에게 유리한 방향으로 전개하는 것이다.

2. 전통적 중견국 외교와 신흥 중견국 외교

제2차 세계대전 중 처음으로 중견국(middle power)이라고 스스로로를 지칭했던 캐나다를 포함하여 호주, 네덜란드, 스웨덴, 노르웨이 등은 흔히 전통적 중견국(traditional middle power)으로 구분된다. 한편 탈냉전 과정에서 새롭게 중견국으로 부상한 남아프리카공화국, 인도, 브라질, 인도네시아, 튀르키예, 아르헨티나, 멕시코, 말레이시아 등은 이른바 신흥 중견국(emerging/new middle power)으로 불린다.[2] 이처럼 중견국들을 전통적 혹은 신흥 중견국으로 구분하는 것은 각각의 그룹이 국제무대에서 벌이는 외교행태가 다소 차별적으로 나타나기 때문이다(Spies 2016).

1) 전통적 중견국 외교

전통적 중견국은 국제사회의 기본 원칙, 규범, 국제법을 강조하는 경향이 있다. 이들은 국제질서가 변화하여 누가 주도적 강대국이 되느냐에 크게 상관없이 도덕성(sense of morality) 측면에서 우월적인 위상을 가지고 이를 외교적 역량으로 활용한다. 이들은 보편적으로 합의된 규범과 규칙을 자신들의 외교정책의 방향성으로 설정함으로써 국제사회의 지지를 이끌어내고, 이를 국제무대에서의 레버리지로 활용한다. 특히 개발협력, 보건, 환경, 혁신 등과 같이 강대국의 글로벌 전략에 직접적인 영향을 미치지 않는 이슈 영역에서의 자국의 장점을 외교 브랜드로 특화하여 국가위상과 영향력 증진에 활용한다. 흔히 이들 분야는 국제사회 혹은 인류 전체에 유익하다고 인정받기 때문에 '선한 국제시민'과 같은 중견국의 모범적 이미지를 각인시키는 데 도움이 된다.

---

2   김상배(2015)는 전통적 중견국 가운데 캐나다와 호주를 1세대 중견국으로, 스웨덴과 노르웨이를 1.5세대 중견국으로 구분하고, 신흥 중견국에 해당하는 인도, 브라질, 남아프리카공화국 등 입사(IBSA) 국가를 2세대 중견국으로 구분한다.

또한 전통적 중견국은 글로벌 가치에 대한 유사한 입장을 가진 행위자들과 다자 연대를 결성하여 국제무대에서 무시할 수 없는 집단적 영향력을 발휘하고자 한다. 많은 경우 이들은 다자적 연대를 결성할 때 개별국가뿐만 아니라 민간분야 및 초국가적 행위자와 협력 네트워크를 구성하기 위해 공을 많이 들인다. 예를 들어 지뢰금지, 지구온난화 등에 관한 국제협약이 만들어지는 과정에서 해당 분야에서 적극적으로 활동해온 캐나다, 스웨덴, 덴마크 등 전통적 중견국은 민간 행위자의 참여를 후원하고 국제여론을 형성함으로써 협약 참여에 주저하는 국가들을 설득하거나 압박하는 데 활용했다. 물론 사안에 따라 전통적 중견국 가운데에서도 서로 다른 견해를 가지는 경우도 종종 있다. 예를 들어 호주는 여러 이슈 영역에서 다른 전통적 중견국과 유사한 입장을 공유하지만, 기후변화협상에서 소극적인 태도를 보여 기후행동네트워크(Climate Action Network)의 '오늘의 화석상(Fossil of the Day)'에 선정되어 국제여론의 비난을 받았다(Milman 2021).

전통적 중견국의 또 다른 특징은 '대체로' 친서방적이고 미국과 우호적 관계를 갖는 경우가 많다는 점이다. 안보 분야에서 이들은 서방의 안보협력체제에 동맹국으로서 직접 참여하거나, 우호적 파트너십을 형성하는 경우가 많다. 특히 미국과 군사동맹, 군사협력 파트너 관계를 맺은 북미, 유럽, 호주의 중견국은 미국과 더불어 민주주의와 자유무역을 기본 가치로 받아들이고 이를 지키기 위한 군사활동에 적극적으로 참여한다. 하지만 군사활동의 수준에 있어서 이들 사이에 다소의 차이가 있다. 캐나다와 호주는 유엔의 평화유지활동으로부터 미국 주도의 다국적군 참여에 이르기까지 군사활동에 대해 대단히 적극적이다. 이는 외교적 주선(good office)과 같은 비군사적 역할을 우선시하는 서유럽 및 노르딕 중견국들과 구분되는 모습이다.

2) 신흥 중견국 외교

탈냉전 이후 자유화, 민주화, 글로벌리제이션의 물결을 타고 등장한 신흥 중견국은 빠른 경제성장을 바탕으로 중견국의 위상에 올랐으나, 2000년대 이후 민주주의가 공고화되지 못하고 심지어 튀르키예처럼 권위주의로 역행하는 사례도 있다(Aydin 2021). 또한 이들은 국제경제적으로 반주변부적 정체성을 가지고 있는 경우가 많다. 주변의 저개발 국가와 비교해 더 강한 군사력과 경제력을 가지고 있으므로 이른바 지역강국(regional power)으로 행동한다. 이러한 속성은 부유한 선진세계에 속해 강대국과 지리적으로 인접한 여러 전통적 중견국과 달리 신흥 중견국으로 하여금 역내에서의 지배적 영향력을 행사하기 위해 군사력 등 하드파워에 많은 관심을 가지도록 만든다(Destradi et al. 2018).

이와 같은 신흥 중견국의 지정학·국제경제적 배경은 자신이 주변부 혹은 남반구 약소국을 대변하는 행위자로서 서방 주도의 국제정치 및 국제경제 질서에 대응한다는 식의 외교적 행동을 낳는다. 따라서 신흥 중견국이 펼치는 다자주의는 서방 강대국/선진국 클럽이 주도하는 신자유주의적 자본주의 체제에 저항하거나 균형을 맞추기 위한 기제로 다루어진다. 이런 이유에서 일부 신흥 중견국의 외교정책은 민족주의, 계급이론 등 이념적 성향을 강하게 띤다.

흥미로운 점은 신흥 중견국 대부분이 지역강국이라는 점에서 글로벌 차원에서의 외교적 행태와 지역 수준에서의 외교적 행태 사이에 이중성이 나타난다는 사실이다. 즉, 글로벌 차원에서 이들은 서방 선진국과 강대국에 대응하여 평등성과 국제체제의 개혁을 강하게 요구하지만, 지역 수준에서 자국 지위에 부정적으로 영향을 미칠 정도의 개혁은 거부한다. 또한 강대국이 약소국을 군사적으로 압박하는 것에 대해 매우 부정적으로 인식하지만, 지역 내에서 자국의 영향력과 지위에 대한 도전은 군사력을 사용해서라도 강하게 억제하는 이중성을 보인다.

신흥 중견국 역시 다른 중견국과 더불어 규범적 어젠다를 설정하여 국제적인 연대 외교를 전개한다. 하지만 이들의 규범적 연대는 기존 서구 중심의 가치 및 규범체계에 대한 도전의 모습으로 나타나는 경우가 많다. 예를 들어 2011년 유엔에서 미국과 유럽을 중심으로 리비아 주민의 생명과 인권을 보호하기 위해 보호책임(responsibility to protect, R2P)을 주장한 것에 대해 브라질은 주권국가에 대한 무력사용은 최후의 수단이 되어야 함을 강조하는 보호중책임(responsibility while protecting, RwP) 개념으로 맞받아쳤다(Kenkel & Stefan 2016). 이른바 남남협력의 행태로 나타나는 신흥 중견국의 다자협력은 때로는 다른 저개발국의 인권유린이나 독재를 옹호하는 수단으로 사용되어 글로벌 무대에서 문제를 야기하기도 한다(Krishnan 2021).

또한 신흥 중견국은 전통적 중견국에 비해 뒤늦게 중견국 지위로 성장했기 때문에 국제무대에서 지역강국으로서 자신의 활동이 어떤 위상으로 인정받느냐에 상대적으로 많은 관심을 보인다. 이는 종종 국제기구에서 신흥 중견국끼리 자리다툼을 다는 모습으로 나타나고, 때로는 수위 높은 상호 비방으로 이어진다. 전통적 중견국 사이의 상호관계가 높은 신뢰를 바탕으로 이루어지는 것에 비해, 신흥 중견국은 동지적 연대를 강조하지만 자신의 위상이 어떻게 보이느냐에 따라 기회주의적 행태를 보인다는 점에서 상호신뢰의 수준이 높다고 보기 어렵다.

3. 중견국 한국 외교의 복합적 성격

한국은 탈냉전 이후 30여 년 동안 정치적 민주주의, 경제적 고도

성장, 사회문화적 글로벌화에 성공한 중견국으로 널리 인정받고 있다. 하지만 중견국에 대한 정의가 다양한 것만큼 한국을 어떤 유형의 중견 국으로 분류할 수 있느냐에 대한 질문에 명확한 답을 구하기는 쉽지 않다. 예를 들어 국제무대에서 신흥 중견국 협의체인 MIKTA에 한국이 포함되어 있다는 점에서 한국을 '2세대' 중견국으로 분류하는 분석이 있는가 하면(강선주 2014), 한국의 외교 행태가 다른 신흥 중견국들과 차별된다는 점을 강조하여 '3세대' 중견국으로 지칭하는 경우도 있다 (김상배 2015).

중견국 진입 시기만을 놓고 보자면 한국은 냉전 종식 이후에 중견 국 대열에 포함되었다는 점에서 신흥 중견국 그룹으로 분류될 수 있을 것이다. 실제로 다자 외교무대에서 한국은 다른 신흥 중견국들과 다양 한 측면에서 협력하고 공조를 확대하고 있다. 또한 남아프리카공화국 이 흑백 갈등 극복 경험을 바탕으로 국제 분쟁 해결에 적극적으로 나서 고, 글로벌 신자유주의에 대한 저항 이미지를 각인한 브라질이 남남협 력 외교를 주도하는 것처럼, 한국도 민주주의 발전과 경제적 성장의 경 험을 부각하며 이를 외교적 자원으로 적극 활용하는 모습을 보인다.

하지만 한국의 지정학적 특징은 한국의 외교가 다른 신흥 중견국 외교와는 구분되는 특징을 갖도록 만든다. 브라질, 인도, 인도네시아, 남아프리카공화국 등 주변부 혹은 반주변부 지역에서 지역강국으로서 의 지위를 가지고 있는 다른 신흥 중견국과 달리 한국은 주변 국가들 이 모두 강대국이다. 인접한 북한조차도 핵무기를 보유하고 있다는 점 에서 군사안보 측면에서 한국은 상대적으로 취약한 처지에 있다. 또한 분단의 특수성으로 인해 대외정책에서 미국과의 군사동맹 관계를 우 선하여 고려해야 하므로 한국의 독자적인 운신의 폭은 여타 신흥 중견 국과 비교해 훨씬 협소하다.

하지만 한국은 자율성이 제한되는 구조적 환경에도 불구하고 주요 국가들과 유사한 가치 정향을 추구함으로써 글로벌 외교무대에서 상당한 영향력을 발휘할 수 있었다. 한국은 미국과의 동맹관계를 지속하면서 자연스럽게 서방국가와의 교류와 협력 체계를 잘 구축했으며, 민주주의, 자유무역, 인권 등 전통적 중견국이 추구하는 보편적 가치의 많은 부분을 공유하고 있다. 그런 점에서 한국의 중견국 외교는 유럽, 호주, 캐나다 등 전통적 중견국 외교와의 정향적 친밀도가 다른 신흥 중견국들의 경우보다 상대적으로 높다. 특히 글로벌 핵안보, 보건안보, 민주주의 다자외교 등에서 한국은 전통적 중견국과 긴밀한 협조적 관계를 오랫동안 유지했다. 예를 들어 핵안보 정상회의(NSS), 글로벌 보건안보구상(GHSA), 민주주의 10개국(D10), 민주주의 정상회담 등에서 다른 전통적 중견국과 더불어 한국은 회의 개최국 혹은 선도국을 맡아 매우 적극적으로 참여했다.

이처럼 한국의 중견국 외교는 전통적 중견국 외교행태와 신흥 중견국 외교행태가 복합적으로 나타나는 모습을 보인다. 즉, 한국은 지난 30년 동안 미국 등 서방의 주요 국가들과 더불어 보편적 가치를 지향하는 동시에, 구조적으로 주어진 지정학적 조건을 최대한 활용하는 실용적 외교를 현명하게 전개해왔다. 같은 맥락에서 오늘날과 같은 복합위기 상황을 헤쳐나가기 위해 중견국 한국의 외교가 어떤 방식으로 전개되어야 하느냐에 대한 질문의 답도 결국 그동안 한국이 전개해온 복합적인 중견국 외교행태 속에서 먼저 구하는 것이 순리일 것이다.

IV. 복합위기 극복을 위한 한국의 복합외교 전략 모색

1. 대결과 협력의 복합적 상호관계와 한국

코로나 팬데믹, 우크라이나 전쟁, 글로벌리제이션의 후퇴, 민주주의의 쇠퇴, 공급망 위기, 글로벌 경기침체 등이 동시다발적으로 발생하는 글로벌 복합위기 상황에서 동아시아의 한국은 미국과 중국의 패권 대결의 한가운데에 처해 있다. 거대 강대국인 두 나라의 경쟁이 미치는 여파는 글로벌 규모이므로 전 세계가 촉각을 곤두세우고 있지만, 군사적으로 미국과 동맹관계이면서 국가 교역량의 1/4을 중국에 의존하는 한국에게 미중 패권 대결의 파급력은 다른 어떤 나라보다 훨씬 크다. 앞서 언급한 것처럼 미국과 중국 사이의 경쟁이 고조되면서 군사 분야뿐만 아니라 경제, 기술, 공급망 등 거의 모든 영역에서 제로섬(zero-sum) 대결 논리가 적용되고 있다. 이런 환경에서는 다양한 영역에서의 상호의존과 협력에 의한 이익이 특정 영역에서의 손실을 충분히 상쇄할 수 있다는 셈법이 통용되기 어렵다. 따라서 전방위 차원에서의 패권 경쟁은 그동안 미국과 군사동맹을 통해 한반도 평화를 지키고, 중국과 교역 확대를 바탕으로 경제적 이익을 추구하던 한국에게 심각한 도전으로 다가올 뿐만 아니라, 앞으로 한국이 운신할 수 있는 범위가 점점 좁아질 수 있다.

미국과 중국 사이의 패권 대결만 문제가 아니다. 동아시아 국가들 사이에는 반도체, 전기차, 배터리 등 첨단기술 분야에서의 경쟁이 치열하게 전개되고 있다. 일본의 한국에 대한 반도체 관련 소재, 부품, 장비 수출 제한, 한국과 대만의 반도체 파운드리 기술 경쟁, 미국의 한국 전기차와 반도체에 대한 자국 생산 요구 등과 같이 군사적으로 같은 편이라고 여겨지는 국가들 사이에서도 첨단기술 경쟁은 한 치의 양보 없이 치열하다. 군사, 기술, 공급망 등 각 영역에서 경쟁과 협력의 관계가 너무나 복잡하게 상호연결되어 있어서 한 분야에서의 협력 대상이 다른 분야에서는 경쟁 상대가 되는 경우가 빈번하다. 사드 배치 이후 중국의 경제 보복과 한한령(限韓令), 강제징용 판결에 대한 일본의 무역 보복은 동아시아에서 개별 이슈의 이해관계가 다른 이슈와 얼마나 복잡하게 얽혀 있는지를 잘 보여주는 사례들이다. 이처럼 동아시아에서 한국은 주변국들과 군사안보, 경제안보, 기술안보 차원에서 대결과 협력의 복합적 상호관계에 있으므로 특정 국가에 대해 지나치게 적대적인 태도를 보이는 것도 문제가 되지만, 갈등을 회피하기 위해 계속해서 모호한 태도로 일관하는 것도 오히려 불필요한 오해를 초래하여 새로운 갈등을 초래할 수 있다는 점에서 한계가 있다.

　동아시아의 복합위기는 국내정치적 측면에서도 새로운 접근법을 모색할 필요성을 제기한다. 2016년 말 촛불집회와 2017년의 대통령 탄핵으로 이어지는 격변을 겪은 이후 한국에서는 국내정치의 논리가 대외정책을 압도하는 현상이 빈번하게 발생했다. 정치권은 각자의 정파적 입장에서 국내정치의 연장선에서 대외관계를 평가하고 해석하거나, 특정 주변국과의 관계를 무조건 거부 혹은 용인하며 소모적인 대립을 반복했다. 이로 인해 복잡하게 변화하는 국제관계를 국내정치적 관점에서 단순하게 이분법으로 해석하는 일이 빈번했다. 대한민국의 위상을 올바르게 인정받지 못해 국민적 자존심이 훼손당했는데도 상대 국가에 변변한 항의조차 하지 못하는 일이 발생하기도 했고, 반대로 정치적 곤경에 빠지자 지지 세력의 결집을 위해 특정 국가와의 갈등을 의도적으로 부추기는 일도 있었다. 이러한 접근은 결과적으로 동아시아에서 전개되고 있는 경쟁과 협력의 복합적 상호관계에 대한 현명한 대응이 될 수 없다.

2. 규범과 실용의 복합 전략

글로벌 복합위기가 계속 이어지고, 동아시아 국제환경도 경쟁과 협력이 복합적으로 전개되고 있기에 한국의 대외전략 역시 이러한 복합적 특징을 반영할 수 있어야 한다. 또한 국내정치적 측면에서 국제사회에서 한국의 위상과 국력에 걸맞은 국격을 인정받고자 하는 국민적 정서도 고려해야 하고, 정파적 이해관계에 휘둘리지 않는 안정적인 외교정책이 만들어져야 한다. 군사안보, 무역, 기술, 공급망 등 다양한 측면에서 여러 대안이 논의될 수는 있지만, 제한된 국력과 구조적 조건 아래에서 한국의 안전을 보장하고 지속적인 국가성장에 필수적인 내용이 우선 고려되어야 한다.

어떠한 대안이 모색되든지 한국의 외교정책에 반드시 포함되어야 하는 상수(常數)는 대한민국의 평화와 안전의 보장이다. 우리의 생존을 지키기 위한 역량을 꾸준히 키워왔지만, 당장 북한의 직접적인 핵위협과 더불어 북한과 연대를 형성하고 있는 권위주의적 군사 강국에 둘러싸인 한국의 안보를 보장하는 가장 강력한 수단은 굳건한 한미 군사동맹이다. 그러므로 한미동맹의 훼손을 초래할 수 있는 대안은 고려될 수 없다는 사실을 인정해야 한다. 정부, 정계, 학계, 언론 등은 이에 대한 합의를 전제로 건설적인 대안을 제시하고 논의해야 한다. 미국과의 동맹관계가 우선 고려되어야 한다고 해서 냉전시대의 진영 논리로 돌아가야 함을 의미하는 것은 결코 아니다. 미국과 중국이 경쟁을 벌이고 있지만 한국에게 중국은 중요한 교역 파트너임에 변함이 없다. 더구나 한반도의 지정학적 조건을 고려할 때 북한에 영향을 미칠 수 있는 중국과의 협조적 관계는 한반도의 평화, 더 나아가 통일 여건 조성에 이르기까지 중요한 요인이 된다.

미중 경쟁이 고조되는 상황에서 한국은 더 많은 선택지를 가질 수 있도록 운신의 폭을 넓히는 전략을 개발해야 한다. 특히 중견국 외교의 특성인 가치기반적 규범외교와 다자주의를 최대한 활용하는 접근이 요구된다. 아울러 미국과 중국의 경쟁에서 곤란함을 겪는 나라가 한국만이 아니라는 점을 상기할 필요가 있다. 한국처럼 미국과 군사적으로 밀접한 관계에 있으면서 중국과 높은 수준의 경제협력을 맺고 있는 나라가 적지 않다는 점에서 이들과의 연대를 통해 패권경쟁 속에서도 협력의 모멘텀을 지속시켜야 한다는 국제여론을 확산해야 한다. 이를 이루기 위해서는 한편으로는 보편성을 지향하는 가치 연대를 형성하고, 다른 한편으로는 미래지향적이고 실질적 협력이 가능한 분야에서 다자적 규범 거버넌스를 구축하는 복합적인 외교전략이 필요하다.

1) 보편성 지향의 가치 연대

복합위기 상황에서 여러 나라가 불안을 느끼고 평화롭게 위기를 극복하기를 희망한다. 많은 중견국들은 강대국 패권경쟁이 자신의 자율적 행동에 제약을 가하는 요인이 되지 않을까 우려한다. 특히 미국과 중국, 두 나라 모두와 깊은 이해관계를 가지고 있는 한국에게 두 강대국의 경쟁이 군사안보 차원을 넘어 경제, 기술 영역으로 확대되는 것은 심각한 외교적 도전이 된다. 두 강대국이 첨예하게 대립하는 민감한 문제에 대해 특정 국가의 편을 들었다가 상대편 국가로부터 불이익을 받을 수 있을 뿐만 아니라, 같은 편에 섰다는 이유로 앞으로도 계속해서 한국의 양보를 무리하게 요구할 수도 있기 때문이다. 게다가 지나치게 특정 국가에 의존하거나 끌려가는 모습으로 보이면 국내정치적 쟁점이 되어 오히려 정책의 혼란과 실패를 초래할 수도 있다.

어려운 상황이지만 이를 외면할 수도 없고, 회피해서도 안 된다. 어려울수록 오히려 보편적 가치에 기반을 두고 한국 외교전략의 방향성을 설정해야만 행동의 논리적 근거를 마련할 수 있으며, 다른 행위자를 설득하여 집단적 목소리를 키울 수 있다. 글로벌 복합위기의 시대가 도래했다고 하더라도 평화, 자유무역, 번영 등 글로벌 공영을 추구하는 보편적 가치는 누구도 부정하기 어렵다. 대부분의 국가는 국제관계가 예측 가능하고 안정적이기를 희망하며, 이는 글로벌 공영을 추구하는 규칙에 기반을 둔 국제질서에 의해 이루어질 수 있다. 힘을 앞세운 강대국이 주도하는 국제무대에서 중견국이 영향력을 발휘하는 경우는 공영을 추구하는 보편적 가치에 바탕을 둔 도덕적 우위를 외교적 레버리지로 활용할 때이다. 중견국으로서 한국은 보편적 가치를 지지하는 태도를 일관성 있게 견지하고, 의견을 같이하는 행위자들과 연대하여 집단적인 영향력을 발휘할 수 있어야 한다.

보편적 가치와 규범에 입각한 원칙적이고 일관적인 입장은 비슷한 이해관계를 가지는 국가들, 특히 다른 중견국들과의 연대를 확대하고 강화하는 근거가 될 수 있다. 대부분의 중견국은 강대국과의 관계에서 강대국이 자신을 무시하거나 배제 혹은 보복하는 일방적 행태를 억제하기를 희망한다. 중견국은 보편적 규범을 토대로 다자적 연대를 구성함으로써 상대적 취약함을 보완할 수 있으며, 보편 가치를 추구하는 국제적 여론을 불러일으킬 수 있다.

패권경쟁을 벌이는 강대국 역시 보편적 가치와 규범의 힘을 무시할 수 없기에 자신의 행동이 이기적이고 일방적인 것이 아니라는 점을 강조하는 모습을 보인다. 미국은 중국을 견제하기 위해 자유, 민주주의, 인권 등의 가치를 내세우고 있고, 중국은 반패권주의, 주권 존중의 원칙을 앞세워 미국의 공세에 맞서고 있다(김태환 2021). 이처럼 강대국 역시 각자 가치를 앞세워 자신의 행동을 정당화하고자 한다는 사실은 첫째, 중견국 한국의 가치외교는 강대국이 제시하는 가치의 접점을 찾아 이를 토대로 강대국과의 관계를 풀어가야 함을 시사한다. 예를 들어 평화, 번영, 공존과 같이 집단적 공영을 추구하는 가치영역이 이에 해당할 것이다. 둘째, 다른 중견국과의 보편적 가치 연대를 형성하여 강대국을 설득하는 것이 효과적임을 의미한다. 강대국 또한 이러한 가치의 중요성을 외면할 수 없다는 점에서 유사한 입장을 공유하는 중견국 연대와 공조는 외교적 협상력을 높일 수 있다.

2) 실질적 협력을 위한 다자 거버넌스

글로벌 복합위기와 강대국 패권경쟁에서 중견국이 외교적 운신의 폭을 넓히고 영향력을 확대하기 위해서는 보편적 가치를 공유하는 행위자와의 연대를 통해 도덕적 레버리지를 가지는 것만으로는 부족하다. 이를 미래지향적이고 실질적인 협력으로 유도하는 수단으로서의 실천적 전략이 함께 수반되어야 한다. 즉, 연대와 협력의 가시적이고 구체적인 성과를 도출함으로써 더 많은 행위자로부터 지지를 받아 지속가능한 정책으로 발전시키는 것이 중요하다. 이를 위해서는 연대한 국가의 이익이 조화될 수 있는 분야를 발굴하고, 이 분야에서 여러 국가 및 민간 행위자가 공동의 목표를 향해 협력을 지속할 수 있는 다자 거버넌스 체제를 구축할 필요가 있다.

이해관계를 공유하는 행위자들과 다자 거버넌스를 형성하여 지속가능한 협력을 추구하고자 할 때 구체적 결과를 이룰 수 없거나, 서로 다르게 해석할 수 있는 지나치게 추상적인 목표를 제시하는 것은 바람직하지 않다. 또한 패권경쟁을 벌이는 강대국의 핵심 이익에 직접적인 영향을 미칠 수 있는 이슈를 전면에 내세우는 것도 지양해야 한다. 강대국의 간섭과 방해를 초래하여 다자 거버넌스가 강대국 패권 대결의 한가운데에서 내부 분란에 휩싸일 수 있기 때문이다. 따라서 거버넌스에 참여하는 개별국가의 이익과 글로벌 규범이 서로 조화를 이루며, 강대국 정치에 간섭을 덜 받고, 협력을 지속시킬 수 있는 가시적이고 실천적인 성과를 거둘 수 있는 이슈 영역을 발굴하는 것이 매우 중요하다.

보건, 환경, 식량 등은 실질적이고 지속적인 협력이 가능한 다자 거버넌스의 대표적인 이슈 영역이다. 예를 들어 코로나 팬데믹을 경험하면서 국제사회는 새로운 팬데믹이 발생하지 않도록 감염병 확산에 대한 구체적 대응 규칙을 새롭게 설정하기 위해 팬데믹 조약 제정에 합의했다. 2021년 초 유럽 국가들을 중심으로 팬데믹 조약에 대한 아이디어가 처음 제기되었을 때 미국, 러시아, 중국, 일본 등 주요 국가들은 이러한 조약이 자국의 주권을 제약할 수 있다는 이유로 부정적이었다. 하지만 팬데믹이 장기화하고 감염 사례가 폭증하자 노벨상 수상자 등 글로벌 저명인사들이 중심이 되어 코로나 예방과 치료를 위한 약품의 보편적 접근을 확대해야 한다는 운동을 전개함으로써 팬데믹 극복을 위한 국제적 연대와 협력을 촉구하는 국제적 여론이 형성되었다. 이런 분위기에서 결국 미국을 포함한 주요 국가들도 2021년 12월 세계보건총회(WHA)에서 팬데믹 조약 제정에 찬성표를 던지게 되었다.

이처럼 실질적 협력이 가능한 이슈 영역에서 국가, 전문기구 등 다양한 행위자가 참여하는 기능주의적 다자 거버넌스를 활용하여 가시적 결과물을 도출해내게 되면 강대국의 패권 대결이 고조되더라도 국제사회에 협력과 공조가 필요할 뿐만 아니라 실제 가능하다는 점을 지속적으로 확인할 수 있다. 그리고 이러한 성과를 바탕으로 더 큰 협력과 공조의 필요성을 요구하는 국제여론을 만들어낼 수 있다. 강대국 대결이 고조되고 있지만, 많은 전문가가 강조하듯이 그들 사이의 관계에도 여전히 교류와 협력은 필요하며, 그 가능성도 적지 않다(Nye 2023; Scharre 2023; Spence 2023). 실제로 최근 미중 패권 대결에 변화가 감지되고 있다. 2023년 5월 히로시마 G7 정상회의에서 바이든 대통령은 2023년 2월에 있었던 중국의 정찰기구 사건을 언급하면서 "이 우스꽝스러운 풍선이 미국 상공에서 격추된 이후 서로 대화를 나누면서 모든 것이 변했다. 여러분은 조만간 (양국 관계의) 해빙을 보게 될 것"이라고 말했다. 한국은 패권 대결을 벌이는 두 강대국 모두로부터 강한 압박을 받는 지정학적 위치에 있지만, 오히려 그러한 지정학적 조건은 한국이 협력과 대화의 연결고리로서의 역할을 할 수 있도록 만든다. 그것이 가능한 이슈 영역을 한국이 발굴하여 다양한 행위자가 참여하는 거버넌스를 주도하는 역할을 맡게 된다면 복합위기의 어려운 상황을 극복하고 한국의 위상을 높이는 데 도움이 될 것이다.

3. 국제적 변화에 조응하는 탄력적인 국내적 주체 능력

중견국으로서 한국은 복합위기가 만들어내는 글로벌 차원의 구조적 변화에 무기력하게 끌려가서도 안 되지만, 이러한 변화를 무조건 거부하거나 외면할 수도 없다. 변화의 흐름이 한국의 국가이익에 바람직한 방향으로 나아가도록 만들기 위해서는 보편적 가치를 견지하며 유사한 이해관계를 가진 국가들과의 연대를 형성하는 것뿐만 아니라, 우리 스스로 변화의 본질을 정확하게 이해하고 그에 적합한 정책을 만들어 일관성 있게 추진하는 노력도 필요하다. 즉, 글로벌 구조의 변화에 대한 국내 행위자들의 인식 공유와 바람직한 정책 수립에 대한 합의가 뒷받침되어야 한다.

국제정치학의 이른바 '제2의 국가 논쟁(the second state debate)'을 제기한 존 홉슨(John M. Hobson)은 국가와 구조의 관계에 대해 "(구조주의가 주장하듯) 국가가 일방적으로 구조에 순응하는 것도 아니고, (주체중심주의가 주장하듯) 국가가 구조로부터의 자율성만을 추구하는 것도 아니다. 국내와 국제 그리고 글로벌 구조는 서로를 구성하는(constitute) 관계이다"라고 설명했다(Hobson 2001, 412). 국가의 속성을 올바르게 이해하기 위해서는 국내적 주체 능력(domestic agential power)과 국제적 주체 능력(international agential power)의 복합적 상호작용을 들여다봐야 한다는 것이다. 그는 구조적 변화에 효과적이고 기민하게 대응하는 탄력적인(varying) 국내적·국제적 주체 능력을 지닌 국가가 '구성적(constructive)' 국가가 될 수 있다고 주장했다. 이러한 관점에서 국제적 구조와 국내적 구조는 서로에 대한 제약요인이자 기회요인이 되는 두 얼굴의 야누스와 같다. 구성적 국가는 각각의 구조에 의한 제약으로부터 '출구'를 모색하는 한편, 각각의 구조가 형성하는 기회를 포착하는 '적응'을 시도한다. 즉, 국제적 (혹은 글로벌) 구조 변화에 현명하게 대응하기 위해서는 국제관계에서뿐만 아니라 국내정치적 주체 능력의 탄력성이 제고되어야 한다.

그러한 맥락에서 중견국 한국이 당면한 글로벌 복합위기 의한 제약요인을 극복하고 새로운 기회를 만들어내기 위해서는 규범과 실용의 복합외교에 조응하는 국내(domestic) 차원에서의 안정적이고 일관적인 정책적 뒷받침이 필요하다. 지난 수년 동안 한국의 외교정책과 국내정치는 일관성이 결여되고, 때로는 서로 상충하는 모습을 보이기까지 했다. 2010년대 중반 이후 동아시아에서 미중 무역전쟁을 기화로 군사적 긴장과 정치체제 간 갈등이 고조됨에도 불구하고 한국의 국내

정치는 대북정책에 있어서의 유화적 접근이 우선시되면서 정치적으로 이를 지지하는 정치집단과 반대하는 세력 사이에 갈등이 끊이지 않았다. 문제는 이러한 정치적 견해 차이가 한반도 주변 국가와의 외교, 무역, 기술협력, 역사 인식 등에 대한 서로 다른 해석을 가져오고, 그러한 정파적 해석 사이에 치열한 대립 구도가 형성되었다는 점이다. 이는 결과적으로 국내정치가 국제적인 구조 변화에 효과적이고 기민하게 대응하는 탄력성에 있어서 제약요인으로 작용했다. 특정 국가와의 관계를 편협한 정파적 입장에서 왜곡되게 해석함으로써 해당 국가와 불필요한 외교적 갈등을 빚거나, 한국의 국제적 위상에 걸맞지 않은 푸대접을 받고도 적절하게 대응하지 못하는 일이 빈번하게 발생했다. 외교정책과 국내정치 사이의 불협화음은 서로를 긍정적인 방향으로 구성하지 못하여 불필요한 외교적·경제적 손실을 일으키고, 이는 다시 국내 정파 간 대결의 원인이 되는 악순환으로 이어졌다.

　민주주의하에서 국가이익에 대한 해석은 행위자마다 다양할 수 있으며, 이러한 다원주의는 민주주의 공동체로서의 국가 발전의 원동력이다. 하지만 여러 국내 행위자 사이의 상호존중과 지속적인 대화와 설득이 배제된 채로 편향적 이념이나 감상적 신념에 매몰된 정책을 고집한다면 국내 수준에서의 탄력성이 크게 훼손될 수 있다. 이를 극복하기 위해서는 정부, 정계, 언론, 학계 등 국내 행위자 모두의 노력이 필요하지만, 특히 정책의 성공과 실패의 책임이 정부에 있다는 점에서, 정부는 민주주의의 다원성을 깨뜨리지 않으면서도 국민적 공감대와 더 많은 합의를 끌어내기 위해 부단히 노력해야 한다. 그것의 시작은 다양한 행위자가 국제정세 변화에 대해 왜곡되지 않은 상황인식을 가지는 것이고, 정부와 정계가 편협한 정치적 이해득실을 넘어 공동체로서의 대한민국에 바람직한 대안을 모색한다는 의지를 국민에게 확신시켜주는 것이 될 것이다.

V. 한미동맹과 경제·기술안보

앞서 언급한 것처럼 한국은 여느 중견국과 다른 큰 특징이 있다. 한국은 중견국이지만 안보적 중립국은 될 수 없다. 즉, 북한의 군사적 위협 아래에서 한반도의 평화와 안전을 지키기 위해 한미동맹을 굳건히 지속하는 것이 한국 외교의 전제조건이다. 미중 패권 대결이 고조되면서 군사 영역뿐만 아니라 무역, 기술 등에서도 안보 개념이 적용되고 있으며, 이에 따라 경제와 기술 영역에서도 중국 견제를 위한 글로벌 전략에 동맹국이 동참할 것을 강하게 요구하고 있다. 한국에게 미국과의 군사동맹은 필수적이지만, 비군사 분야에까지 그러한 특수한 관계를 확대 적용하는 것은 간단한 문제가 아니다. 특히 경제 분야에서 중국과의 관계를 고려하지 않을 수 없기에 지혜롭게 문제를 풀어가야 한다.

한국과 미국은 자유, 민주주의, 인권 등 기본적 가치를 공유할 뿐만 아니라 군사안보 분야에서 전쟁을 함께 치르고 오랜 시간 동안 혈맹의 관계를 유지하며 높은 신뢰를 쌓았다. 하지만 경제, 기술 분야에서 군사안보 분야와 같은 동맹관계를 형성한다는 것은 완전히 다른 차원의 이야기이다. 사실 '경제안보', '기술안보'라는 용어에 명확한 정의를 내리기 어려울 뿐만 아니라, 경제와 기술 영역에서의 동맹이 가능한 것인지에 대한 의구심도 있다. 군사안보 차원의 동맹은 공동의 적대적 행위자에 맞서서 군사적으로 협력, 지원하는 내용을 담고 있으나, 경제와 기술 영역에서 '동맹'은 한미 간 무역의 증진 혹은 기술협력의 확대를 강조하기 위한 수사적 표현에 불과하다.[3] 한국은 경제와 기술 분야에서 전 세계를 대상으로 우호적인 관계를 맺어야 한다. 경제와 기술의 '동맹'이라는 표현이 내부적으로 정책결정자와 국민의 인식에 영향을 미치고, 외부적으로 다른 국가의 거부감과 의구심을 불러일으킴으로써 오히려 우리의 선택의 폭을 좁히는 결과를 초래할 수 있기에 이러한 표현을 남발하는 것은 바람직하지 않다.

굳건한 한미관계의 지속이 한국 외교정책의 전제조건이라는 점에서 경제, 기술 등으로 안보개념을 확장하고, 군사동맹에 버금가는 관계를 형성하자는 미국의 요구를 다른 대안 없이 거부하거나 외면할 수는 없다. 가장 큰 문제는 경제, 기술 분야에서 미국이 한국에 대해 희망하는 협력의 내용과 수준이 한국이 수용할 수 있는 범위와 적잖은 차이가 날 수 있다는 점이다. 예를 들어 미국은 반도체법을 추진하면서 삼성, 하이닉스 등 한국의 반도체 제조사에게 미국에 제조시설을 건설하여 미국에서 반도체를 생산하면 상당한 보조금을 제공하겠다는 제안을 하고 있으나, 그 대신 중국에 대한 반도체 시설 투자를 제한할 것과 미국 시설에서 생산하여 일정 수준의 이상의 수익이 발생할 경우 초과이익을 미국에 제공할 것을 내세우고 있다. 이러한 요구는 한국 반도체 기업의 입장에서는 난감한 것이다.

반도체 부문에 대한 미국의 최초 요구는 한국뿐만 아니라 대만, 유럽 등 미국의 다른 우방국들도 쉽게 수용하기 어려운 내용을 담고 있었다. 미국 내에서도 이 법안의 실질적 성과를 거두기 어려우며, 오히려 미국의 반도체 제조 역량에 부정적인 영향을 미칠 수 있음을 지적

---

3 한국의 일부 언론 매체가 '경제동맹', '기술동맹'이라는 용어를 사용하고, 정부도 이를 그대로 인용하는 경우가 종종 있지만, 미국의 언론과 백악관은 주로 '파트너십(partnership)'으로 표현한다.

하는 목소리가 크다. 포드, 테슬라 등 미국의 전기차 기업조차 미국 정부의 방침에도 아랑곳하지 않고 중국의 배터리 기업과 협력을 확대하고 있다. 미국이 노동복지를 포함하여 국내정치적 요구 조건을 지나치게 많이 법안에 포함함으로써 "반도체법을 (이것저것 모아 붙인) 누더기로 만들었다"라는 평가가 나온 이유가 바로 여기에 있다(Financial Times 2023). 게다가 미국의 인건비, 건설비, 고용조건 등을 고려할 때 한국과 대만의 반도체 기업이 미국의 까다로운 반도체 보조금 조건을 맞춰가면서 미국에 반도체 공장을 설립할 때 투입되는 운영비가 보조금 혜택보다 훨씬 많아져서 오히려 이 법안이 기업들의 미국 투자를 저해하는 요인이 될 수 있다는 전망까지 나왔다(박순찬 2023; Liu & Mozur 2023). 결국 논란 끝에 미국은 보조금을 받는 기업이 중국에 투자하여 생산하는 것에 대해 기술 업그레이드가 아닌 생산량에 대해서만 제한을 두겠다고 발표했다(U.S. Department of Commerce 2023). 한국, 대만 등의 반도체 제조 기업에 일부 활로를 열어주는 결정을 내린 것으로 해석된다.

이처럼 강대국의 다소 무리한 요구에 대해서는 이해관계를 공유하는 여러 행위자가 함께 적극적으로 강대국을 설득하여 서로에게 이익이 되는 방향으로 논의를 이끌어가야 한다. 특히 중견국들이 연대를 형성하여 다수 행위자의 협력을 통한 문제해결이 우선되어야 한다는 국제여론을 조성함으로써 강대국이 지나친 대결 지향적 정책으로 나아가지 않도록 견제하는 것이 중요하다. 최근 미국 조야에서는 중국과의 경제적·기술적 관계 단절을 의미하는 '디커플링(decoupling)'에서 한걸음 물러나 중국에 대한 기술의존의 위험성을 관리하겠다는 의미의 '디리스킹(de-risking)'이 논의되고 있다. 이 개념은 2023년 초 EU 집행위원장인 우르줄라 폰데어라이엔(Ursula von der Leyen)이 미국의 대중국 디커플링을 비판하면서 제시한 것이다.[4] 유럽 집행위원장이 강대국 패권경쟁에 대한 디리스킹을 주장하자 독일과 프랑스가 동조했고, 뒤이어 싱가포르, 인도 등 아시아 여러 나라도 이를 지지하는 목소리를 내기 시작했다. 그리고 마침내 이런 국제적 공감대는 미국의 정책을 움직였다. 2023년 4월 27일 백악관 안보보좌관 제이크 설리번은 브루킹스 연구소 연설에서 공개적으로 "미국은 중국과의 관계에서 디커플링이 아닌 디리스킹과 다각화를 추구한다"라고 언급했다(White House 2023).

　여러 논란에도 불구하고 경제와 기술 분야 전반에서 미국과의 긴밀한 협력은 한국에게 매우 중요하다. 앞서 다룬 반도체, 배터리 등이 문제가 되는 이유는 이미 한국이 이 분야에서 기술 선도적인 국가이므로 가장 큰 시장인 미국의 요구가 한국에게 상당한 부담으로 작용하기 때문이다. 따라서 이에 대해서는 미국을 꾸준히 설득하여 개선책을 모색해야 하겠지만, 다른 대부분의 첨단기술 분야는 미국이 훨씬 앞서 있기 때문에 미국과의 적극적인 기술협력은 한국의 기술력을 글로벌 수준으로 끌어올리는 데 활용될 수 있다. 예를 들어 제약·바이오 분야는 더 적극적으로 미국과 협력하고, 더 큰 규모의 시장으로의 진출을 모색해야 한다. 한국의 제약·바이오시장은 규모가 작아 연구개발과 매출에 한계가 있어서 자체적인 코로나 백신과 치료약 개발이 난항에 빠졌다(박정연 2023). 또한 2019년 영국, 미국, 중국, 일본, 호주 등의 세계 16개 주요 바이오기술 연구기관이 글로벌 바이오파운드리 연합체(Global Biofoundry Alliance)를 결성할 때 한국은 배제되었다(Hilson et al. 2019). 바이오파운드리란 바이오물질과 바이오기술을 바탕으로

4　원래 '디리스킹(de-risking)'은 은행이 신용이 낮거나 법적 문제가 있는 고객에 대해 금융거래를 의도적으로 제한하는 것을 의미하는 용어이다.

의약품으로부터 플라스틱, 연료에 이르는 다양한 신물질을 생산하는 것으로서 미래 핵심 산업으로 주목받고 있으며, 미국은 이 분야에서 기술 및 물질의 우월적 지위를 계속 유지한다는 전략을 가지고 있다.

강대국 사이의 안보경쟁과 기술패권 대결이 계속될 전망이지만, 경제와 기술의 글로벌 무대에서 한국이 소외되거나 제약당하는 일은 없어야 할 것이다. 주목할 점은 적어도 비군사적 영역에서는 미국과 중국 모두 한국과의 협력을 바라고 있다는 사실이다. 이를 한국의 레버리지로 삼기 위해서는 한국 스스로 더 우수한 기술력을 가져야 하며, 글로벌 기술표준 설정에 주요 행위자로 참여할 기회를 많이 만들어야 한다. 그러한 기회를 한국에게 더 많이 제공해줄 수 있으며, 한국이 추구하는 가치를 공유하는 행위자가 과연 누구인지를 신중하게 판단해야 할 것이다. 또한 공급망의 안정성과 안전한 디지털 인프라에 대해 한국과 인식을 함께하는 행위자가 누구인지도 고려되어야 한다. 공유되는 영역이 많은 나라와의 관계를 돈독히 하는 것이 당연하다.

VI. 맺음말

팬데믹 위기는 잠재해 있던 여러 갈등 요인들이 한꺼번에 분출하는 계기가 되었다. 여기에 러시아의 우크라이나 침공은 무력에 의존한 갈등 해결의 가능성까지 높였다. 냉전 종식 이후 30년 동안 민주주의와 자유무역, 그리고 기술적 진보에 의한 글로벌리제이션이 국제사회를 평화로운 번영의 시대로 이끌 것이라는 믿음이 있었지만, 지난 수년 동안 전개된 국제적 변화는 그러한 믿음에 역행하는 방향으로 나아가고 있다. 특히 미국과 중국의 패권 대결이 직접적으로 전개되는 동아시아는 더 심각한 위기감을 느끼고 있다. 한반도의 군사적 긴장이 지속되는 상황에서 한국은 어떻게 이러한 글로벌 복합위기의 파도를 헤치고 평화와 번영의 길로 나아갈 수 있을 것인가?

복합위기 상황에서 한국의 중견국 외교는 이른바 복합외교전략을 고려할 수 있다. 즉, 글로벌 공영을 추구하는 보편적 가치를 공유하는 나라들과 연대를 통해 국제무대에서 도덕적 우위를 점하고, 공동체 이익과 개별 국가이익이 중첩되는 신흥이슈 영역의 협력적 다자 거버넌스를 통해 가시적인 성과를 도출함으로써 지속가능한 협력의 분위기를 만들어가는 것이다. 이러한 접근을 통해 강대국의 일방적인 행태를 견제할 수 있는 국제여론을 형성할 수 있으며, 협력을 통한 문제해결이 여전히 가능하다는 사실을 확인시킬 수 있다. 다자주의 접근은 비단 중견국의 도덕적 우위를 지키기 위해서뿐만 아니라, 특정 국가에 대한 의존의 취약성을 줄이기 위해서도 꼭 필요하다.

미중 패권 대결이 고조되면서 한국이 어떻게 대응해야 하는가에 대한 다양한 논의가 이루어지고 있지만, 분명한 것은 경제, 기술 등 비군사 영역으로 안보 개념이 확장함에 따라 군사안보 이슈와 경제, 기술 등 비군사 이슈를 엄격하게 분리해서 접근하는 안미경중(安美經中)과 같은 기존의 전략을 계속 전개하기 어려워졌다는 사실이다. 한국과 미국은 자유민주주의 체제를 한반도에서 지키기 위해 군사동맹을 맺고 있으며, 이는 한국의 외교정책 수립에 있어 변할 수 없는 전제조건이다. 그런 점에서 한미협력은 군사적 분야에서뿐만 아니라 경제·기술 분야에서도 확대되는 것이 바람직하다. 하지만 '동맹'이라는 명목으로 경제·기술 분야에서 상대의 희생을 강요하는 경우가 발생하는 것은 경계해야 한다. 위기 상황에 매몰된 근시안적 접근이 오랫동안 쌓아온 외교적 신뢰와 상호이해를 훼손하지 않도록 대화를 통한 설득을 지속해서 전개해야 한다. 아울러 국내 수준에서 소모적이고 편협한 정파 대립이 국제적 구조 변화에 대한 탄력적 대응을 가로막지 않도록 정부를 포함한 여러 국내 행위자의 상황인식 공유 노력이 함께 이루어져야 한다.

지금의 복합위기는 한국만이 경험하는 것이 아니다. 정도의 차이는 있지만 여러 나라가 비슷한 어려움에 부닥쳤다는 점에서 한국과 유사한 입장에서 이해관계를 공유하는 나라들과 연대를 확대하고, 이를 위기의 폭풍 속에서 중견국의 버팀목으로 삼아야 한다. 또한 이러한 어려움 속에서 반도체, 배터리 등 첨단기술 분야에서의 우위를 한국이 잘 지켜나가는 것도 중요하겠지만, 한발 더 나아가 미래 전망이 불투명한 혼란을 기회로 전환할 수 있도록 더 많은 첨단기술에 대한 과감한 투자와 연구개발로 새로운 도약을 준비해야 한다. 현명한 외교적 대응으로 위기의 충격을 완화하는 한편, 우리 스스로의 역량을 키워 어떠한 위기가 닥치더라도 누구도 중추적 중견국으로서의 한국을 무시하거나 배제할 수 없도록 만들어야 한다.

참고문헌

강선주. 2014. 『중견국 외교 전략: MIKTA의 외연(外緣) 확장을 중심으로』. 국립외교원
　　정책연구과제 2014-14.
_____. 2015. "중견국 이론화의 이슈와 쟁점." 『국제정치논총』 55(1): 137-174.
김상배. 2015. "제3세대 중견국의 모색." 김상배 편. 『제3세대 중견국 외교론』. 서울:
　　사회평론아카데미.
김태환. 2021. "미·중 가치경쟁과 백신외교." 국립외교원 주요국제문제분석 2021-22.
박순찬. 2023. "삼성전자 미국 반도체 공장 신설 회의론 나온다…왜?" 『조선일보』 (3월 18일).
박정연. 2023. "코로나 외산백신 값 5배 오르는데 국산 백신·치료제는 퇴출 수순."
　　『동아사이언스』 (1월 16일).
조한승. 2021. "코로나 팬데믹과 글로벌 보건 거버넌스: 실패 원인과 협력의 가능성."
　　『세계지역연구논총』 39(1): 7-34.

Aydin, Umut. 2021. "Emerging Middle Powers and the Liberal International Order."
　　International Affairs 97(5): 1377-1394.
Behringer, Ronald B. 2013. "The Dynamic of Middlepowermanship." *Seton Hall Journal
　　of Diplomacy and International Relations* 14(2): 9 – 22.
Bull, Hedley. 1977. *The Anarchical Society: A Study of Order in World Politics*. New
　　York: Columbia University Press.
Champion, Marc, Natalia Ojewska, Sudhi Ranjan Sen, and Natalia Drozdiak. 2023. "The
　　Post-Cold War Era Is Gone. A New Arms Race Has Arrived." *Bloomberg* (February
　　17).
Cooper, Andrew F. 1997. "Niche Diplomacy: A Conceptual Overview." in Andrew
　　F. Cooper. ed. *Niche Diplomacy: Middle Powers after the Cold War*. London:
　　Palgrave Macmillan. pp. 1-24.
Da Silva, Diego Lopes, Nan Tian, Lucie Beraud-Sudreau, Alexandra Marksteiner and
　　Xiao Liang. 2022. "Trends in World Military Expenditure, 2022." *SIPRI Fact Sheet*
　　(April).
Destradi, Sandra, Detlef Nolte, and Miriam Prys-Hansen. 2018. "Regional Powers
　　Still Matter!" GIGA Focus Global. No. 2 https://www.giga-hamburg.de/en/
　　publications/giga-focus (검색일: 2023.3.10.)
Evans, Gareth. 2022. *Good International Citizenship: The Case for Decency*. Clayton,
　　Australia: Monash University Publishing.
Evenett, Simon J. 2022. "Did COVID-19 Trigger a 'New Normal' in Trade Policy?" *Trade
　　and Sustainability Review* 2(3) (September).
Financial Times. 2023. "The US Chips Act Becomes a Christmas Tree." (March 5).

Flemes, Daniel. 2007. "Emerging Middle Powers' Soft Balancing Strategy: State and Perspectives of the IBSA Dialogue Forum." *GIGA Working Paper*. No. 57 (August).

Guzzini, Stefano. 2005. "The Concept of Power: a Constructivist Analysis." *Millennium: Journal of International Studies* 33(3): 495-521.

Hillson, Nathan, Mark Caddick, and Yizhi Cai et al. 2019. "Building a Global Alliance of Biofoundries." *Nature Communication* 10(2040).

Hobson, John M. 2001. "The 'Second State Debate' in International Relations: Theory Turned Upside-Down." *Review of International Studies* 27(3): 395-414.

Ikenberry, G. John. 2001. *After Victory: Institutions, Strategic Restraint, and the Rebuilding of Order after Major War*. Princeton, NJ: Princeton University Press.

Kenkel, Kai Michael and Cristina G. Stefan. 2016. "Brazil and the Responsibility While Protecting Initiative: Norms and the Timing of Diplomatic Support." *Global Governance* 22(1): 41-58.

Krishnan, Murali. 2021. "What Is India's Relationship to Myanmar's Military Junta?" Deutsche Welle (DW) (August 2).

Lake, David A. 2009. *Hierarchy in International Relations*. Ithaca, NY: Cornell University Press.

Liu, John and Paul Mozur. 2023. "Inside Taiwanese Chip Giant, a U.S. Expansion Stokes Tensions." *New York Times* (Febaruary 23).

Milman, Oliver. 2021. "Australia Named 'Colossal Fossil' of COP26 for 'Appalling Performance'." *The Guardian* (November 12).

Mitter, Rana, and Elsbeth Johnson. 2021. "What the West Gets Wrong About China." *Harvard Business Review* (May-June).

Norrlof, Carla. 2010. *America's Global Advantage: US Hegemony and International Cooperation*. Cambridge: Cambridge University Press.

Nye, Joseph S. 2023. *Soft Power and Great-Power Competition*. Singapore: Springer.

Pape, Robert A. 2005. "Soft Balancing against the United States." *International Security 30(1): 7-45.*

Ruggie, John Gerard. 1992. "Multilateralism: the Anatomy of an Institution." *International Organization* 46(3): 561-598.

Scharre, Paul. 2023. "Decoupling Wastes U.S. Leverage on China." *Foreign Policy* (January 13).

SIPRI. 2022. *Military Expenditure Database*. (April).

Spence, Michael. 2023. "Destructive Decoupling." Project Syndicate (March 30).

Spies, Yolanda Kemp. 2016. "Middle Power Diplomacy." in Costas M. Constantinou, Pauline Kerr and Paul Sharp. eds. *The SAGE Handbook of Diplomacy*. Los Angeles: Sage.

U.S. Department of Commerce. 2023. "Commerce Department Outlines Proposed National Security Guardrails for CHIPS for America Incentives Program." *News*

Releases (March 21).

Ungerer, Carl. 2007. "The 'Middle Power' Concept in Australian Foreign Policy." *Australian Journal of Politics and History* 53(4): 538-551.

White House. 2023. "Remarks by National Security Advisor Jake Sullivan on Renewing American Economic Leadership at the Brookings Institution." (April 27).

Wivel, Anders and T.V. Paul. 2020. "Soft Balancing, Institutions, and Peaceful Change." *Ethics & International Affairs* 30(4): 473-485.

Wolf, Zachary B. 2022. "Welcome to the Cold War Without the Communism." *CNN* (September 10).

찾아보기

저자 소개

김상배 서울대학교 정치외교학부 교수
서울대학교 외교학과를 졸업하고 동 대학에서 석사학위를 받은 뒤 미국 인디애나대
학교에서 정치학 박사학위를 받았다. 2022년 한국국제정치학회 회장을 역임하였다.
현재는 한국사이버안보학회 회장을 맡고 있다. 대표 저서로는 『아라크네의 국제정치
학: 네트워크 세계정치이론의 도전』, 『버추얼 창과 그물망 방패: 사이버 안보의 세계
정치와 한국』, 『미중 디지털 패권경쟁: 기술·안보·권력의 복합지정학』 등이 있다.

이승주 중앙대학교 정치국제학과 교수
연세대학교 정치외교학과를 졸업하고, 미국 캘리포니아대학교 버클리캠퍼스에
서 정치학 박사학위를 받았다. 주요 논저로 "South Korea's Economic Statecraft
in a Risky High-Tech World"(2022), "Changes in Interdependence, US-China
Strategic Competition, and the New Dynamics of the East Asian Regional
Order"(2022), 『패권의 미래: 미중 전략 경쟁과 새로운 국제 질서』(2022) 등이 있다.

이정환 서울대학교 정치외교학부 교수
서울대학교 외교학과를 졸업하고 동 대학에서 석사학위를 받은 뒤 미국 캘리포니아
주립대학교(University of California at Berkeley)에서 정치학 박사학위를 받았다.
주요 논저로 "일본 경제안보정책 정책대립축의 이중구조"(2022), "미일 안보동맹의
강화와 일본 국내정치"(2020) 등이 있다.

이왕휘 아주대학교 정치외교학과 교수
런던정경대(LSE)에서 국제정치학 박사학위를 받았다. 주요 논저로 "바이든 시기 중
국의 다자외교 전망", "동아시아 지역 정체성의 역사적 변화와 그 국제정치적 함의",
"중국 지경학의 기원–전한 시대 화친(和親)과 기미(羈縻)", "수렴과 다양성/분기 이
분법: 미중 패권 전이 논쟁에 주는 함의" 등이 있다.

박성빈 아주대학교 행정학과 교수
Tsukuba대학교에서 박사학위를 받았다. 주요 논저로 "Common but differentiated?

Policymakers' priorities of social acceptance for expanding hydrogen refueling stations in Japan and Korea"(2024), "아베-시진핑 이후 중일관계의 변화—중일 간 정치 갈등은 경제관계에 어떤 영향을 미쳤는가?"(2022), "동아시아 역내 금융질서 하에서의 한일 금융협력"(2018) 등이 있다.

오승희 국립외교원 외교안보연구소 조교수
이화여자대학교 정치외교학과를 졸업하고, 동 대학원에서 정치학 박사학위를 받았다. 주요 논저로 "From the Only A-Bombed Country to Global Peace Advocate: Japan's Diplomatic Identity Change in the Struggle for Recognition"(2024), "중일 대륙붕 경계획정의 정치적 함의: 춘샤오/시라카바 석유가스전 공동개발 사례를 중심으로"(2022), "'대만인 전(前) 일본군' 전후보상 문제—아이덴티티, 특별입법, 네트워크 연대"(2022) 등이 있다.

송태은 국립외교원 안보통일연구부 조교수
서울대학교에서 외교학 박사학위를, 미국 캘리포니아대학교 샌디에고(UCSD)에서 국제관계학 석사학위를, 성균관대학교 정치외교학과에서 학사학위를 취득했다. 주요 연구 분야는 신기술, 사이버 안보, 정보전·심리전·인지전, 하이브리드전 등 신흥안보 및 전략커뮤니케이션(SC), 과학기술외교 분야를 연구하고 있다. 주요 논문과 보고서로는 "최근 사이버 위협 실태와 한국의 인태 사이버 안보 외교전략"(2024), "인공지능 기술의 위험 관련 주요 쟁점과 규범현황"(2024), "이스라엘-하마스 전쟁의 사이버 인지전"(2024), "허위조작정보를 이용한 사이버 영향공작과 국가안보"(2023) 등이 있다.

윤대엽 대전대학교 군사학과 및 PPE(정치·경제·철학)전공 부교수
연세대학교 정치외교학과를 졸업하고 동 대학원에서 비교정치경제 전공으로 박사학위를 취득했다. 현재 서울대학교 미래전연구센터, 연세대학교 중국연구원 객원연구원, 일본연구논총 편집위원장으로 활동하고 있다. 정치경제 시각에서 동아시아의 상호의존, 분단체제, 군비경쟁, 군사혁신 및 국가안보혁신네트워크 문제를 연구하고 있다. 최근 연구로는 "인공지능의 무기화 경쟁과 인공지능 군사혁신"(2024), "한일의 데이터 규제와 통상정책: 디지털 상호의존의 정치경제"(2024), "국방인력의 유인전략성: 병역자원 감소와 국방인력체계의 개혁과제"(2024), "분단체제의 갈등과 일본의

탈전후 안보전략의 형성, 1990-2007"(2023) 등이 있다.

장기영 경기대학교 정치외교학전공 교수
미국 메릴랜드 주립대학교(University of Maryland at College Park)에서 정치학 박사학위를 받았다. 주요 논저로 "'I Know Something You Don't Know': The Asymmetry of 'Strategic Intelligence' and the Great Perils of Asymmetric Alliances"(2022), "The Spatial Diffusion of Suicide Attacks"(2022), "Social Media Use and Participation in Dueling Protests"(2021) 등이 있다.

차태서 성균관대학교 정치외교학과 부교수
서울대학교 외교학과를 졸업하고, 존스 홉킨스 대학교에서 정치학 박사학위를 받았다. 한국국방연구원 안보전략센터 연구원, 공군사관학교 군사전략학과 전임강사 등을 역임하였다. 담론분석과 정치사상사를 기반으로 미국 외교와 세계질서 변동 연구에 집중해 왔으며, 성찰적 현실주의의 시각에서 신냉전 시대 국제관계 변화와 한국 외교의 대응방향을 모색할 계획이다. 최근 저술로는 『30년의 위기: 탈단극 시대 미국과 세계질서』(2024), "Contending American Visions of North Korea: The Mission Civilisatrice versus Realpolitik"(2024) 등이 있다.

조한승 단국대학교 정치외교학과 교수
고려대학교 정치외교학과를 졸업하고, 동 대학원에서 석사 학위를 취득한 후 미국 미주리대학교 컬럼비아캠퍼스에서 정치학 박사학위를 받았다. 주요 논저로 "코로나 팬데믹과 글로벌 보건 거버넌스: 실패 원인과 협력의 가능성"(2021), "동아시아 보건안보의 쟁점과 협력"(2018), 『멀티플 팬데믹』(2020, 공저) 등이 있다.